# 做智慧父母 教出成才的孩子

*zuo zhihui fumu, jiaochu chengcai de haizi*

张晓丽 ◎ 著

吉林文史出版社

**图书在版编目（CIP）数据**

做智慧父母，教出成才的孩子 / 张晓丽著 . — 长春：吉林文史出版社，2020.7

ISBN 978-7-5472-7051-6

Ⅰ . ①做… Ⅱ . ①张… Ⅲ . ①儿童教育 - 家庭教育 Ⅳ . ① G782

中国版本图书馆 CIP 数据核字（2020）第 128596 号

**做智慧父母，教出成才的孩子**

ZUO ZHIHUI FUMU，JIAOCHU CHENGCAI DE HAIZI

著　　者 / 张晓丽
策划编辑 / 刘　芬
责任编辑 / 王明智
封面设计 / 顽瞳书衣
出版发行 / 吉林文史出版社
地　　址 / 长春市福祉大路出版集团 A 座　　邮　　编 / 130118
网　　址 / www.jlws.com.cn
电　　话 / 0431-81629375
印　　刷 / 天津雅泽印刷有限公司
开　　本 / 710mm × 1000mm　　16 开
字　　数 / 247 千
印　　张 / 17.25
版　　次 / 2020 年 7 月第 1 版　　2020 年 7 月第 1 次印刷
书　　号 / ISBN 978-7-5472-7051-6
定　　价 / 58.00 元

# 序：成长

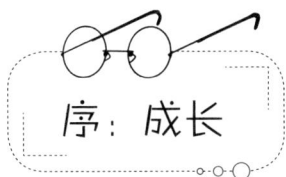

我们人生中一个比较神奇的经历就是，自己从一个女孩儿成长为一个妈妈，从一个男孩儿成长为一个爸爸。

可爱的脸庞，迷离的眼神，牙牙的话语……亲子之爱，是人类最神圣之爱！

这样一个可爱的小生命，让我们想要倾尽所有为其护航，让我们想要万般呵护使其美好。

成为妈妈、爸爸的我们要给予我们的孩子什么，才能让他们避开某些不必要的坎坷，躲开某些风雨，帮他们插上强劲的翅膀，让他们自由飞翔？

我们要从什么样的角度让孩子快乐地成长？我们要用哪些方式让他们愿意努力去飞翔？

在陪伴孩子成长、教育孩子的过程中，我们会出多少差错？会不小心让孩子受哪些委屈？又会给孩子带来哪些影响？

身为家长的我们是否足够睿智？我们自身的见解是否足够成熟？

其实家长也需要学习！学习是人一生的重要组成部分。它可以让每个人的头脑更加智慧，心性更加成熟，心态更加平稳，心胸更加宽阔！

家长也需要成长！每一个与别人互动的机会都是一次成长的过程。而在陪伴孩子长大的过程中，我们要不断地自查、自省，与孩子斗智斗勇，才有可能把这件事情做好。与其说这是教育孩子的过程，倒不如说这是自我完善的过程。

陪伴孩子也是我们自身成长的极致，很多人觉得这只是一个付出的过程，其实这更是一个收获的过程。

从她（他）是一张白纸，只会本能地吃、哭，到她（他）会笑、会感受、会看着你表达她（他）的诉求，除了她（他）的本能，更有你的智慧。

你的言、行、智既是她（他）的镜子，也是她（他）的偶像；既是她（他）人格的刻刀，也是她（他）飞翔的翅膀。

在这个携手成长的过程中，我们要做好自己，做智慧的家长、称职的家长。

我们要让她（他）学知识，做一个有文化的人。

什么是文化呢？

文化是根植于内心的修养，无须别人提醒的自觉，以约束为前提的自由，兼顾别人感受的善良！

# 目录 / CONTENTS

# 教育是什么

你真的了解教育吗？真的了解教育涵盖的内容吗？真的了解教育的重要性吗？

教育是什么呢？

教育不只是一个孩子如何长大，更预示了一个孩子长大之后的整个人生。

我们看到的每天发生的各种各样的事情，我们看到的身边的千张面孔、千种心灵，他们的千种感受都来自一个人成长过程当中最重要的那一部分——教育。

他们的生活怎么样？我们的社会怎么样？这些也都来自他们成长过程当中所接受的教育。

每个孩子都是社会的一员，所以教育不只是家长的事、老师的事，还是社会上每一位公民的事。

为了我们的社会更加和谐美好，为了我们自身的生活更加舒心快乐，了解教育涵盖的内容，重视教育的作用，是我们的责任和义务。

一个人长大之后是快乐的，还是忧伤的？是积极的，还是消极的？是温和的，还是暴躁的？是阳光的，还是阴暗的？是豁达的，还是狭隘的？是进取的，还是颓废的？是坚强的，还是懦弱的？是古板的，还是灵活的？

他现时的生活状态及他所拥有的人格特点都来自教育。

作为家长，你希望你的孩子的人生是什么样的？你希望他成为一个什么样的人？这些都取决于你对孩子的教育。

工作中遇到的有各种心理问题的人太多了，让我经常去想这样一个问题，我今天接触到的这个人，他的父母在教育他的时候能了解一些孩子的心理，能学一些教育方法，今天他的生活状态就会是另一个样子。这让我有了一些作为心理咨询师不应该有的对父母的埋怨，因为我很心疼那些被错误的教育方法伤害的孩子。但是冷静下来想一想，对于怎样做父母，我们并没有地方去学习，也没有地方去培训，每一个做了父母的人都在“摸着石头过河”。甚至有很多父母自己都还没有长大，自己的思维也还没有成熟，他们又如何把更好的东西传递给孩子呢？又该如何在教育的过程中做到全面和恰如其分呢？

生活中，有多少人的痛苦是教育导致的？我们可以举几个例子，给大家更直观的感觉。

有一个16岁的男孩和父母一起从偏远山区到大城市谋生。因为想要赚得更多，爸爸带着他和14岁的妹妹加入了一个盗窃团伙，原因是这个团伙里面是按人头来分配所盗窃的金额的。

每次分到钱的时候这个男孩都很兴奋，甚至觉得自己很了不起，觉得他一晚上偷东西分来的钱要比家乡的人干一个月活挣的钱都多。

但是在城市里待久了，他发现了一个“奇怪”的现象。城市里像他这么大的孩子每天都在玩儿，每天都背着书包、喝着奶茶聊着天，或者是和同学打打闹闹。

他第一次觉得自己应该改行，虽然不爱学习，但是应该可以做点儿别的。他的想法遭到了家人的反对，他很痛苦，也很纠结。一个偶然的机会他遇到了我，他对我说他觉得自己的想法好像是对的，但是又好像是错的。

跟社会上的其他人、其他孩子相比，他觉得他的想法是对的，但是从他父母那里，他又感觉他的想法是错的。经过很多分析之后，他决定改变自己的人生，过和大家一样光明的生活。

后来这个男孩和家里闹得很凶，从家人那儿要回了一部分他偷东西所得的钱，开了一间理发店，请了两个理发师，他觉得他过上了正常人的生活。

一天夜里，他爸爸去偷东西的时候被人追打，躲起来给他打了求救电话。他去接应了爸爸，但是爸爸依然不死心，觉得那些人走了，就又回去偷了东西放在他的车上。

他们在开车回去的路上被警察给拦下了。在调查过程中，这个男孩之前偷过多少东西也都被调查得清清楚楚，因此他被判了 9 年有期徒刑。那一年，他 18 岁。

可能很多人都对这个家庭表示无语，觉得这是一个极端的例子，这样的情况很少，并且离自己很远。但是家庭教育不足带来的伤害其实并不比这个案例小，而且很可能就在我们身边。

我的一个来访者——建筑工程师，博士学位。用他的话说，自己以前虽然不知道快乐是什么，但是勉强可以活着，而现在连怎样活下去都不知道了。

我们用常人的思维来想一下，一个建筑工程师，还有博士学位，是什么让他活不下去呢？

对于人们来说，活不下去的理由只有一个——找不到出路。那么，一个博士学位的建筑工程师会没有出路吗？会没有工作吗？会没有爱人吗？人们一般会认为他会很顺利地得到这些，那到底是什么原因让他感觉活不下去了呢？

——是他的内心世界越来越小，越来越窄，小到容不下自己，窄到没有办法呼吸。

——他的认知来自教育，他的情绪又来自认知，家庭教育不足让他变成了现在这个样子。

小时候，他以成绩取胜，得到了老师的表扬、家长的赞美。在同学当中，他虽然没有很好的哥们儿，但是大家对他也都投来羡慕的目光。

毕业之后，他顺利进入了一家设计院。在参加工作之前，他只是觉得人生没什么意思。但还没有什么大的挫折，因为他会学习、肯学习，所以他会考试。

可是参加工作之后就变得不一样了，他不懂得如何与同事互动，不懂得如何与领导交往。

到了一个不需要用考试证明自己的环境，他竟不知道如何生活：工作当中不知道如何和同事协调关系，差错百出，惹来大家的排斥，领导也不喜欢他。

在一次和同事发生了很大的矛盾之后，领导很严厉地批评了他，他无法承受这种批评，一怒之下辞了职。

在家庭中，刚刚毕业的时候，他经人介绍认识了一个女孩儿，很快就结婚了。

用他的话说，他不懂得什么是爱，只觉得人生的形式就是这样的，到了一定年龄就要结婚生子。生活中，他对妻子既没有体贴，也没有照顾，更谈不上温暖，也不懂得如何照顾和疼爱自己的孩子。

用他的话说，他觉得自己站在哪里都会遭人嫌弃。他怎么都无法理解为什么出了学校的大门之后，自己在别人眼里竟这么不堪。

辞了工作之后，他在家待了一年多，仍然没有找到合适的工作，和妻子之间的矛盾也愈演愈烈，最后以离婚收场。

他没有争取儿子的抚养权，因为他觉得自己不懂得怎样去照顾一个孩子，更不懂得怎样去教育一个孩子，他觉得自己的人生就是错误的。

离婚之后，他一个人去了南方，觉得在一个陌生的城市自己可能更容易重新开始。的确，他很快就找到了工作，但总是做不长就会被辞退。每一份工作都是简历递过去的时候，公司马上安排他上班。但是上班不久，他总是会和同事或领导发生矛盾，然后被辞退。在这之后他找了一份没有竞争、不需要协调、不需要说话的工作——在一栋写字楼里做保安。

但是他却觉得有千万双眼睛在时刻盯着他。他觉得无论自己遇到了谁，对方都是嘲笑他的，因为他的人生太失败了。

他失败的人生是怎么来的？是教育的缺失导致的，家长只关注高分数，认为有了高分数，孩子就无所不能，这是错的。

一个被情所困的来访者，女朋友离开他后的一个多月，他从190斤瘦到了140多斤。刚和女孩儿认识的时候，女孩儿对他很好，照顾他的所有，容忍他的所有，但是女孩儿在真的伤了、真的累了的时候，选择了离开他。

用他自己的话说，活到30岁，他还不知道怎样去照顾别人。由于家里是几代单传，从小他的爷爷奶奶、外公外婆、爸爸妈妈及所有亲戚都惯着他。

他小时候不爱学习，读完初中就辍学了。家里人觉得无所谓，家大业大，这么多人的家底留给他，他还能活不下去吗？

在他的印象中，他和所有人的沟通方式都是命令式的。告诉对方我必须要什么、我想要什么、你应该怎么做、你得怎么做。身边没有人反驳他，大家都按照他说的把事情做了。

朋友这儿呢？他跟朋友相处的方式就是拿钱砸。我们可以想象，大家和他建立起来的能是真正的友谊吗？

和这个女孩儿在一起的时候，他仍然用以往的方式来对待这个女孩儿。

一个从来不懂得表达的人，一个只会批评指责别人的人，一个只考虑自己感受、为所欲为的人，谁会一直迁就他呢？可能只有把他养成这个样子的父母才会无条件地、无限期地迁就他。

这个女孩儿在他身边的时候，他从没想过要珍惜，因为他从来不懂得这个女孩儿对他来说意味着什么，也从来不知道会有人因为无法容忍他而离开。

当真的失去这个女孩儿之后，他才知道什么叫牵肠挂肚，什么叫失魂落魄，什么叫痛不欲生。他的痛苦是谁造成的呢？是他的父母，是教他成长的那些人。

要让一个孩子生活得快乐，不是你能留给他多少，而是你能教会他多少。让他真正有自己的能力，包括爱的能力、工作的能力、交友的能力、应对困难的能力，只有运用好这些能力，一个人的人生才是快乐的、幸福的。

# 你了解孩子应该拥有的权利吗

有多少家长在面对孩子的时候会想到孩子们应该拥有的权利？可能没有家长会想到这个问题。

大多数家长想的都是我要把孩子养好、教育好。养好的标准是让他们吃好穿好、身体健康；教育好的标准是让他们掌握各种知识、各种才艺。

在这个过程中，家长们几乎从没有想过这样一个问题，那就是孩子们拥有他们自己的权利！

谈到这个问题的时候，可能很多家长会觉得好笑。如果给了孩子们权利，他们可能每天都是吃喝玩乐，有用的事情就一点儿都不会做了。

家长们的这个观点是错误的，我们要知道权利对一个人的人格来说十分重要。

我们先要明白人活着是为了什么，人生的目标是什么。大多数人都会回答：活着是为了追求与展现人生的价值和意义。

目标是实现自己的理想、价值、意义、目的，这些东西都需要人格来实现，而一个人人格的完善与他成长过程中自我的完善有直接关系。

孩子的权利能给他带来什么呢？能够带来身心的愉悦、自信和自我主张。

无论是心理学的研究结果还是古训都告诉我们，一个人的人格是在 7 岁之前形成的。那是不是7岁之前形成的人格就再也没有办法改变了呢？当然不是。还有一个最佳的人格塑造期——青春期，青春期可以对一个人的人格有着颠覆性的改变。相关的具体问题我们会在后面的章节中讲到。

既然7岁之前是一个人人格定型的时候，我们就很有必要在这个时间段完善孩子人格中所有的项。

如果我们希望一个人的一生中，对生活的感受是美好的，每天的快乐情绪是足够多的，那么，在他的幼儿期、儿童期，我们要给他的除了安全感、亲密感、关注感之外，更要给他一些自主权。

自主权可以给孩子带来一些帮助，最重要的是帮他们完善安全感。对于孩子来说，他们的安全感主要来自两个方面：第一个是家长给他的安全保护，第二个是他自己的想法和主张能有多少可以得到满足。

自主权带给孩子最直接的利益是什么？是自信和自我主张！

自信永远是一个人能力的前提。

如果一个人不自信，他一定不会有任何能力。是他真的没有能力吗？不是。是因为他不相信自己有能力，所以他不敢展现，这种不相信把自己的主意、办法、拼搏和竞争力都压抑了，不释放、不使用，慢慢也就找不到了。所以，无论是自己还是别人都会觉得他越来越笨。

当一个人有了自信之后，他才相信自己的观点、想法是可行的，相信自己是可以的，他的想法就会更多。

当想法转换为行动之后，就产生了能力。一个有能力的孩子才会独立，才会自己去应对生活中更多的事情，才能取得更大的成功。

孩子在成长的过程中会不停地试探。孩子是最识时务的，当他们有一个想法或提出一个要求时，如果得到身边人的支持或者允许，他们的内心会非常喜悦，觉得自己很了不起，同时他们的胆子也会变得更大，更敢提出自己的想法，甚至为别人出谋划策。

有一个孩子的家长满腹困惑地找到我说，老师向他反映他的孩子与其他孩子的差别太大了：他的孩子太老实，从不调皮，只认真学习。

更重要的是，老师觉得这个孩子没有自己的主张，太好说话，太“老好人”了，只要别人需要，他就会让着别人，自己怎么样都行。

每次吃饭的时候，要是有同学喜欢他盘子里的菜，他就会让给人家吃；有同学喜欢他的酸奶，他就会让给人家喝。甚至帮其他同学做一些大家不愿意做的事。也就是只要别人张嘴说了，他都会去做。

但是老师发现这个孩子的内心是不快乐的。每次他满足了别人的需要、让着别人时，自己却有很强的失落感。老师觉得如果这个孩子就这样长大，说不定会出问题。

老师向家长反映这个问题之后，家长也重视起来了。虽然在平时的生活中，他们也发现孩子在和亲戚家的孩子、朋友家的孩子共处时也会退缩、谦让，但家长觉得这是一件好事，说明自己教子有方。每次孩子做了这样的事情，他们都会表扬孩子。

这次如果不是老师的提醒，他们真的不觉得这样的孩子有什么不好。因为自己很省心，孩子从来不会给自己惹麻烦，并且能够得到身边亲戚朋友的赞美。

家长把孩子带到我的工作室之后，我和他有了很多互动，清晰地看到了这个孩子在每一次谦让之后，他眼神里的纠结和痛苦，还有悔恨。

因为在我和他的互动当中，我设定的一些东西都对他有着很强的吸引力。当他把自己喜欢的东西谦让出去之后，他内心的感受是强烈的。

一个已经上了小学二年级的孩子从来没有在大人面前展现过一个孩子应该有的不懂事、不礼貌、不听话、任性，这是一件令人心疼的事情。

原因在家长身上。经过了解，我发现这个孩子的父亲非常强势，可以说在家里一手遮天，无论是爷爷奶奶还是孩子的妈妈，都必须听从他的意见。而且他天生是个大嗓门儿，说话像吵架一样。

对于年幼的孩子而言，大嗓门儿本身就有威慑力。再加上他看到身边的其他大人和爸爸互动的状态，自然而然形成了一个自己的道理，那就是只要听爸爸的就是安全的，渐渐地就演变成只要听别人的就是安全的。

但是他的内心是压抑的、抗拒的，他压抑了自己所有的想法，所以他是痛苦的。长大之后，这种痛苦的感受会更加强烈，甚至会在某种刺激下让孩子走向极端。就像我们不止一次地在新闻中看到，很多极端的案件是性格极其内向、有着强大压力的人做出来的。

这个孩子需要做的就是释放自我。

看到孩子对沙盘治疗工具当中的某些模型很感兴趣，我设置了一个小比赛。这个比赛就是我们都坐在桌子的周围，桌子上摆放了几个模型。数完1、2、3之后，大家一起去抢，谁抢到就是谁的。前两轮的时候，孩子根本就没有动，但是孩子的爸爸抢到了他喜欢的烟斗模型。

第三轮开始之前，我跟孩子聊了很多，给了他很多勇气，于是第三轮他抢到了自己喜欢的城堡模型。

拿到这个模型之后，他问了我两次："这个真的可以带走吗？"并且在说这句话的时候，他的眼神飘忽地看着爸爸。

当我很肯定地告诉他这是他的战利品，他可以带走的时候，他的眼神既怀疑又兴奋。

我从孩子爸爸那里了解到，孩子长这么大，他从来没有征求过孩子的任何意见，孩子要做的只是听话就好。因此，我示意孩子的爸爸问孩子中午他们去吃什么。孩子被问得一愣，有点儿不知所措。爸爸又问了一遍，孩子就说你想吃什么就吃什么吧。

爸爸跟孩子说了无数遍让他选择，这个孩子说的都是随便，最终他也没有说出想吃什么。

我告诉这个孩子的家长，在之后的生活中要帮他释放自我主张。经过长达半年的治疗和练习，这个孩子才开始敢于表达自己的想法。

在给孩子权利时，家长须注意权利要有尺度！不给孩子权利会影响他们人格的发展；过度地给孩子权利也会让孩子的行为中出现很多不可控的因素。

我曾经有一个邻居，在孩子3岁多准备上幼儿园的时候，把孩子从爷爷奶奶家接了过来。

原因是孩子之前所在的幼儿园的老师和园长极力建议孩子的爸爸妈妈带孩子，不要再由爷爷奶奶带。

这个孩子在我们小区里被称为“小土匪”，无论见到谁，无论对方手里有什么东西，只要他喜欢，只要他想要，他就会上去抢。

最开始的时候，很多大人都会给他，因为他是个孩子，但是时间久了，大家都会绕着他走。爸爸妈妈也很头疼，他们一边向别人道歉说是爷爷奶奶惯的，一边向我寻求好的办法。

权利感爆炸的孩子的矫正相对来说要难很多，因为建立规则的过程对于孩子来说是痛苦的。他以前体会到的是自己想要什么都可以得到满足，而现在要让他明白什么是可以的，什么是不可以的。而且这样的矫正不能进行硬性的规定，因为孩子很小，他无法理解，也没有办法做到，他会很痛苦，会忍不住哭闹。所以这个矫正的过程要放在生活中所有的细节里。比如说家里只有一杯水了，他正要喝，但是被比他更渴的爸爸给喝得差不多了，这个时候他的内心是痛苦的，他不能接受自己需要的东西被别人抢走，同时他也不能接受自己的需要无法得到满足。

此时家长要跟他讲的就是他是不是很不舒服，那么当他抢了别人的东西的时候，别人的心里是否也会有这样的感受。

还好，杯子里还剩了一些水，他还可以喝，可以稍微得到满足。

对于这样的孩子，矫正起来很熬心。环节的设定既要起到作用，又不能对他的心理造成伤害，还要让他看到这个事件中他自己的感受是什么，他通过什么样的行为可以不再有这种感受。

对这个孩子的行为进行矫正用了一年多的时间，而更加疲惫不堪的是孩子的父母。

# 逆商

在这些年的工作中，我接触到的有心理问题的学生和对于教育焦躁不安的家长非常多。对于孩子来说，成长很痛苦吗？问题很多吗？其实不是！对于家长来说，教育很难吗？束手无策吗？当然也不是！无论是成长还是教育，只要我们能够找到最重要的那几个点——逆商、情商、智商，一切都会变得简单而愉快。

我们可以看到，随着社会的发展，生活水平的提高，家长们对孩子的培养越来越全面，会全方位地关注他们的成长，包括智商、情商等。

但是，在孩子成长的过程中，我们总是能够发现这样那样意料之外的问题。比如，孩子现在不愁吃、不愁喝、不愁玩儿，为什么会经常不开心、情绪低落、烦躁，会时而发脾气，甚至会患上抑郁症呢？

他们的这些情绪究竟来自哪里？很多家长都会对我抱怨，为什么现在的孩子这么难带呢？为什么我们当年就没有这些感觉，不会出现这些情况呢？为什么现在的条件越来越好，孩子的问题却越来越多呢？

我们经常会看到这样的新闻，孩子因为一件很小的事情就离家出走了；或者因为一件很小的事情和同学发生了矛盾，不是自己过不去这个坎儿，产生了抑郁情绪，就是因无法释怀产生过激的行为，甚至因为一件很小的事情跳楼了、跳河了……

为什么当今我们对孩子的关注越来越多，孩子身上暴露出来的问题也越来越多呢？为什么70后、80后在成长的过程中几乎很少会出现这样的问题呢？

这是因为现在的孩子几乎没有逆商，而70后、80后是从逆境中走过来的。

现在的家长们都觉得生活好了，自己有能力了，不需要让孩子受苦了，要给孩子最好的生活，关注孩子的智商、情商，让他考上一个好的大学，将来有一份好的工作，成就他美好的人生。

事实真的是这样吗？绝对不是！在寻求心理咨询的人当中，大学生占的比重是非常大的。他们用各种各样的现实问题证明了他们逆商偏低，应对问题的能力偏弱。

有多少本科生毕业了，没有办法去工作？有多少研究生毕业了，还不会处理人际关系？有多少人读完了博士还痛苦挣扎？这些是孩子的错吗？不，这些都是家长的错！

家长们忽略了一个最重要的因素，那就是在这个世界上有很多事情是我们不可控的。所以让孩子学会接受不可控和在不可控中尽量做到可控，才是对他们最大的帮助。

我曾经遇到过这样一位家长，她不希望自己的女儿有任何不开心的情绪，但她又很惆怅，觉得自己无论帮女儿做了什么，女儿都不开心。

我问了她一个问题，假如你是一个国王，你让你的女儿继承王位，但在你百年之后你确定你的大臣们不会反水吗？听到这个问题后，她沉默了。

你能留给女儿的是什么？——能力！其实我们每个家长能留给孩子的最有用的财富就是培养他拥有某种能力。

能力可以让一个人拥有控制力，也可以让一个人接受不可控。如果一个人不能接受不可控，不能学会当不可控的状态出现的时候自己应该如何应对，不要说成功，他离快乐的生活都很远。

这就是现在的90后、00后的孩子出现各种问题的最主要原因。

所以，要想成就孩子，除了智商、情商之外，还需要一个非常重要的商数——逆商！

逆商是什么？

逆商是一个人在逆境中的思维模式、反应模式、应对模式，是人们面对挫折时摆脱困境、超越困难的能力（这一词汇是由美国职业培训师保罗·斯托茨提出的）。所以，逆商决定了人的生存能力。

逆商越高的人能力越强，取得的成就也就越大，我们看到的所有伟人、成就非常大的人，都有着超高的逆商。一个人的智商无论有多高，如果逆商非常低，也是很难达到一个高度的。

一个人要成功，他首先要有智商作为根基，还要有情商进行沟通协调，更要有逆商解决困难、超越现实。

既然逆商对一个人如此重要，那么，逆商可以人为培养吗？人类最容易培养的就是逆商，其次是情商，智商是最难的。

所以，作为家长，如果在孩子成长的过程中忽略了或者是不知道培养孩子的逆商，那么就等于毁了孩子的半个人生，增加了孩子的痛苦。

可能有些家长觉得我不需要孩子飞黄腾达，有什么大的成就，只要他快乐就好。实际上，一个人快乐的感受和逆商是密不可分的。因为这个世界上没有任何一个人可以不经历任何一丁点儿挫折。假如一个人的逆商很低，对于他来说，很小的事情就是很大的挫折，他又如何能够快乐呢？

# 幼儿期如何培养孩子的逆商

逆商的作用及逆商的重要性我们前面已经浅浅地提过。

每个家长对孩子的爱都应该以正确的方式表达。溺爱带给孩子的是小时候的微笑和快乐，长大后的痛哭和痛苦。

小时候他要什么你给什么，他自然是开心的、快乐的。但是长大之后，他想要的超出了你的能力范围和权利范围，这个时候他的感受会是什么呢？

真的爱孩子就要让他有能力，让他因为自己有能力而感到快乐、自豪。

很多家长之所以把爱演化成了溺爱，是因为他们觉得孩子哭会给他造成心理伤害。所以只要孩子一哭，孩子的要求、想法和愿望就会得到满足。

家长们会误认为这就是给孩子的最大快乐和幸福，但事实上，家长们会慢慢地发现孩子越来越容易哭闹，脾气越来越大，越来越暴躁。

为什么会这样呢？家长已经满足了孩子所有的要求，为什么他们还不能够拥有真正的快乐呢？

这是因为真正的快乐并不是来源于所有的要求都得到满足，无论大人还是孩子，真正的快乐都是心气儿很顺。

心气儿顺来自两个方面：一个是现实的层面，一个是内心感受的层面。

现实的层面是自己想要的东西都得到了满足，但是内心感受的层面的心气儿顺并不会因为现实的满足就可以得到。也就是说，无论是大人还是孩子，并不会因为他的愿望得到了满足，就会真正开心。

有些人可能一下子很难理解，其实只要细细地感受一下在自己身上有没有发生过一件事情达到了你的目的，但是你开心的程度却和这件事情不相等，也就是你并没有太开心，就会理解这种状况。就像很多人都会有这样一种感叹：好奇怪呀，我的愿望达到了，为什么我没有太开心呢？

这是因为，一方面我们的内心都有一个衡量的标准，那就是这个东西如果是我自己努力获得的，我肯定是开心的。另一方面就是我们的内心需要整合，需要更清晰、更明朗，在没有更清晰、更明朗之前，个人的内心是有些混沌的，只有消除了这种混沌，才能够真正开心。

大人可能会觉得孩子很小，他懂什么呢？一定不要低估孩子的智商，他们的感知系统一点儿不迟顿，甚至比大人更敏感，只是他们的表达弱一些。

有一个很奇怪的现象，就是对每个人来说，可以为所欲为并不会让他觉得真的很开心，反而会觉得缺了什么，但他自己却又说不太清楚。

这是因为在他的世界里少了规则，从表面看，规则是对人的限制，可能会让人不舒服，但实际上规则恰恰是让人开心的最重要因素，因为规则体现了能力。一个人既可以遵守规则，又实现了自己的目标，恰恰证明这个人是有能力的，无论对大人还是孩子，都是这样。

所以在孩子小的时候教会他们规则，让他们懂得在遵守规则的前提下实现自己的愿望，他们才会获得真正无瑕疵、无杂质的开心。

有些家长会说我不希望孩子哭，他哭的时候我会很难过，我不希望他伤心。

首先，这个观点是错误的，孩子哭并不代表他伤心。一个神经系统正常的人，一个精神世界正常的人都是有情绪的，哭也是一种情绪能量的消耗。

被消耗的这股能量不见得就是伤心、痛苦，很多时候伤心未到、开心不足的情绪也需要消耗。

即便一个人每天都经历好的事情，看上去他应该每天都开心，但是他也一定会有负向的、低落的情绪出现或者是存在。

不好的情绪也是人作为生物本能的一个存在，那么，这部分情绪要如何释放呢？对于大人来说，发发牢骚、发发脾气、喝喝小酒，这部分情绪可能就释放出来了。孩子要怎么办呢？那就是哭。因为大人的这些发泄方法都是孩子们不能做的、不会做的，所以，哭是孩子们释放自己不良情绪的一种途径。

有时候，孩子表现出来的不开心或是情绪的小低落，或坐着发呆，都是正常的。发呆是他慢慢消化和释放低落情绪的一种方式，也是一种比较舒缓的释放情绪的方式。

有些家长一看到孩子不开心就会变得很紧张，会想尽各种办法来哄孩子开心。其实家长不需要这么做，因为这样会打乱孩子正常的情绪程序。比如，当孩子不开心时，他沉浸在这种不开心的情绪里，但是家长为了哄他给了他一个大的礼物，而且是他一直很想要的，这时候他肯定会开心，但是这种开心是因为他把之前的那件不开心的事情解决了吗？不是，这种开心是一种植入式的、表面的，是因为这个礼物和这个满足而带来的开心，也就是说，之前的那个不开心的因素还在。

这个一直存在的不开心就会在下一次当孩子感受到有不开心的小事情发生的时候，以更大的情绪方式展现出来，如愤怒，甚至暴躁。

这种例子在生活中很常见，无论是在孩子身上还是在成年人身上，这就是很小的事情却有很大的情绪爆发出来的原因。

哭是一个更直接、更有效、更彻底地释放坏情绪的方法。如果家长们仔细观察一下，就会发现孩子在哭完之后，状态会变得更好，好像他会更开心。

其实我们大人也一样，当我们遇到某些事情，或者自己情绪不太好的时候，掉上几滴眼泪也会觉得心里舒坦了很多。

如果家长不希望看到孩子不开心，更不舍得让孩子哭泣，从而满足孩子的所有要求，那么，给孩子带来的伤害将是想象不到的。

一一是一个4岁的小女孩儿，她很漂亮、很可爱，被焦头烂额的家长带着找到我。由于家长不舍得让孩子哭，4岁才把孩子送进幼儿园小班。但是时间不长就换了两个幼儿园，现在这个幼儿园的老师又建议家长给孩子换园。

4岁的孩子能做出什么样的大事，至于被幼儿园开除吗？因为这个孩子有一个特点，那就是所有的东西必须是她的，别人谁都不能碰。

无论多么好的东西，如果放在那里没有人去拿，她是不会要的，只要有人去拿，她就一定会争。

如果老师分配东西的时候既分配给了她，又分配给了别人，她就会哭闹，躺在地上打滚儿，甚至会把别人的东西抢过来，然后把自己手里的扔掉。

这个孩子之所以会这样，是因为家长在带她的过程中，无论是在小区还是在其他地方玩儿，只要她想要别人手里的东西，家长都会想尽办法去跟别人用各种条件交换，满足她的要求，甚至她的家长还因为她和别的孩子抢东西而跟其他家长大打出手过几次。现在他们才发现如果孩子的性格不加以调整或改变，不单是上幼儿园成问题，将来上小学甚至孩子的整个人生都会有问题。

一一从幼儿园休学后在家里待了3个多月，家长每天像上班一样帮她做设定好的各种练习，这个过程不仅花费了大人的心力和财力，对孩子来说也是一个痛苦的过程。

因为她已经习惯了一种行为模式和思维模式，再做这样的调整或改变，等于推翻了她之前的所有定式。这种痛苦远远超过了最初教她学会规则的痛苦。

那什么样的小挫折才恰到好处，既不会让孩子觉得受伤，又能锻炼他们的逆商呢？

在孩子小的时候不需要给他们制造挫折，因为孩子成长的过程中每天都要接触新的东西，每天都要学习，这个过程到处都是挫折。所以，只要在孩子成长的过程中不包办代替就能够锻炼他们的逆商。

很多家长觉得自己顺手就可以帮助孩子完成事情，不想看到孩子在那儿反反复复很多遍都没有办法做完，家长会着急，或者是不希望孩子经历这样的小麻烦，就顺手帮孩子做完了。

我们要清楚地知道，一个简单的、反反复复的过程，对孩子来说，有三个好处：

第一，锻炼了孩子的耐心和韧劲儿。在做一件事情的过程中，他希望自己能做成功，一遍不成两遍，两遍不成三遍。

这个时候是可以让孩子有更多耐力的，稍微有了一点儿耐力的孩子想做一件事情的时候，越是做不成，他越是有一种韧劲儿，一定要把这件事情做成，所以他的韧劲儿也就锻炼出来了。

第二，他不会因为做不成而急躁，他会给自己时间，同时也能接受失败。因为他在第一次失败后想要第二次去做的这个过程中，也就是在失败的这个点上，就接受了失败。

只有接受了失败，才会想让自己再一次尝试，如果一个孩子不能接受失败，他会在这个时候直接哭或者是找别人来帮忙。如果家长看到孩子哭了，直接替他做好，对孩子来说是没有任何帮助的。

家长可以帮他做，但在帮他做的过程中也一定要有失败，然后请孩子来一起试一试，当他再试了一次、两次，在家长的帮助下肯定是可以成功的，他会明白什么？

他会明白原来很多事情，无论是谁都是要反复做才能成功的，虽然他不会用语言表达，但是这种认知已经在他的头脑中形成了。

第三，孩子有了平常心，无论做什么事情都会觉得失败是一个正常的现象，但是他同时坚信只要多努力几次就一定会成功。他不会因为失败而放弃。

不要小看生活中的任何一件小事、任何一个细节给孩子带来的影响。一个人所有的能力正是在这些影响下初步形成的。

在生活中，这样的小事到处都是，比如说玩积木，比如说学习穿鞋子，比如说练习系扣子，这些都能提高孩子的逆商。

## 小学阶段培养孩子的逆商还来得及吗

有些家长可能会说，糟了，我们错过了培养孩子逆商的最佳时期，怎么办？

孩子现在长大了，有了很多习惯，习惯了要求被满足，习惯了以往我们帮他做很多事情，现在让他自己去做他会不高兴，并且有可能大哭大闹，这可怎么办呢？

逆商的培养虽然在幼儿时期做最好，但是无论在哪个时期做都能起到作用。因为孩子在成长的过程中总是会遇到这样那样的问题，当这些问题产生的时候，对孩子进行逆商教育一点儿都不晚。

如果孩子习惯了家长为他做所有的事情，要用什么样的方法让他开始学着自己去做呢？选择性命令永远好过直接性命令。

我们先来说一下什么叫作直接性命令。直接性命令就是直接告诉对方要去做什么，应该去做什么，必须做什么。

这种告知给对方的感觉是有攻击性的，有强制性的，因为它是一种命令的形式。所以接收到这个信息的人内心会有一定的抗拒和排斥，要么干脆不想做，要么带着情绪不情愿地去做。

人的心里除了有防御机制之外，还有竞争本能。竞争本能会让个体不愿意听从别人的安排，即便你对他的命令和安排没有任何攻击性，他也会有种不服气的感觉。

选择性命令是有选择的两种方式，让对方任选一个。比如，你是想先洗衣服还是先打扫房间呢？就是这样一个简单的选择性的询问，就可以给对方一种被尊重的感觉。感觉你尊重他的意见，你给了他选择权，看上去就像是一种商讨。而且在他直接接收到信息之后，他大脑反映出来的是和这两种信息相关的内容，我先做哪一个呢？这是一个自己问自己的过程。当自己问自己的过程存在的时候，看上去他就有了自主权。

这种选择性命令用在孩子身上，效果尤其显著。

比如，孩子放学回来，如果你告诉他要赶快写作业，不能玩儿其他的了，他心里会很烦。他会觉得即便你不告诉他，他也知道是要写作业的，只是想稍微等一会儿再写，这就是一个防御机制的显现。

如果你告诉他先写数学再写语文，他心里高兴的程度也会很低，他会觉得你很烦，你的事儿很多，你对他干预得太多。

但是如果你问他是想先写数学还是想先写语文，这个时候他内心的关注点已经不再是你对他的命令，而是思考先写哪个。

最终的结果是以他的思考为准，这给他的感受是他自己做主，但实际上虽然他自己做主了，但他逃脱了写作业吗？没有，所以选择性命令好过直接性命令。这种沟通方式可以化解生活中的很多矛盾。

一个已经习惯了衣来伸手、饭来张口的孩子，当你突然告诉他，他需要自己做什么的时候，他内心是有很多种不好的感受的。

因为要做事情，他会觉得烦累，甚至会觉得你不爱他了。他更会觉得这些理所应当是父母做的事情，为什么此刻需要他来做，他怎么这么倒霉！

所以，当我们开始让孩子做他力所能及的事情的时候，一定要有技巧。非常重要的一点就是让他在做这些事情的过程中感受到快乐，降低他的疲惫感、烦躁感和挫败感。

培养逆商也要在一个相对快乐和积极的状态下进行。任何培养，如果让孩子的感受是痛苦的、无奈的、无聊的，那这个培养就会失败。

比如，我们让孩子练习整理自己的书包，如果家长直接命令他说“你把你的书包整理一下”，孩子心里会很不舒服，因为他从来没有做过这件事。如果家长用选择性命令说：“你是现在整理，还是一会儿整理？”他也会不舒服，因为他必须要做。如果家长说：“妈妈太忙了，有太多事情要做，这可怎么办？”这个时候大多数孩子会有两种表现：一是冷漠，二是着急。如果孩子在专注地做一件事或者是玩得很开心的时候，他对你的话是完全听不到的，他表现出来的是冷漠。

所以家长要选择好时间点，基本上在他有点儿无聊的时候再做出这样的表达。

只要孩子没有在专注地玩儿，没有在做一件让他很开心的事情，他听到家长的这个表达之后就会对这件事关注。

首先，孩子都是爱家长的；其次，他们是有很强的表现欲望的。这个时候家长告诉他说你帮我分担一点儿吧，孩子都会答应的。

另外还有一个技巧，就是先让孩子帮家长分担一个很简单的、不是孩子自己的事情的任务。比如，让他递给你一个拖布，让他帮你挂一件衣服，当孩子把这项工作完成之后，家长要给予他一定的表扬和肯定，然后再告诉他你今天实在是没有时间帮他整理书包了，你相信他自己也能够把书包整理得很好。

孩子乐于接受这样的方式，并且在做事的过程中心情很愉快。家长在给了他肯定的同时，也让他看到了自己的能力，而每个人的自豪感都来自对自己能力的认可。

一个小学二年级的孩子经常和妈妈吵架。他对妈妈说得最多的就是“你走吧，我不喜欢你，我不要你，我要奶奶”。

这个孩子从小就习惯了奶奶和爸爸妈妈一起照顾他。在生活中，奶奶对孩子细节的照顾要比爸爸妈妈都多。

老人家带孩子的时候总是这样的，他们觉得自己不能在其他方面给孩子更多的教育，只能把孩子的生活照顾得面面俱到。

所以，在这个孩子的印象中，奶奶替他做好了所有的事情，包括喂他吃饭，帮他洗澡、洗脚、削好铅笔、收拾好书包、找好袜子、穿好衣服等。但是突然间奶奶回了老家，妈妈开始让孩子自己来做这些事情。他每次都做不好，然后很愤怒，一边做一边哭，妈妈就会严厉地批评他，甚至在他很反感、很不愿意做的时候，妈妈还会给他惩罚。慢慢地，他觉得自己忍无可忍，开始跟妈妈吵架，开始跟爸爸对抗。

此时，孩子的行为不但让爸爸妈妈焦头烂额，也让爸爸妈妈之间的关系出现了问题。

这个家庭被孩子闹得鸡犬不宁，孩子的爸爸开始埋怨妈妈为什么不能和奶奶和平相处，这样奶奶就不会走了，整个家庭就不会鸡犬不宁了。

妈妈满腹委屈，因为她觉得此刻最痛苦的是她。自己辛辛苦苦生的孩子竟如此讨厌她。自己既要上班又要照顾家庭，还要带孩子，老公对她一点儿肯定都没有。同时，这对夫妻也非常清楚，孩子已经上小学二年级了，这些事情还不会做，长大之后也是个难题。

这个混乱而痛苦的家庭实际上就折在了技巧上。他们对孩子的命令在孩子的心里形成了一种不愉快，他们对孩子的批评和看上去很严格的要求在孩子的心里又形成了一道伤害。这让孩子觉得自己无法应对这些——太困难了。教孩子战胜这些困难的时候除了要讲技巧，还要有一定的耐心和孩子一起来练习。比如说洗澡，如果家长告诉孩子你去洗澡，他会觉得很烦，甚至痛苦。因为这件事情很麻烦，而这么麻烦的事情以前他是不需要自己做的。

如果家长告诉他说，“我们要洗澡了”，或者是“我们去洗澡”，这个时候这件事情就有了同行的人，也就是有了同伴，无论什么事情，只要在有同伴的状态下，个人的压力就会减轻。而且在做这件事情的过程中，孩子可以向家长学习。他可以根据家长的样子把自己的事情做得稍微好一些，而不是家长指挥他来做。

一个人的逆商要怎么培养？逆商就是要从他觉得有难度、他觉得做不好的事情做起，从做不到到做到，让他相信自己有这样的能力，他有了自信，才会更有动力去挑战，才不会退缩，不会逃避。

让一个孩子接受有些事情他做不好，有些东西他得不到，他才不会因为做不到而自责，才不会因为得不到而不能接受。

逆商中的这个“逆”也就是个人心理预期的对抗，是让一个人通过练习能够接受欲求不满的情况。

生活当中大多数痛苦的感受都来自欲求不满。所以，逆商其实和一个人快乐的感受是密不可分的，一个没有逆商的人是无法感受到快乐的。

要注意的是，逆商不同于打击，所以在培养孩子逆商的时候，绝对不是给他们一件非常困难、他们做不到的事情让他们去做，然后再让他们接受“自己做不到”这个结果。这种行为只会打击孩子的自信心，让他们真的渐渐什么都不去做。锻炼逆商的技巧是从小的事情、容易的事情开始，让他们有自信、有希望，这样孩子才会有胆量。

有了这些之后，在生活和学习上无论遇到什么样的事情，他们都敢于尝试，这样才能把事情做好。

# 你真的会爱孩子吗

有多少家长会爱孩子？对孩子的爱是饱满的，既让孩子感受到了安全、快乐、力量，又不会过分地任性、放纵、娇惯孩子！

关注孩子教育的家长经常会听到这样一句话：无条件地接纳孩子。

有很多家长都会问我这样的问题："老师，我看了很多关于教育孩子的书，也听了很多这样的课，都说对孩子要无条件地接纳，我也这么做了，可为什么对于教育孩子我还是焦头烂额，找不到方法？"

这是因为家长把"无条件地接纳"理解错了。无条件地接纳并不是无条件地接受，不是无论孩子做什么，自己都顺从。

所有提出要无条件接纳的人都会这样说："首先要对孩子无条件地接纳。"也就是说，在无条件接纳之后还有要做的事。

如果家长误把"接纳"当成了"接受"，那一定会问题百出。接受是允许，是认同，既然是允许和认同，也就是对孩子的行为或想法是同意的，是没有疑义的，代表了孩子是不需要调整和改变的。

我们想一下，对一个孩子无条件地接受可以吗？肯定是不可以的。

接纳更多的是容纳的意思，也就是说，无论孩子身上发生什么、出现什么，他们的思维是什么，他们的行为是什么，我们首先需要接纳容忍。

在接纳容忍的基础上再对孩子进行引导、影响，甚至是命令。这种接纳传递给对方的最直接的感受就是被认同、被尊重和被关爱。

这种感觉首先卸下了孩子的心理防御，还可以让他感受到自己是被尊重、被关爱的。

一个觉得自己被接受、被尊重、被关爱的人，他的内心对自己也是极为珍视的。在这个基础上，他更愿意去调整和改变自己，也更容易去接受身边人给他的建议。

接纳首先要具有很强的亲和力。家长接纳了孩子的一个行为的同时，也让孩子感觉到他和家长是亲密不可分的。他有什么感受，有什么困惑，自然愿意来跟家长倾诉。而家长对孩子最好的教育就是在倾听的过程中进行分析、引导。这就是说，对孩子的爱要恰到好处，要把握分寸。

爱是孩子改变缺点的动力，爱可以让孩子在感受到幸福的同时激发他内心的力量。在孩子感受到你对他的爱的时候，他同样会生发出很强的爱你的心理。而溺爱就不会产生这样的效果。溺爱是无条件地接受，无条件接受的时候就少了一个是非观念。

无论是孩子还是大人，在他的世界中如果没有是非观念，他就无法懂得边界，无法体会别人的感受，无法看到别人的辛苦，自然也就不会去调整自己的行为，更不会去改变自己的想法。

要关注孩子的心灵需要。太多的家长对孩子的关注都停留在了表面的需求上，吃什么、喝什么、穿什么、玩什么，其实除了这些，家长对孩子心灵的需要同样要引起重视。但是家长要明白，重视孩子的需要并不代表满足他所有的需求。真正的爱是在孩子有正确需要的时候满足他，当他不正确的需要出现的时候，要和他一起分析，给他讲解，帮他调整，这样他才能够懂得边界，知道什么是可以做的，什么是不可以做的。

在这个过程中，孩子也能够体会到别人的感受，看到别人的辛苦。一个人只有体会了别人的感受，体会了别人的辛苦，才会调整自己的行为，才会更加懂得如何去爱别人。

陪伴也是传递爱的一个过程。这种陪伴并不是单纯指我们在时间上陪着孩子做哪些事情，也包含了我们在孩子在成长过程中对其心灵的时刻关注。这种陪伴体现在两个方面：一个是生活中时间上的陪伴，一个是对孩子心灵感受的陪伴。

时间上的陪伴，比如说，平时我们陪孩子做了哪些事情，当孩子做作业的时候，家长是把自己的时间用来看电视、玩游戏，还是坐在孩子身边静静地陪他一会儿，适当地关注一下他正在做的事情，融入他此刻的环境当中？不同的行为会带来不同的效果。

通过对孩子心灵的陪伴，可以知道孩子内心的感受。此刻他是开心的，情绪是低落的，还是有些伤心的？无论他的感受是什么，家长首先要接收到，然后要共情，即有和孩子一样的感受。这种行为可以帮助孩子淡化和释放他们心中的情绪，不好的情绪释放一些之后，家长才能够更好地对孩子的情绪进行修复，对孩子有更好的引导。

爱是孩子接受批评的止痛片。每一个孩子在成长的过程中，都会接受批评或者打骂，但是在长大之后有些人会因此有心理阴影，有些人却没有什么感觉。

能够充分地感受到爱的孩子在接受批评时也会有不愉快的感受，但是家长对他的关心和互动总是恰到好处。这些恰到好处会让孩子感受到愉快、幸福和存在感，正是这些感觉修复了孩子遭受批评时的不愉快。

爱是孩子“胆大包天”的靠山。有很多孩子特别内向、胆小、懦弱，很多时候会随波逐流，甚至形成讨好型人格，这些都是孩子缺爱导致的。缺爱的孩子最直接的感受是他们不被认可、不被喜爱、不被关注，也就是觉得自己不重要。

当一个人觉得自己不重要的时候，他敢有自己的想法吗？他敢去坚持自己的主张吗？他敢相信自己可以有梦想吗？

他会觉得自己很差劲儿、很不好，想法、主张和梦想等都是别人才能拥有的。渐渐地，他会不愿意去思考，他觉得思考也是一种浪费，因为自己做不到或者得不到别人的支持，他会觉得自己的想法、主张和梦想都不可能成为现实。

当一个人不去思考的时候，久而久之，他的思维就会变得狭窄。但是不去思考并不代表他心里没有欲望，欲望仍然会有，而且它就像一棵即将破土的小草的嫩苗一样停在那里，不会生长，也不会消失。

当欲望既不能消失也不能被满足的时候，就只能被压抑，压抑是一种持久的慢性痛苦。

只有得到充分关爱的孩子，才认为自己是出色的、有能力的，才相信自己的想法能够得到身边人的支持。因为自己的想法可以得到身边人的支持，他才更加有胆量让自己做主。一个可以做主、敢于做主的人才会更加善于思考，因为他知道自己的思考不会作废，所以才更愿意思考，而善于思考的人才会取得更多、更大的进步。

对孩子真正的爱是能看到、能听到、能想到孩子自身所有的特质，并且在接受这些特质的基础上对他们进行帮助、引导。

教育是一个我们扶着孩子长大的过程，我们只需要在他即将摔倒的时候扶他一把，在他走不稳的时候扶他一把——这就是对孩子最好的爱。

# 培养孩子的探究兴趣，为学习打下基础

孩子小的时候对很多事情都有强烈的兴趣，这个兴趣不需要人为地引导。他们就像磁铁一样，具有极强的吸附能力，会主动吸收他们看到的、听到的、接触到的所有东西，无论好坏。

在这个阶段，给孩子多一些影响会对他们未来的发展有非常大的帮助。但要注意避免某些事情对孩子不良的影响。

随着孩子一天天地长大，他的学习吸收才会有选择性，才能够分清楚自己对什么是感兴趣的，对什么是不感兴趣的。

这个时候，家长有很多工作可以做，如你希望孩子未来朝着什么样的方向发展，就可以给他这方面的引导和帮助。

几乎所有的家长都希望自己的孩子能学好文化知识，在这个阶段让孩子对此产生兴趣，是可以为未来学习文化知识打下基础的。

文化知识中的很多东西都有些枯燥，假如孩子对这些东西丝毫没有兴趣，他的整个学习过程就是痛苦的。家长可以在他正式学习之前为他打下基础。例如，让孩子多看一些儿童读物，对他们识字、词汇的积累、逻辑思维的开发都有好处，对提高孩子的表达能力和写作能力都会起到直接作用。

图书中有各种各样的色彩，可以开发孩子的感知觉；图书中各种各样的故事可以开发孩子的思维，故事中各种情节的发展可以帮助孩子增强逻辑性。

但是如果孩子对看儿童读物不感兴趣，而对出去玩儿感兴趣，这时，要如何培养孩子对儿童读物的兴趣呢？

首先，家里一定要有儿童读物，但不是家长要求他看，也不是家长读给他听。因为在他不感兴趣的时候要求他去看，他感受到的是痛苦。要让孩子对他不感兴趣的东西产生兴趣，就要采用一种间接吸引的方式。

在培养孩子读书的兴趣上，家长可以这样做：家长和孩子说好要去做一件什么事，马上出门或是即将出门。这个时候家长表现出无意看到了这本儿童读物，然后自己一边翻一边惊讶地感叹："这张图片好漂亮呀！""这里好有趣呀！"有一些孩子就会被吸引过来，然后和家长一起把这段故事看完，再高高兴兴地出门去。

假如孩子在这个时候没有被吸引过来，而是不停地催促家长"快一点儿"，要怎么办呢？家长可以用请求的方式对孩子说："这里太好看了，你稍微等我两分钟，让我把它们看完好吗？"这个时候几乎所有的孩子都会被吸引，并且毫无心理防御，都会过来和家长一起看完这个故事。

家长接下来要做的就是把这种吸引继续延伸。比如说，和孩子出去玩儿了一会儿该回来的时候，家长突然询问："我们刚才看的那个故事里面有一个情节是什么来着？我好像记不太清了。"孩子就会和家长一起来回忆情节。这个时候，家长对孩子有一些赞美和肯定，孩子的自豪感就被激发了，以后他对读书就不会那么排斥了。但家长要注意，每次引导孩子读书的时候不要都用同一个方法。

又如孩子排斥睡觉，家长可以在没有到他睡觉时间点的时候告诉他"你好像应该睡觉了"，然后为睡觉做准备。

这个时候，家长还是可以装作无意间看到一本图书，然后自己翻开来一边看一边有情绪地带入。当家长有情绪地带入的时候，孩子基本上就被吸引了。这时，家长可以说"我们先来一起看一看，怎么样？"

孩子本身就对睡觉比较排斥，这个时候有其他事情可以做，他自然是很开心的。几次下来，孩子就会喜欢读书。如果家长能够有声有色地把图书的内容诠释得更好，孩子就会逐渐爱上读书。

我曾经遇到过这样一位家长，他说孩子太聪明了，所有的吸引对孩子都不起作用。

吸引之所以不起作用，是因为孩子看穿了家长的计谋，也就是说，家长不是演技派，所以在做这些事情的时候不要太夸张，要自然一些。

当孩子对读书不再排斥的时候，家长就可以采用每天给孩子讲故事的方式加深他们对读书的喜爱。

有些家长可能会说“我太忙了”“我没有时间每天给他讲故事”，那怎么办呢？家长可以跟孩子进行一个交换，那就是今天爸爸或者是妈妈给你讲故事，明天你给爸爸或者妈妈讲故事。

孩子可能会觉得我不会讲故事呀，因为我不认识这些字，这时我们不要求他把这个故事完整地讲下来，也不要求他讲得很好，只要他能说出这个故事是一个什么样的主人公，发生了一件什么事，哪怕他用一句话告诉你这个故事，你也一定要给予他肯定，因为他的这个描述已经涵盖了思维的很多方面。

当家长对孩子有了肯定之后，孩子会更加喜欢给家长讲故事。因为孩子的表现欲望很强，一方面，他们通过别人的肯定和赞美获得安全感；另一方面，人的竞争本能在孩子的世界里是毫无掩盖地展现出来的，所以他们的表现欲望更加强烈。

孩子的注意力带来的良性结果往往会超出我们的想象。比如，在我儿子小的时候，我每天给他读故事。每次读故事的时候，我会用手指指出我读的那个字。我相信这个动作可以对他形成另一种吸引，他会不知不觉地看几眼这些文字，但是这个行为并没有分散他对故事的专注性。

每次听完一个故事，他会就这个故事后续有什么样的发展和故事当中的主人公应该怎样去做，来和我探讨。

在读故事的过程中，虽然没有看出他的眼神专注在我指的那个字上，只是偶尔看一下，但是慢慢地他就可以给我读故事了。

从最开始有很多不认识的字，到后面基本上没有不认识的字，到了幼儿园大班的时候，他就可以自己读报纸了。

也就是说，在对孩子进行引导的过程中，除了达成我们的主要目标之外，还会有很多额外收获。

因为人的思维是有关联的，看上去我们只做了一件事，却对与这件事情相关的其他事情也起了作用。

如果我们刻意在孩子上幼儿园小班的时候就教他认字，等到他上大班的时候，基本上就教完了小学应学的所有汉字，这个过程孩子会非常痛苦，家长也会非常累。

可能这些字孩子没办法记得很清楚，因为这样刻意地教的过程是非常枯燥的，像做任务一样，孩子心里是非常痛苦的。这个时候他就对学习有了排斥心理，在以后的学习生涯里这种痛苦只会无限放大。

这种无意的、没有命令的、伴随着兴趣的吸引则不同，在很强的兴趣下孩子自然会对与这件事情相关的事情感兴趣。

孩子会有很强的自我学习和吸收能力，他自己愿意去学习和吸收与这个故事相关的所有东西。

他会觉得很神奇，为什么这样一个画面，妈妈就能说出那么多的内容呢？这些内容是从哪儿来的？原来是从这些黑色的小图形来的，那每一个小图形代表着什么意思呢？

记得儿子很小的时候，好像也就两岁多点儿，在看图书的时候他感叹道“这些黑色的小方块就是字啊！”看来从那个时候开始他就对字产生了兴趣。他的兴趣点是：这些看上去差不多的小方块，为什么能表达出不同的意思呢？为什么有不同的读音呢？

对这些字有了这样的兴趣，当再遇到它们的时候，他就会有这样的疑问，探究的心理就会让他想要知道、想要了解。

虽然这种目的有时候不是最强的，比如说，在读故事的时候，他更关心的是故事的内容和鲜艳的色彩画面。但是他也会捎带着对这些文字有一些关注，比如故事情节不是特别吸引他的时候，比如他看够了画面的时候，他的目光就会转向这些文字。

我们可以仔细思考一下，如有时候我们看到一个景物或一幅画面，我们的目光都有重点，但是对这个着重点之外的其他东西我们也会扫上一眼，在大脑中也会有一定的印象或痕迹。

所以，为了培养他对故事的兴趣而不让他看文字，或为了让他认识文字而不让他接触与文字不相关的东西，以免他会分心，这种想法是错的。

培养孩子的兴趣有直接培养和间接培养两种：直接培养是我们想要让他有哪方面的兴趣，就让他接触这方面的东西；间接培养是无论他接触到什么，我们都不去打断或阻碍他，而是让他去观察、去发现。

有非常多的家长都有一个误区，就是他们觉得孩子平日里接触到的很多东西都是不好的，所以，当孩子接触到这些东西的时候，家长会马上去阻断。

实际上这就阻断了孩子对这个东西的兴趣，阻断了孩子思维的发散，阻断了孩子的发现，阻断了孩子对这个知识的拥有，也阻断了孩子的成长。

我儿子在刚刚会走的时候，我会带他在小区的草地上玩儿。我会帮他摘下蒲公英的种子让他吹，他看到飞起来的好多“小伞兵”会欢欣雀跃。有其他小朋友看他玩儿得很开心，也去摘，也去吹，但是被他们的爸爸严厉地制止了，告诉他们那个东西脏。

而我儿子每次都玩儿得很开心，他会追着飞起来的蒲公英种子跑，会看种子落在了哪里，会捡起来仔细观察它们的形状。

对于这个秋天和这个游戏，他的印象应该会很深刻。

等到第二年蒲公英种子再次成熟的时候，我没有再提起让他去玩儿蒲公英的种子，但是他会很刻意地去找，当他看到草地上有蒲公英的种子时，就会熟练地把它们摘下来吹走。

不同的是，今年他在吹起这些“小伞兵”的时候有很多问题：飞起来的这些小毛毛是什么？它们飞去哪里了？

我告诉他这些是种子，它们随风飞到任何一个地方，然后落在地上，等到下雨的时候它们就会发芽，然后长出一棵新的蒲公英。

然后他会指着小草问我“它有种子吗？”会指着大树问我“它有种子吗？”我就给他讲了很多关于种子的故事。

等到5岁多的时候，有一天，他在超市里看到了《植物百科全书》，他爱不释手。因为这个时候他已经认识了大部分的字，可以把这本书翻个七七八八。

他很惊讶地对我说：“妈妈，这里边有很多很多的植物，有很多关于它们的种子的故事，有它们的花，有它们的叶子！居然还有一朵花会吃小虫子！”

他如获至宝地把这本书拿在手上不停地翻看，遇到不认识的字会马上问我，不懂的含义也会让我给他讲解。

就是一粒小小的蒲公英种子，就是一个小小的吹“小伞兵”的举动，让他对植物产生了浓厚的兴趣。

在给他讲过种子的故事之后，我并没有刻意去买一些有关植物的书来读给他听，因为这样的书单独读出来的时候是很枯燥的。

枯燥的东西，他可能会排斥。但是我在他的思维里种下了关于植物的“幼苗”，总有一天，当他看到和这个幼苗相关的事物的时候，就会感兴趣，在这个兴趣的引导下，他会自己去浇灌让这棵幼苗长大。

此后，他又让我给他买过很多关于各种植物的图书。有很多植物都是他介绍给我的。

在他小的时候，我还会经常带他去做一件事情，那就是去看小昆虫。最容易研究的就是蚂蚁，因为哪里都有，随处可见。我们会从家里带一些好吃的送给小蚂蚁。

我特意给他准备了一个超大的放大镜。他觉得非常神奇——小小的一只蚂蚁被这个东西一照就会变得非常大。

虽然在拿到放大镜的第一刻，他的注意力在放大镜的神奇上，但因为放大镜是不变化的，稍微研究几次他就发现没有更多的神奇之处了，兴趣就转移到小蚂蚁的身上了。因为小蚂蚁是变化的，更有趣的是他可以观看到小蚂蚁怎样吃东西，怎样打招呼，怎样把食物搬回家。

每个夏天有小蚂蚁的时候，我都会带着他专注地去和小蚂蚁玩儿。我们也经常会和不同的蚂蚁玩儿，有大的，有小的；有黑色的，有棕色的。

很小的时候，他会把小的蚂蚁叫作“宝宝”，把大的蚂蚁叫作“妈妈”。等他上幼儿园中班的时候，他就知道它们是不同种类的蚂蚁。

在4岁多的时候，他让我帮他买一本有关蚂蚁的书。然后他兴高采烈地告诉我“切叶蚁可以帮助医生做手术；行军蚁是非常凶猛残酷的蚂蚁，它们会吃掉很多大型的动物和人”，还说“一定不要去有行军蚁的地方，太危险了”。

等他读到小学一年级的时候，他知道了《昆虫记》这本书，迫不及待地让我把这本书买来，用一天的时间看完了。几乎所有的书只要是他没看过的，只要不是特别长的，他都会看完之后再去做其他的。

培养孩子兴趣的时候一定不要一下就帮他把这个兴趣完善了，而是帮他点起兴趣之后由他自己来发展。比如，当他了解到蚂蚁的时候，就早早地把《昆虫记》买回来给他读，他不见得会对书上的一些内容感兴趣。这个时候他对这些东西只是有一点儿兴趣，而不是很大。但是当他的这一点儿兴趣放在那儿，后续他自己发现和这个相关的东西的时候，感觉就像遇到了自己了解的东西，就好像我们在异乡见到老乡一样充满热情，会燃起他非常大的兴趣。

给孩子买书的时候也不要一下子买很多，既要满足他的需要，又要让他觉得很缺书。比如，他想要某本图书的时候，可以偶尔采用买了这一本就不能买什么什么东西这样的方式，让他觉得这本书得来不易，这样他才会更加爱不释手，兴趣浓厚。

每个孩子都会有这样的经历：第一次捡起一片树叶，第一次捡起一块石头。在孩子刚刚学会走路到外面去散步的时候，就会有这样的情况发生。有很多家长在孩子这个举动刚刚完成的时候，就会大声地对孩子说“那个很脏，有很多细菌，赶快把它扔掉”。其实，这些东西上面的细菌没什么大不了的，我们可以帮孩子洗干净。但是你让孩子扔掉他手上的这些东西，就相当于切断了他对这些东西进行研究的兴趣。比如，我儿子很小的时候，他捡起一片树叶，我也会捡起一片树叶，并且对着太阳照，让他来看迎着阳光我们看到了树叶里面有什么。最开始的时候他不知道有什么，我也不会告诉他，但是他每次捡到树叶都会对着太阳照一下。

随着他一天天长大，语言表达能力也越来越完善。有一天，他好奇地问我："妈妈，为什么每片叶子透过太阳的时候，看到的东西都是不一样的呢？"

然后我就给他解释什么是叶脉，它们是干什么用的，为什么它们会不一样。

他第一次捡起一块石头，我会去帮他捡来很多与他手上不一样的小石头。

虽然他不会描述，但是他能感觉到它们是不一样的。同样，随着他一天天长大，他也会问为什么这些石头不一样，石头是怎么来的。

慢慢地，他了解到这个世界上有矿石这种物质。有段时期他对矿石特别着迷，无论走到哪里都会注意脚下的碎石，总是希望自己能够捡到一颗稀有的石头。

所以，在他上幼儿园大班的时候，我向他承诺，等到时间允许的时候我会带他去捡玛瑙。虽然这个承诺至今也没有兑现，但是这个小小的"发财梦"让他快乐不已，对石头的热情丝毫未减。

就像他在二年级的时候，有一次我们去一个景区，他一眼就认出这个是石灰石，这个是花岗石，那个是大理石。

对于一个新出生的婴儿而言，他成长的每一天都是新的，他什么都没有见过，什么都不知道。他见到任何东西都觉得好奇，如"为什么这个东西长成这个样子，它是做什么用的，我能不能和它玩儿"，等等。一系列的想法都在他们的头脑中闪现。

虽然他不会用语言去描述，但是这种好奇心会驱使一个孩子想要去探究这些东西。可以探究的东西在生活中随处可见，他从一睁眼开始，看到的每一件东西都是可以探究的。

在孩子小的时候，当他对一件事情产生兴趣的时候，家长要做的只是照顾他的安全，而不是对他下命令：这个不能碰，那个不能看，那个不可以。

这些教条会封闭孩子的探究心理，切断他们的很多感知觉通道，更重要的是，会切断他对学习的兴趣与好奇。

生活当中，孩子的注意力基本有两大类别。

有一种孩子对什么都感兴趣，看到什么他都会注意看一下，让自己想一想。这样的孩子，他的小脑袋中所装的东西是丰富的，他的探究心理是很强的，他的文化课的学习在正确的引导之下也会是非常好的。

而另外一种孩子，无论见到什么，他可能都视而不见，他不觉得这些东西有什么意思。这样的孩子，他的思维相对是闭塞的，他的小脑袋中想的事情可能会比较少。他的文化课的学习成绩也很难达到一个真正的高度，哪怕在小学阶段，可能他的数学、语文、英语三门功课学得还比较好，但是到了初中、高中，当功课增加之后，他就会有一种应付不来的感觉。

如果孩子就是排斥一个东西，但是又不得不让他去学习，要怎么办呢？该如何培养他这方面的兴趣呢？

很多幼儿园的大班已经开始教算术了。有一个孩子非常聪明，但是偏偏不会算术。他连“1+1=2”都说不上来，之所以用“他说不上来等于2”是因为他并不是真的不知道“1+1=2”，而是他无法把这个结果说出来。

单纯地让这个孩子数数，班里小朋友会的他都会，但他就是无法理解一个数加上另一个数等于多少这样一个算数题。

家长在最开始教他的时候还有一点儿耐心，会不停地去告诉他“1+1=2”，一个手指加上另一个手指，合起来是两个手指。但是反复很多遍，这个孩子还是不会，家长忍无可忍，开始打骂孩子。很多天下来，孩子的算术就是不会，家长从最开始的愤怒到后面已经无能为力，想要放弃了。但是孩子才读幼儿园，如果现在就放弃了，那将来怎么办？

见到这个孩子的时候，我和他玩儿了好一会儿，发现这个孩子没有任何问题。那他为什么就是不会算术呢？所以接下来我和他做了几个实验。

由于这个孩子特别喜欢吃彩虹糖，特别喜欢玩儿玩具车，我就送了一袋彩虹糖给他，然后告诉他我也想吃，而且我想吃两颗。他马上从袋子里拿出两颗彩虹糖给我，这说明他很清晰地知道两个是多少。然后，我告诉他我不想要手上的这个颜色，我想要一颗别的颜色的，他马上就帮我换了一颗。

我把这两颗糖放在桌子上，趁他不注意的时候收起来一颗，然后我惊讶地说：“哎，我吃了几个糖呢？”他看了一眼桌子，然后告诉我说：“阿姨，你吃了一个。”我很不解地问：“是吗？”他笑着指着说：“你看，这里就只有一个了。”

这时，我看了一眼孩子的妈妈，她很无奈地表示：孩子在家里的时候也是这个样子，但他就是不会算术。

我找了一张白纸放在桌子上，然后把桌子上的一颗彩虹糖放在纸上。我告诉这个孩子我还是希望自己能有两颗糖，然后他马上帮我补了一颗。我问他这是几个，他说两个。我告诉他这个“两个”就是“2”。然后我在这两颗糖的下面写了一个“2”。

他好像很不理解，一脸疑惑地看着我。我又从他的手里要来了三颗彩虹糖，放在另一边，然后问他是几个，他很明确地告诉我三个。我在这三颗彩虹糖的下面写了一个“3”，他还是很疑惑。

这个时候我问他几岁？他说5岁。我又接着问他为什么是5岁呢，他说妈妈说自己5岁。

然后，我就告诉他这两颗彩虹糖就是“2”，是因为大家都这么认为，所以我们也这样说，就像妈妈告诉你5岁，你就是5岁一样。

两颗彩虹糖写出来就是像小鸭子一样的“2”，三颗彩虹糖写出来就是像小耳朵一样的“3”，大家都这么说，所以我们也这么说。

那现在他有没有记住这两颗彩虹糖就是“2”呢？他表示记住了。然后我拿了一支牙签把这两颗彩虹糖分开，在两颗彩虹糖中间多了一个类似于减号的横。

然后我问他其中一颗彩虹糖不在这里了，它去了另外一个地方，原来的那个地方还有几颗彩虹糖呢？他不假思索、很开心地告诉我还有一个。然后我在牙签的下方写出了一个减号，又在另一颗彩虹糖那里写了一个“1”。在这个“1”的后面，我画了一个等号，然后我问他你看刚才有两颗彩虹糖的地方，现在还剩几颗？他告诉我说还剩一颗，我告诉他，那你把表示这一颗的“1”写在这个等号的后边就可以啦。“2-1=1”，这个式子在这样一个实验的过程中才被孩子理解了。

之后，家长带孩子做了很多这样的练习，即用孩子感兴趣的东西把他带入到情境当中，然后再告诉他一些规则性的东西，他就可以理解了。可能这个孩子不会算数学题是因为他不理解加号、减号、等号这些符号，也可能是因为他对“2-1=1”这个式子无法理解。或许在他的思维中，两个被拿走了一个就剩一个了，大家都知道，这有什么好说的嘛，或者是这个怎样写出来呢？

用孩子感兴趣的东西做情境带入，能够让孩子更好地、更清晰地、更深刻地理解一些抽象的东西。

兴趣是最好的老师，兴趣是最强的原动力，所以培养孩子的学习兴趣强过给他请多少个家教、报多少个补习班。培养出孩子的学习兴趣，他自然会给自己勾勒出一个五彩的未来。

# 作为家长的你是否不小心扼杀了孩子的学习兴趣

很多家长会打电话或者到工作室来求助：我的孩子现在厌学啦，现在拒绝去学校啦！我的孩子马上就要小升初啦，就快要中考啦，就快要高考啦，但是他不好好学习！

这些真的只怪孩子吗？一个孩子不爱学习，真的完全是他的错吗？

如果家长在教育孩子的过程中不知不觉地扼杀了孩子的学习兴趣，孩子出现厌学的情况自然也就不足为怪了！

当孩子真的出现厌学情况时再来对孩子的学习做些什么，就已经有点儿晚了。

当学习已经定型为一种状态的时候，就说明学习对孩子来说有了难度，这个难度不是一天形成的，而是长时间的积累，也就是家长所说的“欠账”，今天欠一点儿，明天欠一点儿，最后就到了无力偿还的状态。

孩子小学的时候学习成绩不是太好，升入初中之后开始好好学习还来得及。

有很多实例也告诉我们，有些孩子小学的时候学习成绩只是中等，但是到了初中、高中，他们的学习成绩有了飞速的进步。

但假如初中已经读了一半，孩子的学习成绩仍然不好，家长再想对孩子的学习成绩进行干预，就会困难得多。

到了高中更是这样，初中时基础没有打好，到高中学习困难的时候再想对孩子进行一些干预，家长就需要花费更多的心思，付出更多精力，对孩子来说难度也非常大。

要想让一个孩子学习成绩好，首先要了解是哪些原因让孩子学习成绩不好。

如果孩子的智商没有问题，那么，多半是家长的教养方式让孩子对学习失去了兴趣。

“学习是什么呢？”我曾经这样问过很多家长，他们的回答都如出一辙。

“学习就是认真地完成作业、多做题、多做卷子、多背英语单词、多背公式……”这些是学习的内容之一，叫作学习文化课。而学习除了家长认为要学习的这些内容之外，还有很多基础需要奠定。

家长们看不到这些基础的奠定，误把学习文化课当成学习的全部，要求孩子一切要向学习文化课看齐，一切要为学习让步，无形当中砍去了奠定学习基础的所有内容。

有很多家长觉得给孩子一个规定，下一个命令，然后让他按照这些来执行，就能够把学习成绩搞好。

这个命令、这个规定通常都是攻克文化课，但文化课就好像是浮在海面上的水生植物，它的根在水面下我们看不到的地方。

正是这些我们看不到的根在滋养着水面上的植物。所以，正是这些我们看不到的地方才会让一个孩子对文化课产生兴趣，一旦有了兴趣，孩子学习文化课的时候就会更有动力，也会更省力。

如果家长把孩子的学习看成一件事情，对待孩子学习的态度像对待一件事情一样，就事论事，那么这个孩子即便是短时间内学习成绩还可以，但当他长大一些，有了自主的思维和能力之后，他的学习成绩就会下滑。

因为在他小的时候，他只能遵守家长的规则，按照家长的指令行事，但是当他长大一些，他就会按照自己的兴趣来行事。如果没有培养起孩子的学习兴趣，这个时候他的学习成绩自然也会下降。

什么样的方式才是正确的让孩子能够喜欢上学习的方式呢？怎样培养孩子的学习兴趣呢？

这个世界上没有任何一个孩子是绝对不爱学习的（除非这个孩子有智力缺陷），因为这个世界上没有任何一个孩子是天生就对什么东西都不感兴趣的。

有哪个孩子没有问过自己的家长这是什么，那是什么？有哪个孩子没有在七八岁之前不停地问为什么？一个孩子学习成绩不好不是天生的，而是后天的。

每一个孩子都有很强的求知欲。我们想一下，从孩子一出生，从他开始用手抓身边的东西，他就表现出了他的求知欲和好奇心，这是一个探索的过程，也是一个求知的过程。再到孩子稍微大一点儿，会说话了，他会不停地问爸爸妈妈、问爷爷奶奶、问身边的人为什么，这是什么，那是什么。

而作为家长的我们是怎么做的呢？有多少家长能够耐心地跟孩子讲解这些东西？有多少家长只是给了孩子一个答案，告诉他这是碗、这是盘子、这是勺子？又有多少家长连回答都懒得回答，搪塞地对孩子说等你长大了就知道了？甚至有多少家长不耐烦地对孩子说你哪儿那么多话？

不要小看这个简单的过程，孩子有这么多疑问的过程就是他大脑开发的过程。他们表达出的每一个问题，脑子里的每一个问号，都是一棵小树苗，这棵小树苗就是他对未知东西的兴趣点。

如果作为家长的我们帮助他给这棵小树苗浇一点儿水，他会用自己的兴趣让这棵小树苗长成参天大树。

家长对孩子的问题的正确反馈会让孩子增强对未知事物的兴趣。

当他的好奇心得到满足的时候，新的好奇心才会生成。好奇心会渐渐放大，他的探究欲望也会越来越强。当一个人的探究欲望越来越强的时候，他遇到自己不明白的事情就会本能地想要把它弄清楚，如果不弄清楚，他就会觉得不舒服、不自在、不平静。

在这个思考和探究的过程中，他丝毫不会觉得累，更不会觉得烦躁，而会感受到很多快乐。当他把自己不懂的东西弄明白的时候，他的内心也会豁然开朗，并且有很强的满足感。

孩子养成了问问题的习惯，获得了解开问题的满足感之后，不只是会对很多东西都感兴趣，更重要的是，他不会觉得思考是件有难度的事，是让自己难受的事，而会觉得这是一个很有乐趣的过程。

一个孩子会不停地问各种问题，如果家长能做到对孩子的这些问题都进行一个简单的讲解，为他打下对这些问题有初步印象的根基，这个初步印象的根基在孩子的大脑中就会像一片被开垦了的小土地，这块土地上就会长出更多的知识。

好奇和探究的欲望不分生活和文化课，而是涵盖了这个世界上所有的事物。

因为很多跟学习相关的内容也来自生活，如风、雨、空气、植物等。

想一下，我们学习的文化课知识不正是这些内容的一部分吗？生物的、地理的、物理的、化学的，包括文学的，都是描述大自然，描述这个世界，描述生活当中的人和事的。有哪一种学习是和生活不相关的呢？

所以，希望家长们再也别对孩子说“别关心那些没用的，把心思都用在学习上”这样的话。只要他们有好奇心，这份好奇心无论用在哪儿，最终都会回到与文化课相关的地方。

更何况作为家长的我们一定要清晰地知道，真正培养出一个成才的孩子是让他对生活和文化课都感兴趣，这样的孩子才会有能力，才是真正的人才。

如果你认为你的孩子只需要会学习，只需要考高分，那么，我可以明确地告诉你，他在未来的道路上不会有太多的光彩，甚至除了考高分之外，其他方面的能力都会有问题。更重要的一点是，如果家长抱着这样一个观念与态度来培养和教育自己的孩子，等孩子到了青春期，等他们有了自我的时候，他们十有八九会叛逆、会反抗，会走向你没有给他规划的另一条路。

如何正确面对孩子提出的这些问题，并培养他们对学习的兴趣呢？

如果家长可以在孩子提问之后耐心地给孩子讲解：这是一个碗，它是干什么用的，这个东西是怎么做成的……孩子心里就一定会产生试着做一个的想法，虽然这个时候他可能无法进行详细的表达，但是这种想法的根基会在他的大脑中产生。

这就是一个求知的欲望，当他再长大一些，当他有机会更详细地接触到这个碗的形成原理的时候，他会愿意对这个东西进行更多的关注和了解。

如果孩子提出一个问题，家长没有相应的知识来解答，或者是没有足够的耐心来解答，可以先对他的好奇心给予肯定，并且告诉他“这个问题问得很好，可是我也不知道答案，我也很想知道！等你有一天知道了讲给我听，好不好？”

这也是可以引起孩子求知兴趣的一种方式，但是这种方式所获得的效果会弱一些，因为随着时间的推移，孩子对这个问题的兴趣会淡化。

这种方式的好处就是，虽然没能帮孩子放大他的兴趣，但至少没有把他的兴趣扼杀掉。

扼杀孩子学习兴趣的第一个行为就是不正确回答孩子提出的问题。当孩子问为什么的时候，家长不仅不回答，反而会批评孩子，如：“小孩子哪那么多为什么，快要被你烦死了”“别整天想一些没用的，把心思都用在学习上”；等等。

有很多家长都会觉得孩子只有问几加几等于几或者这个字怎么读，才会对他的学习有帮助。这个观点真的是错的，现代社会需要的是人才，而不是一个会数学、认识文字的电脑。如果一个孩子的思维很有局限性，那他跟电脑又有什么区别?

无论对于工作还是生活，灵活是取得成功不可缺少的要素。社会上或职场中不缺少听命令、会干活的人，而是缺少能思考、会运用，可以促进发展的人。

所以，不要把孩子培养得太死板、太刻板。我们要教他变得更聪明，而不是教他如何计算、如何背诵。

聪明可以教吗？当然，聪明一定是可以教的，当一个孩子遇到某些问题的时候，我们可以指引，帮助他找到多个解决问题的方法，这就是点亮聪明的开关。

一个孩子在成长的过程中会遇到数不清的问题，如：如何喝水、如何吃饭、如何玩玩具、如何和小朋友相处等。

教他聪明并不是告诉他做这些事情原本应该用什么方式，而是告诉他做这些事情可以有哪些方式，也就是除了原本可以用的方式之外，还有哪些新的方式可以尝试。

扼杀孩子学习兴趣的第二个行为就是只关注学习。有些家长甚至会出现这样的情况，即只要孩子做一些和学习无关的事情，家长就会愤怒。

哪怕孩子看一些课外书或者是在纸上画一些东西，家长都会把孩子批评一顿。原本孩子对学习不是特别排斥，但在家长的这种行为之下就会变得特别排斥了。

家长的这种做法是错误的，不仅扼杀了孩子的求知欲望，还让孩子对学习产生了反感。

有不止一个叛逆期的孩子曾经说过这样的话，自己不学习就是因为烦。烦的是什么呢？烦的是爸爸妈妈没完没了的唠叨。原本自己对学习没有那么讨厌，但是随着爸爸妈妈唠叨得越来越多，自己就越来越讨厌学习，到后面发现真的对学习一点儿兴趣都没有了，提到“学习”这两个字的时候就想吐。像这种情况，孩子的厌学真的是父母一手造成的。

扼杀孩子学习兴趣的第三个行为就是不允许孩子玩儿。一个不会玩儿的孩子，一个从来没有玩儿过的孩子，是没有办法学得很好的。

玩儿和学习之间的关系就好像之前提到的生活和学习的关系。即便是抛开玩儿和学习的关系不谈，玩儿对孩子的学习也是有帮助的。

玩儿可以激发孩子的兴趣，也就是可以调动和调节孩子感知觉系统的弹性。一个感知觉系统没有弹性的人对所有的事物的兴趣都不会太高，心灵世界就如一潭死水，这样还能谈得上发展吗？

玩儿对孩子来说也是一个很好的休息。看上去他跑了，他动了，他思考了，但是在玩儿的过程中孩子启动的这些人体机能不会成为学习的累赘，对孩子来说反而是一种很好的休息和放松。很多家长认为孩子学累了可以去坐一会儿、躺一会儿、睡一会儿，这样就可以放松了、休息了，然后再继续学习。

这样的休息方式不是一个孩子的休息方式，而是一个机器人的休息方式，休息的过程相当于给自己过热的 CPU 降降温。

扼杀孩子学习兴趣的第四个行为就是家长自身缺乏对知识的兴趣，也就是家长只喜欢玩游戏、看电视、打麻将。但凡跟学习或知识有一点儿相关的东西家长都绝对不会去碰，却整天嚷嚷着要孩子好好学习、多看书。这个时候孩子就会想，凭什么要我看书，你自己却不看书呢？

有一个小学生不做作业，无论老师怎么批评、父母怎么打骂都没有效果。这个孩子很受伤，见到我的时候他跟我说的第一句话就是：“我妈妈说你也是老师，你不用劝我写作业了，我也不想和你说话，反正我是个坏孩子。”

当这个孩子说出“反正我是个坏孩子”的时候，其实是很让人心疼的。他内心潜在的想法是希望自己是一个可以得到大家认可的好孩子。

一个小学四年级的孩子能说出这样的话，可见他的内心既受伤又坚强。受伤是因为他已经接受了“自己是个坏孩子”这一说法，但是他仍然渴望自己不是那个坏孩子。坚强是他可以面对别人对他的这个评价，并且自己不害怕所有的批评。

是什么原因让一个如此小的孩子有如此强的信念呢？如果家长能够领会到这一点，孩子不会是这样的状态的。

这个孩子在小学一年级的时候学习成绩还是不错的，每次考试都能考到 90 多分。但是家长的要求是要拿 100 分，要考第一。

这个家长对孩子的教育有以下不当之处：对于一个小学一年级的孩子，他们给他报了所有能报的补习班，放学之后孩子就去补习班做作业，回到家还要看书、复习。

更糟糕的是，在孩子回到家看书、复习的这个时间段里，妈妈看电视、爸爸玩游戏、爷爷奶奶有时候还会叫一些老伙伴来家里打牌。而孩子却像被关进监狱一样被关在自己的房间里。

在这种状态之下，孩子感受到的是不舒服，虽然那个时候他说不出来为什么你们都可以不学习，只有我要学习，但是随着他一天天长大，他的这种想法会越来越强烈。

到了三年级的时候，他已经想到办法来打发自己无聊的时间，那就是每天从同学那儿借来课外书，当他被关在自己房间的时候就看课外书。

这个事情被家长发现了，他被暴打一顿之后，便不再偷看课外书了，但是也开始不学习了。

这个孩子才小学四年级，做出改变和调整都还来得及，因为四年级的课程并不难，重新捡起来也很简单。他需要的，是父母正确的态度。

虽然这个孩子的状态和他父母的行为看上去有点儿极端，但是在教育孩子的过程中，由家长造成的损失甚至伤害比比皆是。

家长高高在上的行为也会扼杀孩子的学习兴趣。家长和孩子之间实际上应该以朋友的状态带着相互尊重的感觉来相处。

作为家长，应该尊重孩子的想法和思维，教育如果建立在尊重的前提下将会事半功倍。尊重是什么呢？尊重是我们给孩子的空间，给他自由思考的权利，并且重视他的自由思考。

如果一个孩子心里的想法和感受得到了重视，他的内心便是快乐的，这种快乐会让孩子有能量去发现、去创造。

需要注意的是，这种尊重不是惯着。有太多的家长觉得尊重的尺度很难把握。也有人误以为尊重就是完全听孩子的，家长什么都不做。什么都不做是惯着，如果对一个孩子不进行挫折教育，不帮他建立规则，孩子不要说成才，连成人都是个问题。

尊重是允许孩子有处在对错之间的想法，这个对错之间要如何来界定呢？比如，孩子对玩儿感兴趣，一个孩子对玩儿感兴趣是正确的还是错误的？当然是正确的。即便他在不恰当的时间玩儿，他也是处在对和错之间的，而不是绝对错误的。比如，一个孩子没有做完作业就想玩儿。家长如果对他的这个行为非打即骂，表面上看是制止了孩子的这个行为，但是实际上是强化了他内心对这个行为的欲望，让他对这个行为有非常高的兴趣。

在这种情况下，家长要做的是帮助孩子看到他不按时完成作业的后果是什么，这是规则方面的。

那么感受方面呢？如果孩子按时完成了作业，家长会对他有更多的表扬，他也会更开心。感受方面对孩子来说也是一个巨大的吸引力。

如果你还是很难把握对错之间的这些事情，那么就以自己的角度来衡量，比如这种情况下你作为一个大人会有什么样的感觉，会采取什么样的行为。

作为大人的我们，有的时候在工作中也想偷懒，累了的时候也想要休息一下，被什么东西吸引了也会分一下神。

所以有这些感觉、想法、行为并不是不可饶恕的，我们要衡量什么情况下允许偷懒、允许分神，什么情况下是不允许的。用这样一个更宽泛的思维来对待孩子的对和错，就是最好地诠释了尊重。

# 巧用记忆力，轻松学习

提到孩子，我们自然就会想到学习，似乎孩子就代表着学习。

学习虽然不是一件轻松的事情，但它可以成为一件快乐的事情。要让孩子在学习中感受到快乐，降低难度是重中之重。

学习最需要启用的是大脑的什么功能呢？首先是记忆，其次是思考。记忆决定着孩子的学习效率，也决定着孩子的学习态度。怎样让孩子快速记住学习内容呢？

如果孩子很容易就可以把学习的内容背诵下来，他的学习成绩一般是很好的，他对学习也是不排斥的。

提高记忆力或者训练记忆力的方法有很多，但大家在学习使用的过程中会发现相对简单一些、实用一些的却很少。

什么样的记忆方法很容易掌握，又比较实用呢？

首先我们来了解一下记忆。记忆分为瞬间记忆、短时记忆和长时记忆。我们今天要学习的就是如何把我们要识记的东西转化为长时记忆，也就是最不易遗忘的一种记忆。

在学习或者工作中，我们都会遇到这样的情况，就是对待一些自己需要记住的内容，反复地读，然后背诵，可是很可能我们今天背得很熟，几天之后就又忘了，然后要不停地复习，加深印象，才能够让自己记住。

这个过程其实浪费了大量的时间，也降低了内容对我们的刺激，因为在不停重复的过程中，第二次的刺激肯定会低于第一次，第三次的刺激又会低于前两次，重复得越多，刺激越小；刺激越小，我们的兴趣也会越低，自然就影响了记忆。

记忆还分为形象记忆、抽象记忆、情绪记忆和动作记忆。

形象记忆是以感知过的事物形象为内容的记忆，如人物面貌、自然景色、音乐、绘画等各种形象的记忆，直接对客观事物的形状、大小、体积、颜色、声音、气味、味道、软硬和温冷等具体形象或外貌的记忆，形象思维总是和感受、体验关联在一起，帮助人们更好地记忆。

抽象记忆又称为语词逻辑记忆。它是以语词符号的形式，以思想、概念、规律、公式为内容的记忆。

情绪记忆是对曾经体验过的情绪和情感的记忆。引起情绪和情感的事件已经成为过去，但情绪和情感的体验可以保存在记忆中。在一定条件下，这种情绪和情感又会被重新体验到。

动作记忆是以操作过的动作、运动、活动为内容的记忆。比如，对学过的游泳动作、体操等某种习惯动作等的记忆。动作记忆是形象记忆的一种特殊形式。

最容易被深刻记住的是情绪记忆，其次就是形象记忆。当一件事情发生的时候，这件事情给我们带来了一定的心理感受，这个心理感受在大脑中保持的同时，我们也记住了事件本身，这种记忆是非常深刻的，其中有很多可以让我们很多年都不会忘记。比如，我们经历过的很开心的事情或者很伤心的事情，哪怕是有点儿开心的事情、有点儿惬意的事情或者是有点儿生气的事情，都可以记住很多年。

每个人应该都会有这样的经历或者体会，就是当我们回忆起自己曾经经历的某些开心的、不开心的事情的时候，会瞬间被带回到那个状态当中，表情都会不自觉地跟着发生变化。可见情绪记忆的深刻程度和它对感知觉的影响程度。

其实我们可以稍微利用一下大脑的这个特点，它在帮助我们提高记忆力方面可以起到很大的作用。

怎样在学习中转化并使用这种情绪记忆呢？在孩子学习的初期，情绪记忆需要有其他人的配合或参与。

80 后、90 后的记忆中会有这样一些内容，就是放学后和三五个比较好的同学相约去某个同学家做作业。这样做作业的效率会很高，心情会很愉快，做作业的过程中学习的深度也增加了，和伙伴们愉快地完成的学习内容也会记得更深刻、更持久。

愉快和兴趣这两种感受就是情绪记忆，可以帮孩子深刻地记住想要记住的东西。

现在的孩子基本上没有机会去同学家做作业，这个时候就需要家长参与进来。特别是对于刚刚上学的孩子而言，做作业简直太无聊、太枯燥了，家长的参与和互动可以打破这种无聊和枯燥，在情绪上对孩子产生影响，还可以把孩子需要学习的某些内容用影响孩子情绪的方式来帮助他识记。具体如何操作呢？

趣味化处理枯燥的内容。比如，背演讲稿这种既没有鲜明的故事情节，也没有生动的情绪色彩的内容，对孩子来说难度大一些。我们会发现，孩子无论读多少遍，背起来也总是卡壳、不熟练。任何一段文字都有相应的内容，我们可以把这个相应的内容转化一下，加上一些有感情色彩的东西。比如，有一次我儿子在背一篇演讲稿时，他觉得自己总是出错，记不住内容，顺序也会错乱。

这个演讲稿的大致内容是即将告别小学生活，迎来初中生活。其中有一句是：我们即将告别难忘的小学生活，回忆起小学时光，无论有多少快乐和伤心，它都是我们的财富。

“告别难忘的小学生活”这一句话，我们可以加上两个肢体动作，告别的动作肯定是挥挥手。小学生活呢？小学生背着书包走路的样子，可以用快乐、伤心的表情和动作把它形象化，快乐的面部表情肯定是开心的，我们可以做一个嘴角上扬的动作。伤心呢？可以用手指在自己的面颊上画出两行眼泪。这一系列动作做下来，这些内容孩子基本上就记住了，再练习两次就记得很熟了。

探究心理也可以帮助我们识记，如孩子会觉得背一篇课文很难。他之所以觉得很难，其实并不代表这篇课文的背诵难度有多大，而是孩子一想到要背这篇课文，就会觉得这是一件很有难度的事情。

在“很有难度”这个心理预期的前提下，背的过程肯定是很慢的。所以，在这个过程中一定要去除这个很有难度的心理预期。

先避开“背”这个字不谈，问孩子一些问题，如这篇课文里讲的是一件什么事情？发生在谁身上？孩子就会就这两个问题给你一个答案。这时候家长需要继续提出一些问题，如“这个故事想要告诉我们什么呢？”

这些都是概括性的提问，孩子会给你一个概括性的回答。在这个概括性的回答完成之后，家长就可以提出一些更细致的问题。比如，“这篇课文对它的主人公是如何描述的？”“这个事件当中具体讲述了哪些东西？”

孩子有了一些更细致的回答之后，这篇课文的大致内容就已经在他脑海中了。

这个时候家长可以提醒他，“你不是都会了吗？怎么会觉得很难背呢？”孩子就会恍然大悟，好像自己是会了，可是自己的理解、自己会的这些东西又和背诵有区别。

这个时候我们只需要给他讲解区别在哪里，主干的部分有了，接下来就是在这个大框的基础上把内容更详细地填充进来。最好是让孩子自己看着课文详细地跟你描述一下，基本上这篇课文就已经能够背下来差不多一半了。再熟悉几遍之后，这篇课文他就可以背诵得非常流利了，而且记忆也会很深刻。

一次，我在和儿子跑步的时候，他突然想起自己还有英语课文没有背，他表示这篇课文他一点儿都不熟练，可能需要较长时间才能背下来，这样今天跑步的时间就会缩短。

因为这是小学阶段第一次背英语课文，无形中他会放大这件事情的难度。以我对他的了解，上课他是比较认真听讲的，因为他对自己不知道的东西感兴趣。

我问他这篇课文的含意你知道吗，他很快就复述了一遍。我又问他每一句话翻译成英文你会吗，他很快就翻译了。

这个时候他惊讶地表示自己居然会背！他又一边跑步一边熟悉了几遍，就这样，原本他认为有难度的事情在跑步的过程中就完成了。

情绪记忆也有一定的弊端，就是我们不能把我们每天要记住的东西都转化成情绪记忆，有些内容这样转化有点儿困难或者复杂。

这个时候我们就可以多利用一下形象记忆。

如果我们能够很好地把要识记的内容转化为形象记忆并且加以利用，就可以让我们的学习、工作或者生活变得不再一团糟。

但是有一个前提，就是我们的大脑不能超负荷运转，即便我们只利用了大脑小小的一部分。就是说，我们每天要有一些时间让大脑来休息。就像一个人如果能够提得起一个100斤的担子，但是你让他在一天中的每时每刻都提起100斤的担子，他很快会累死的。

那么，如何在有限的大脑记忆空间里，让自己的大脑更轻松地记住很多东西就成了一个非常重要的工作。

形象记忆是以感知过的事物形象为内容的记忆，赋予它更多的画面感和故事感，可以让我们轻松地加深记忆。也就是说，所有带有画面感和像故事一样有情节、有内容的东西都能够让我们更轻易、更深刻地记住。

就像孩子们在看动画片的时候，他们能够把动画片里的情节记得非常清楚；我们在看电视、看电影的时候能把电视、电影中的情节记得很清楚，在看小说的时候对一些感兴趣的部分也能印象深刻很多年一样。

无论多么抽象、多么不容易记住的内容，只要采用了这样的方法都可以相对轻松而持久地把它们记住。

举一个孩子背课文的例子。曾经有一个小学二年级的孩子要背诵一篇与人民大会堂有关的课文，那个孩子怎么都记不住，被老师罚站，然后叫家长，但是他真的怎么都记不住。后来，我把整篇课文给他改变了一下，变成了一个带有故事情节的内容。结果用了大概一个小时的时间，这个孩子就记住了，并且记忆深刻。

这个孩子为什么可以用这么短的时间记住这样一个内容呢？有一个前提，那就是这篇课文他读了很多遍，基本上每一句话，你只要给他开个头他就能想起来，只是他上句和下句接不上，而且有漏掉的，所以在老师那儿背了很多遍都不合格。

那么，具体要怎样转化呢？我们首先了解到，这个孩子是第一次背课文。他对如何背诵完全没有方法，也没有头绪，单纯靠死记硬背难度是非常大的。这个时候要打开孩子这方面的思维，就好像要事先帮他们开个窍，并且把这件事情变得不再那么枯燥。

我们知道，人民大会堂是一个建筑物。对于这么小的孩子来说，让他去描述并且记住自己完全不了解的建筑物，本身就是非常困难的，因为他对建筑物丝毫不感兴趣，甚至连最基本的关于建筑物的审美都没有。也就是说，他并不能发现建筑物的神奇和它好的地方，在背的过程中难度自然是很大的。

我带他到外面找了一个类似于小剧院的老式建筑物，比我们的家庭住房要大一些，如果条件不允许，找不到这种恰巧合适的地方，用和家庭住房有些区别的建筑物也可以。

特别是在孩子第一次使用这个方法时，要尽量做到设计的情节和所要背诵的内容更近一些。

那篇课文的大概内容是这样的：从正面一眼望去，外观是什么样的；一进门看到的头顶上是什么、地面上是什么、远处是什么、周围是什么；等等。

带着孩子走近这个建筑物的时候，我告诉他这就是那个“人民大会堂”，你们书上的人民大会堂的门口有什么，你看这里有没有？

孩子能够说出人民大会堂的门口有国徽和柱子，但是这里没有，于是他把第一步要记住的东西记住了。然后我带着他走进这个建筑物，问他第一眼看到头顶上有什么，与头顶相对应的地面上有什么，我们前方有什么，左边有什么，周围有什么……

在这个过程中，给孩子留下深刻记忆的是顺序，也就是我带他走的这个过程中的顺序，他先看到什么，后看到什么。同时，因为他清晰地向我描述了人民大会堂里有什么，但是这里没有，这个描述的过程又再一次加深了他对人民大会堂的记忆。

按照这个顺序捋了几遍，孩子就深刻地记住了，因为这个时候他自己有了主观代入，等于自己在这个过程中走了一遍，也就是亲身参与了进来。

他对那些语句已经很熟了，再有一个自己的代入就成了一个故事。当他需要在大脑里回忆这篇课文的时候，他只要想我在那个门口最先看到了头顶上是什么，地面上是什么，然后前面是什么，左边是什么，右边是什么，他就能把这篇课文背下来了。

在孩子最开始接触背诵这个学习方法的时候，我们要帮助孩子做的就是找到一个他认为轻松而愉快的背诵方法。

我们要把孩子需要记住的东西转换成形象思维，使他有画面感。直到现在我还清晰地记得我小时候学过这样一篇课文：

**大兴安岭雪花还在飞舞，长江两岸柳枝已经开始发芽，海南岛上到处盛开着鲜花，我们的祖国多么广大！**

我记得当时在读到这篇课文的时候，第一反应就是大兴安岭肯定有很多松树，然后是下雪，鹅毛大雪。

我并不知道长江是什么样子的，但我的脑袋里有一条河，河两边有很多柳树已经开始发芽。我见过垂柳，脑子里想到的是风吹着垂柳的样子。

“海南岛上到处盛开着鲜花”，在我的意识中，海南岛就是一堆石头堆起的小山，上面开满了各种各样的花，我没有办法在脑海中刻画出花的样子，只能刻画出花的颜色，也就是说，读到这一句的时候，我脑海里想到的是一堆石头上开了各种颜色的花。

那么，记到最后一句的时候，我们的祖国在同一个季节有这么多不同的景象，肯定是广大的，所以很容易就记住了。

背古诗是学习生涯中不可缺少的一项内容，是令很多孩子和家长都很头疼的事。

形象思维的方法对背古诗一样有很好的作用。比如“锄禾日当午，汗滴禾下土。谁知盘中餐，粒粒皆辛苦”。

在教孩子这样一首古诗的时候，我首先给孩子解释了一下这首诗大概讲的是什么意思，然后给他刻画一个故事，根据这首诗的意思加上一些更有趣的自我代入，也就是在这个过程中加一个主人公进去，这个主人公可以是爸爸妈妈，也可以是孩子自己。

故事的具体内容可以由家长自己来编排，注意主要的情节在就可以了，比如在这首古诗中，给孩子刻画了这样一个故事：

由于孩子的学习成绩比较好，老师奖励了他一块耕地，他可以在这块耕地上种一些粮食。可是地里长出了很多杂草，这样是会影响收成的。

一天中午，天很热，孩子去铲除地里的杂草，热得他汗水不停地滴在泥土里。

“粒粒皆辛苦”可以让他理解为：没有耕过地的人怎么能知道每一粒粮食都来得很不容易呢！这首古诗他可以记住很多年。

如果遇到更加抽象的古诗，我们要怎样把它变成故事，怎样把它转化成形象思维呢？

比如：

寻隐者不遇

松下问童子，言师采药去。

只在此山中，云深不知处。

我们可以把它刻画成这样一个故事：有一个人去山中找一个他很想交朋友的人。在一棵大松树下，他遇到了一个小朋友，这个小朋友是他要找的那个朋友的学生。这个小朋友告诉他，老师去采药了，山里到处都是云雾，不知道老师去了哪里。

如果这个故事讲下来后，孩子还是不容易背诵，那么就把这个画面感再加强。

怎样把画面感加强呢？我们在讲故事的时候，画面感停留在大脑中，我们靠思维让它形成，这样画面感相对来说就会弱一点儿。

加强画面感的方法就是将故事画出来。我们可以给孩子画这样一个故事，或者让孩子跟我们合作来画这样一个故事。在这个过程中，这首古诗在孩子的记忆里就非常深刻了。

在数学的学习中也可以用这样的方法。比如，我儿子读小学四年级的时候，他们的数学课中有这样一条要记住的数学概念，这段话的内容是这样的：在用数字表示数的时候，这些计数单位要按照一定的顺序排列起来，它们所站的位置叫作数位。相邻计数单位进率是10。

我听到他在背的时候很费劲，读了很多遍，能够读得很通顺了，但是他始终没有理解这是什么意思，所以很难记住。我就教了他一个方法。

他很喜欢玩儿乐高人，我就找了一张纸，让他拿几个乐高人过来，然后告诉他每一个乐高人表示一个数。那么，这一堆乐高人放在这儿的时候我们不能把它看得很清楚，不能一眼分辨出来有几个、它们每一个都代表着什么，那么我们要怎么办呢？他自己说排成排呀！那么，排成排是不是就要按顺序来排列呢？然后，我告诉他每一个乐高人所在的位置就叫作数位，它们相邻的距离一个比一个多10。

他豁然开朗，觉得好神奇，然后自言自语地指着乐高人说：你比你多10，你比你少10，你们占的位置叫作数位。

这个时候他一下就记住了，用数字表示数的时候要按顺序排列起来，不能堆在一起，每一个数字所占的位置叫作数位，它们之间的这种进率是10。

当我帮他把这个实验完成之后，他自己就能把这个内容复述下来了，只用了一遍，他就深刻地理解了这个数学概念的意思，而且记忆时间很长。

比如，正比例关系有两种相关联的量，一种量变化，另一种量也随之变化，如果这两种量中相对应的比值一定，这两种量就叫作成正比例的量，它们的关系就叫作成正比例关系。

这样的数学概念孩子们背起来都有一定的难度，当他们不能够真正理解的时候，记忆是很困难的，而且这种记忆也不够深刻，很容易被遗忘。

所以我们要把它转化成形象思维，特别是有画面感的思维，这样孩子就能够更容易、更深刻地把它记住。

我们来看一下这个正比例的概念，如何把它转化成形象思维，并且是孩子们可以理解的、通俗易懂的形象思维。

方法有很多，可以用孩子敏感的或者是他感兴趣的，甚至是他不感兴趣的东西来帮他加深印象，但是如果采用他不感兴趣的东西帮他加深印象，印象是加深了，但他对所要记住的这部分内容可能会有反感或排斥心理。

例如，我们可以告诉他，你一顿饭多吃一碗米饭，就会多长出一两肉，那么，你下一顿饭多吃两碗米饭，你就会多长出二两肉，你吃几碗米饭就会长出几两肉。你吃的米饭和长的肉，就叫作量，你吃得越多，肉长得就越多，所以它们是相关联的量。

米饭变化了，你的体重也随着变化，这两种量相对应的比值是一定的，它们就叫作成正比例的量，也就是米饭和你长的肉之间的关系就叫作成正比例关系。

当然，这个例子举得不够严谨，但是我们要根据孩子的理解能力和吸收能力来举例子，把这个枯燥的、抽象的记忆转换成形象的、有故事感的记忆。

当然，在根据孩子的理解能力来举例子的过程中，大家可以自由发挥，这样更容易让孩子们记住。

根据自己孩子的喜好和特点来给他们做形象思维和故事记忆的内容，算是在学习的过程中帮助孩子走捷径。

假如这种方法还是不能够让孩子很好地把这个概念记住，可以采用实验的方式。比如，拿一个杯子，往杯子里面倒水，倒一点儿，杯子里的水就会多一些，再多倒一点儿，杯子里的水就会更多一些。这就是正比例关系。

然后喝水，每喝一口，杯子里的水就会少一些，继续喝，杯子里的水又会继续少，这也是正比例关系。

可能有很多家长看到这里会说，我们哪有那么多时间来带他做这样的事情呢？孩子每天需要学习那么多东西，如果都按照这样的方式来辅导，那大人岂不是要累死了。

其实，不是孩子学的每一个内容都需要大人这样辅导，只需要在他最开始接触一个知识的时候帮他找到一种方法即可。

当我们帮他打开了这扇门，找到了这样的方法之后，孩子自己就会使用这样的方法了，而且他自己学会使用这些方法后效果会更好。因为当他能举一些这样的例子的时候，说明一方面他开动了脑筋，另一方面他在这个过程中理解了所学的内容。除非又有一些变化了的情况，他找不到新方法时，才会再来向你求助。

这个时候可以和孩子讨论，再找出一个新的方法帮助他来进行理解、识记。这些方法也是调动孩子积极性的方法，让所学的内容不再枯燥，不再无聊。

这些方法可以让孩子感觉到是带着一些玩儿的兴致来学习，既有趣味又能够轻松一些，孩子自然没有排斥学习的理由。

其实作为家长，我们可以反思一个问题，我们是真的没有时间去看一看孩子的作业，真的没有时间去理会他们一下吗？每天下班回到家之后，我们少看一会儿手机，少看一会儿电视，是不是就可以抽出一些时间来陪伴孩子了呢？

记忆还分为理解记忆和复述记忆。理解记忆就是通过我们自己对一件事物的理解把它给记住。复述记忆在学习和工作中一般都要求比较严谨。比如，法律工作者要记的法条，孩子们需要背诵的课文、古诗及一些数学概念等。这些内容必须要按照原来的样子复述下来，不能有所差别。

除了上述背诵方法之外，还有一个比较有效的背诵方法，就是渲染式背诵。渲染式背诵也需要故事情节的刻画。

这种记忆方法不只适用于小学的孩子们，对初高中的孩子们也同样适用。比如，初中难一点儿的古文《陋室铭》，就可以先渲染设定故事情节，这样大脑中自然就有了逻辑，有了画面。

根据古文的主题进行渲染，比如说，自己去了谁的家里，可以是自己很喜欢的同学，也可以是自己很讨厌的同学，在这个渲染的过程中就有了感情色彩，就可以调动相应的情绪记忆。

比如去了一个自己很喜欢的好朋友的家里，是开心的；去了一个自己很讨厌的人的家里，内心就会带有一些小反感。无论是什么样的情绪，渲染和深刻记忆的目的都达到了。

接下来就是内容的刻画。这就很容易了，也就是描述自己去了谁的家里，他们家里是什么样子的。

比如，没有想到他们家这么简陋，没有想到他们家这么杂乱！所有隐含着的给自己的解释都对应着文章中相应的内容，很容易就把文章中的内容记住。

再如，一些地理或者历史知识，同样可以采用这种方法，包括化学、物理，甚至是数学公式。

假如一个孩子从小学学习的时候就开始使用这种方法，那么等读到初中或者高中的时候，他已经不需要刻意去转化，而是顺理成章地把它们转化成方便记忆的内容。无论长到什么年纪，只要有需要识记的东西，我们都可以采用这样的方法。

有很多考试之前来做心理疏导的学生，他们最大的压力就是怕自己忘记需要记住的东西。

我教过很多人这样的识记方法，包括一些参加司法考试的人，某一种行为导致的法律后果是什么？我们可以随意代入一些人物，如历史名人、小说故事中令我们记忆深刻的人，包括现实生活中我们最讨厌或者最喜欢的人。

无论我们要背的是什么，只要是需要记住的东西都可以进行这样的转化。只是有些内容转化起来非常简单，有些内容需要稍加思考才能做这样的转化。但是最终转化之后，都可以帮助大家事半功倍地完成任务。

这种方法在工作中也同样适用、同样有帮助。我们依然可以把需要记住的东西进行转化，根据自己的喜好用讲故事的方式描述出来。

当需要用这些东西的时候，只要让大脑去回想这个故事，我们自然而然就能够想到这些内容了。

在做这个形象思维转化的过程中，要记住的一点就是根据个人的喜好进行，因为喜好其实就是兴奋点，提起兴趣也就提起了注意。

大脑对感兴趣的部分抓取更强一些，沉淀的也就更深刻一些，我们也就记忆得更清楚、更久远一些。

这样的形象思维也是需要练习的，可能在最开始的时候，大脑需要一个时间来反应，这个过程会有点儿慢，但是这种练习一旦成熟，当我们需要记忆的东西出现的时候，大脑就会自动地把它转化成一个你喜欢的、适合你的记忆方式。

这种记忆方式还可以给人们带来一个意外的收获，就是可以慢慢地让一个人变得更聪明、点子更多、情商更高。因为每一个转化都是一个思考的过程，转化越多，脑子就会变得越灵活，反应的速度也会越来越快，所以这种记忆方法其实是一个一举多得的方法。

# 开发孩子大脑只需巧用生活细节

每个家长都希望自己的孩子能够聪明过人，那么聪明是天生的还是后天形成的呢？

先天因素是不可缺少的，它也是智商的基础，但是后天的练习则可以让孩子的智商在原来的基础上得到很大的提高。

开发孩子的大脑不见得需要专业的机构、专业的方式、专业的培训来完成。因为在日常生活中，巧用生活细节就可以开发孩子的大脑。在生活中，孩子每时每刻都需要用到所有的感知觉。感知觉是大脑的探测器。当所有的感知觉同时运作的时候，对某一项感官能力的训练相对来说会弱一些，因为在这个过程中有其他感官系统的协作，也就是无法突出某一项感知觉。

比如说，在生活中与别人交流时，我们看着对方的面部表情，并将对方的面部表情传回到我们的认知系统中，再判断这个人是喜欢我们的还是排斥我们的，他此刻的状态和感觉是开心的、平稳的，还是情绪低落的。

这个时候我们对对方的判断来自三个方面：眼睛看到的、耳朵听到的和大脑中想到的。而我们自身的看、听和想，哪一种能力更强一些呢？这很难分辨出来。

假如我们屏蔽了自己的某项功能，另外的功能就会很强地展现出来。比如，盲人的听觉和触觉会更发达，而聋哑人察言观色的能力和看口型的能力会更强。

所以，我们可以通过刻意地阻断某些信息来强化大脑的其他功能。每一个阻断都代表着另一种功能的强化。

当这样的练习做得很多的时候，大脑反应会变得更灵活。

在生活中，用什么样的方式来锻炼孩子的大脑对他们的智商会更有帮助呢？说得更直白一些就是看、听、摸、想。

“看”对大脑的影响是最多的，我们用眼睛看到的所有的事物、所有的颜色、所有的状态、所有的形状，反映到大脑中的时候就像一张蜘蛛网的核心部分一样，在它的周围会围绕着各种各样的感觉、知觉、判断、定义、办法。大脑中感觉、知觉、判断、定义和办法的种类越多，我们就会越聪明。

比如，我们说到一个词语：bi shi，听到这个发音的时候人们的反应会是什么?

假如一个人正在忙着考试，他想到的可能是“笔试”。

假如一个人刚和人发生了冲突，心情不好，他第一个想到的可能是“鄙视”。

假如一个人正在和人比赛，他想到的可能是“比试”。

但听到这个词的如果是一个跳广场舞的大妈，她对个词可能没有概念，她会发愣。

打酱油！现在社会中流行的“打酱油”已经不只是去买酱油这种调味品了，而是对一种旁观、事不关己的态度的调侃。

假如一个人从来没有接触过这种调侃，他会第一时间把“打酱油”理解成买调味品。但如果是一个从来不做饭、不懂得调味品的人，他听到“打酱油”这个词就会把它当成是一个调侃的词。

如果一个人既懂得酱油是一种调味品，也懂得这是一个调侃的词，就会根据当时的状态综合地来确定对方表达的是什么意思。

生活中很聪明的人，他们一定是看得多、听得多、想得多、接触得多，才会思维敏捷、反应迅速、足智多谋。

怎样来强化对大脑的刺激呢?

关掉声音看电视，无形中会看得更专注，而且在看的同时，大脑会不停地思考在这种情境下画面表达的是什么。这种思考是看到画面之后的第一反应。也就是说，当画面呈现出来的时候，大脑的第一反应就是去做这样的工作。

特别是现在很多电视节目都是配有文字的，在关闭了声音去观看有文字的电视节目的时候，会大大提高一个人的反应能力。因为人们在看电视的时候，通常是先被画面吸引，然后才来看文字表达的是什么意思。等于同时被两个事物吸引，启动的思维就会比单一的注意要多。

当大脑接收到画面信息的时候就会有一种逻辑产生，这个画面信息表达的是什么?当他认为的内容呈现出来的时候，他会去结合下面的文字，这个过程就可以验证自己的猜测正确与否。

如果是正确的就形成了经验，发现错误的同时也就进行了更正，更正之后仍然是形成经验，这些经验都会让人变得更聪明。

多带孩子到户外去，无论是在小区里、街道上还是大自然中，只要是一个孩子能够看到东西的地方都可以带他去。他看到的每一件东西都会在他的大脑中有一个小范围的开发。

特别是带孩子到陌生的地方。陌生的地方既会给人一种新鲜感，也会给人一种不安全感。无论是哪一种感觉，都会让一个人对这个地方仔细地观察、打量。

观察和打量的过程就是一个众多信息收集的过程，所有的信息并不是收集到之后就束之高阁，相应的感觉、知觉、判断和定义在大脑中都会显现出来。

让孩子看各种各样的图书、各种各样的图片、各种各样的知识类的新闻及刊物，总之不要吝啬让孩子去看，不要吝啬让孩子接受新鲜的事物，看得越多，孩子就越聪明。

对于听，可以在孩子闭上眼睛即将入睡时给他听音乐，给他讲故事。这个时候他的眼睛是闭着的，大脑不会被视觉的影像冲击。孩子听到的东西会在大脑中有一个迅速的反应。这是另一个信息加工的渠道。这样的行为练习得多了，孩子这方面的反应就会变得非常迅速。

我儿子很小的时候，我曾经在他身上做过这样的实验。每天晚上他即将睡觉的时候我都会给他讲故事，基本上讲着讲着他就有困意了，下半程也就闭上眼睛听故事了。在他闭上眼睛但还没有睡着之前这个时间段，我给他讲的故事他会记很久。

由于他对很多东西都感兴趣，所以他大多数时间都在让自己同时做两件事情。比如，一边看电视一边专注地拼装着他的乐高玩具。他既可以把玩具拼装得很好，又可以靠听来记住电视里的内容。再大一点儿，他喜欢一边看书一边听电视里的法制节目，并且可以把书里的内容和电视里的重要内容都记住。当然，这个记住并不是他看到和听到的所有内容，而是有选择性的。

很多次我装作自己很忙，但是又对这个东西特别感兴趣，他就会很开心地跟我描述。

在做这个实验的过程中我都是偷偷看的，所以能确定他跟我描述的基本上和电视里播放的内容没有太大出入。同时我也会好奇地了解一下书里面有哪些内容，他也会很开心地跟我描述。

我很仔细地观察他，我发现，他边看电视边看书的时候会让自己有选择性地去关注电视节目中重要的部分。

当他觉得电视节目的内容不重要的时候，就会让自己专注地看书。可能这是一个最有效的利用时间的方法，因为他总是表示他想要知道这个世界上所有他不知道的事情，而用一段时间只来做一件事情他觉得有些浪费。

触摸对感知觉的作用也不可忽视。触摸对孩子大脑的开发体现在婴幼儿阶段。越小的孩子越是通过触摸来感觉，但这并不代表大一些的孩子就不需要过多地触摸。

很多家长在带孩子的时候会觉得这个东西脏，那个东西有细菌，不让孩子摸。这种看法是错的，因为触摸是实实在在的感受。

凉是什么感觉？温是什么感觉？有点儿烫是什么感觉？硬是什么感觉？柔软是什么感觉？这些东西我们单纯靠想象是感受不到的。比如说，衣服、被子给我们带来的柔软这种感受，如果没有触觉我们是想象不出来的。所以触摸对感知觉的发展有非常大的帮助。

对于想，其实很多孩子不是不会想，而是没有想的习惯。比如，对生活中发生的所有的事情，他们不觉得这件事情需要思考，久而久之就养成了不爱思考的习惯。当有一天需要他们思考的时候，他就会觉得思考是特别难的一道题，甚至是一座自己翻不过的大山。

我在工作中遇到过很多这样的孩子，甚至这样的大人，当他们遇到一些需要自己动脑筋想办法的事情的时候，就会很崩溃。这种崩溃来自两个方面：一方面是在他们心里，“想”就是一个巨大的难题，每个人对于自己认为有难度的事情都是排斥的，是不愿意去做的；另一方面是他们大脑中可用的知识、点子、办法的确有些匮乏。为什么说可用知识呢？有人才高八斗、学富五车，但是他点子很少，是因为他没有把已有的知识转化到现实生活中，为他所用。

有些人可能学历不高、学识浅薄，但是他却总是很有办法。点子很多是和实践、灵活挂钩的，而这一部分恰恰是在一个人小的时候获得的。

对孩子“想”的锻炼非常简单，也很容易。因为生活中处处需要这样的智慧和技巧。比如，孩子想喝开水，但是开水很热，那怎么办呢？妈妈可以说我们来想个办法。当你说出你要想个办法的时候，孩子是不甘示弱的，他也会想办法。

可能他想的办法是往开水里面加一些凉水，这个办法看上去可笑，但是对孩子来说，这是一个开发大脑的过程。

家长采取的方式往往不是这样的，可能是把热水杯放在凉水中通过热传递让水降温。这样的一个过程孩子是可以看在眼里、记在心里的。

如果家长不和孩子做这样的练习，而是直接把水的温度调好给孩子喝，孩子既不会开动他的脑筋，也不会在大脑中留有相应的知识，很可能有一天就会出现他很想喝水，但是水很热，让他感觉非常烦躁的情况。比如说，家里要大扫除，妈妈希望孩子参与，怎样在大扫除的过程中能够尽可能地节省时间呢？这里就用到了统筹的方法。

家长没有必要把统筹的概念和方法说给孩子听，只是在过程中告诉孩子：我们来想一下怎样才能更快呢？孩子不知不觉地就会想到相应的方法。

比如，他会告诉你衣服放进洗衣机里洗的同时，可以擦地、擦玻璃、收拾桌子。等这一切干完了，衣服也洗好了，大扫除就结束了。

比如，孩子做作业，当他有一道不会的题目向家长请教的时候，家长一定不要自己把题目拿过来读，然后给他讲，而是要告诉他我们一起来想一想。第一个步骤就是共同读题，然后根据题目中的相关线索一起思考。很多时候，在这个思考的过程中孩子就想出了这道题的解答方法。

生活或者是工作中出现慌乱的人，很大一部分原因是他们觉得自己没办法，想不出主意，不知道该怎么办。而学会用“想”的人基本不会出现这种状况。

一个知道用“想”的人不会被教条束缚，而每一次在运用“想”的时候，他其实可以想出很多对策，最终使用的那个也是在他想到的这些对策中选择出来的他认为最满意的一个。

“想”是一种习惯，这种习惯一旦养成，生活中便只有相对困难的事情，而没有绝望的事情。

但是没有学会“想”的人会遇到更多的困惑，会有更多的无力感。不知道大家是不是有这样的经验，就是有时候我们身边的朋友、同学或者是同事觉得很难办甚至是焦头烂额的事情，我们会觉得不至于啊！

所以帮孩子养成“想”的习惯很重要，养成这个习惯的方法也很简单。在孩子成长的过程中，无论是在他婴幼儿时每天玩耍的时候，还是在他大一点儿开始上幼儿园、上小学的时候，对在生活中遇到的每一件事情，如果家长会经常说我们来想一想，或者是我们来想一个更好的办法，孩子就学会了“想”，也养成了这个习惯。这样，当他遇到某些事情的时候，他的第一反应就是要想办法，而且坚信自己一定可以想到办法。

# 怎样帮助孩子拥有“学霸”的能力

“学霸”这个词可以吸引所有家长的目光，调动所有家长的注意力，是所有家长不惜花费高昂补课费的动力。

我们来看一下什么叫作学霸！说到“学霸”这个词的时候，几乎所有人想到的都是非常好的学习成绩。甚至很多家长认为考高分就是学霸。其实考高分只是学霸的一个象征性的、比较有说服力的证明指标。学霸除了能够考高分之外，还拥有全面的学习能力。

那么，学习能力又是什么呢？很多家长会认为学习能力就是学习文化课的能力。其实这种想法或观点是错的。

学习能力既包括学习文化课的能力，也包括学习生活的能力。不要忽略或者是小看生活能力，生活能力处处都体现出智慧，拥有这些智慧的人才能在学习文化课的过程中非常轻松自如、得心应手。

但是在现在应试教育的大环境下，家长们真正注重的是孩子学习文化课的能力，也就是他的考试分数，而不太重视甚至完全忽略了对孩子生活能力的培养。这就出现了一个很奇怪的社会现象——高分低能。

孩子的知识水平提高了，但是各方面的能力却降低了。这种降低会给人们的生活带来巨大影响，甚至给社会带来一定的负担。

现在我们将从两个大的方面详细介绍如何培养学习能力：一个是学习文化课能力的培养，另一个是学习有效性的培养。

首先是关于学习文化课能力的培养。因为在应试教育的大环境下，每个家长都觉得孩子只有拿到高分，未来才能有一个好的发展。所以我们先来介绍如何拿到高分，再来讲如何在拿到高分的同时拥有高能力。

基本上所有的孩子在学习的时候都处于一种被动的状态，只有极少数孩子对学习的态度是主动的。

学习态度主动的孩子的学习之路越走越宽，并且越走越快乐，在学习上取得的成绩也会越来越多。

学习态度被动的孩子会越学越烦、越学越累、越学越混乱，他们的学习之路自然是越走越痛苦的，在学习上取得的成绩也会很有限。

生活中有很多孩子，家长不停地给他们找各种家教、各种名师，但是他们的学习成绩依然没有提高，这是为什么呢?

原因有很多种，最直接的就是孩子不喜欢学习。他对学习是排斥的，无论你把课本放得离他有多近，老师对他说话的声音有多大，他心里潜在的想法都是逃跑。

也就是说，如果孩子没有敞开自己探究知识的心灵，也就没有办法走进知识的海洋，自然就没有办法去吸收与学习知识了。

要让孩子对学习产生兴趣，有学习的能力，首先要让他觉得学习是一件有意思的事情，是一件非常好玩儿的事情。

为什么要让孩子对学习下这样一个定义呢？因为人的本能就是追求美好的事物、追求享受、追求快乐的，就像一个大人努力工作为的就是自己的生活条件能够更好。

人类之所以能够进步，发明创造出这么多高科技的东西，就是因为人类的本能就是追求美、追求享受、追求快乐的。追求这些不是错，错的是不知道用什么样的方式来追求。

所以要让孩子喜欢上学习，能够敞开他自己爱学习的心灵之门，能够愿意让自己走向知识这一片疆域，那就一定要让他对学习产生兴趣。

要让孩子有这样的感受，家长首先要有这样的想法。有很多家长其实都有一种感觉，那就是学习是一件挺累的事，甚至是一件挺苦的事，并且在跟同龄人或家人聊天的时候会不经意地说到孩子也很辛苦、学习也很累等话题。也有家长时不时地跟孩子聊这样一个话题：你现在吃点儿苦，努力一下，是为了将来生活得更好。特别是当老师布置的作业有些多，孩子的学习任务有些重，孩子对学习表现出非常烦躁的状态时，家长就更加苦口婆心地说一些诸如“不经历风雨，就不能见到彩虹”“台上一分钟，台下十年功”“吃得苦中苦，方为人上人”等话语，无形中向孩子传递了一个信息，那就是学习是非常苦的，但你必须得做。

人的本能有很多，一不小心就会跳进自己本能的陷阱里。其中一个本能就是大家都更爱今天的自己，对于明天的自己其实都是不太担心的，这也是为什么很多人做事情拖拉的一个原因。

很多成年人都会有这样的心理，这个事情明天再做，或者是我以后可能会更好。成年人是有理智、有明确的思维的，但还是会有这样的想法，足以看出这个本能很强大，甚至可以战胜人的理智。

孩子还不会有如此理智、明确的思维，所以他的这种想法就会更加强烈，他丝毫不会为明天的自己担心，即便是一个上了高中的孩子，他也可能只是偶尔有那么一瞬间会想自己将来会怎么样。但是这个想法不足以改变他现在的生活方式，也就是说，一个非常讨厌学习的孩子，是不会为了担心自己的明天而改变自己现在的学习状态的。那么，要让孩子改变他的学习状态，就要让他真的爱上学习。

当孩子了解到他在做一件吃苦的事情的时候，他对这件事情的兴趣度就降低了。孩子对学习的兴趣降低了，就表现为他不愿意学习。这个时候大多数家长会做一件什么事呢？那就是要求、命令，或者是强迫孩子去学习。

在这种情况下，孩子虽然在做跟学习有关的事情，但是学习的效率是令人担忧的，这就是命令和强迫的弊端。

有些时候，孩子看上去在写作业、在背课文，但是学习质量上不去，他明明在学习上花了时间，但是成绩就是不好。

这个时候会有很多家长选择给孩子找家教、一对一、精英老师，但是孩子的成绩还是提不上去，为什么呢？因为孩子屏蔽了自己很多的脑回路。一是对学习、对知识没有兴趣；二是他不让知识进来，无法渗透就谈不上融会贯通，谈不上真正的掌握。

他对所学内容的理解和掌握只停留在表面水平，甚至对表面水平的这一点儿知识的掌握都不是很透彻、很深刻，成绩自然不能提高。

怎样来解决第一个问题呢？让孩子对学习有兴趣，让孩子喜欢去探索、有求知欲，才是把孩子培养成功的一个标志。

激发孩子的学习兴趣，一定要做三件事：第一件是非常重要的根基，就是要让孩子认为学习是一件有趣的事。第二件是不能让孩子觉得只有他自己才需要学习，家长是不学习的，要营造学习的氛围。第三件就是要无形中扩大孩子的学习兴趣。

怎样才能让孩子觉得学习是一件有趣的事呢？首先应该肯定的是，学习真的是一件有趣的事。

学习是什么？学习文化知识只是学习的一部分，真正的学习是把这个世界上所有我们不会的东西都学会的过程。

所以，在培养孩子学习兴趣的过程中，不要先把文字或者数据这样的学习内容放在最前面。

我们所说的数学、语文、英语、历史、地理、物理、化学等内容其实都是对文字和数据的一种学习，在真正的学习能力中只占了一小部分。如果一个孩子有了很强的学习能力，他自然可以很轻松地完成这一部分的内容。

每个孩子的探究欲望都是很强的，孩子小的时候，他的玩耍也是一种探究欲望，玩耍的过程也是学习的过程。正是这个过程开发了他大脑的广大疆域，也是他对学习产生兴趣的开始。

如果这个时候孩子对某个事物产生兴趣，他开始去接触、去看、去研究，家长要帮助他来扩大这个兴趣。比如，孩子捡到一片叶子，他看着这个叶子的时候，心里会有无数个想法：叶子为什么会长成这个样子？叶子的颜色为什么会是这个样子的？叶子是怎么形成的？它有什么样的作用？

它是怎样存活的？虽然他不能清楚地描述出这些问题是什么，不能清楚地向身边的人提出这样的问题，但是这些疑问却在他的大脑中留存了下来，埋下了一个兴趣的种子。有一天当老师向他介绍关于植物的知识时，他就会非常认真地去听，听完之后会把他所听到的东西牢牢地记住，而且不需要花任何力气。这就是带着问题学习给我们的最大帮助。

所以，无论孩子拿着一片叶子怎么玩儿，或者问一些什么问题，作为家长的我们都要耐心地跟他探讨，跟他一起研究这片叶子。这就是一个学习的过程，而且是一个充满兴趣的学习过程。

再如，孩子捡到一块石头，围绕着这块石头，他肯定会去想它的形状为什么是这样的？它是从哪儿来的？是什么让它成了这个样子？它是不是一块宝石？它是不是拥有魔力？甚至在孩子的脑海中还会有更多我们了解不到或者是想不到的奇幻的东西。

家长同样可以就这块小石头来跟他聊很多，跟他一起研究很多，听他说很多，并且对他的这个行为和他大脑中的这些思维有一定的认可。孩子的学习兴趣就是在这样的行为或状态中形成的。

然而现实生活中有一些家长会采取另外一种方式，如“叶子很脏不要动它”“石头很脏不要碰它，离它远一点儿”“这些都是没用的东西，离它们远一点儿”。也就是说，家长会把自己认为没用的东西跟孩子之间做一个阻断，刻意培养孩子从小就去学习一些文字、数学，甚至英语、绘画等。这样做看上去是在教孩子知识，其实是在扼杀他的思维和兴趣。

特别是孩子到了七八岁，他们的探究欲望会变得更强，这种探究的行为体现在生活的方方面面。比如，他们吃的东西、喝的东西，在这么大的孩子眼里，所有的东西都是玩具，他们恨不得对着一杯水看了又看，更喜欢拿着筷子、吸管这类东西玩儿杯子里的水。在玩儿这些水的时候，孩子实际上是一边玩儿一边思考。他思考的内容会很多，也会很乱。他不需要真正找出答案，我们也不需要孩子在思考的时候就立刻找出答案。而是只要他对这个问题有了问号，他的大脑就会重视这个问号，无论在什么时候，他遇到与这个问号相关的问题，都会非常认真地注意一下。

比如，他用吸管吹水底的时候会有气泡冒出，用吸管吹水面的时候会有圆形的水晕。他看到的这些现象不是看完就忘记了，而是会在他日后了解了相关知识的时候自己破解。

这就是兴趣带给孩子的专注力、发散性思维和帮助。

学习不是一件立竿见影的事情，它是需要开垦、需要嫁接的，孩子接触的所有的东西就是他的开垦，直到有一天，他找到了可以嫁接在这块地上的东西之后，就可以开花结果。

已经有了学习基础的孩子如何对学习产生兴趣呢？

孩子上课的时候不专注、开小差怎么办？

比如，有些孩子喜欢摆弄学习用具，几乎无一例外地，老师都会向家长反映孩子上课注意力不集中，总是做小动作。

孩子的这个小动作的确是注意力不集中，那么，他为什么会注意力不集中呢？因为老师讲的内容太枯燥了，远没有他在自己大脑中刻画的某些东西或者是想要探究的东西更加有意思。

这个时候，如果家长批评孩子，强制性地要求他上课不要乱动，要认真听讲，那么，家长就关上了孩子想要学习的大门。

因为生活中的一切都跟文化知识有一定的关联。当家长帮助孩子养成了喜欢探究的行为模式之后，再引导他们把这种探究的精神放在书本上，学习就变得非常容易了。

想让孩子专注地去听老师讲课的内容，首先要让他在心里产生一个疑问。家长可以跟孩子聊什么呢？如今天你们学了哪些内容？老师是怎么讲的，你来描述一下，我看老师讲的对不对，或者听听老师讲的是不是有意思。

这个时候孩子突然间发现：我居然不知道，或者我没有听。无论他嘴上向你表达的是什么，心里都会出现一个大问号。

这个时候如果家长跟他聊一下，明天再上学的时候把老师讲的内容仔细听一下，看看回来能不能给爸爸妈妈讲一遍。而不要去刻意地强调他上课做小动作这样一个事实，这样只会强化他的这个行为。

第二天孩子放学以后，家长就可以跟他讨论在课堂上老师都讲了什么，发生了哪些有趣的事情，同学们都是如何参与老师的提问的。在这个过程中，应鼓励孩子去参与老师所提出的问题。假如孩子觉得因为我不会，所以没有举手，或者他直接告诉你他不会回答，家长要明白，有很多时候孩子上课不参与老师的提问，并不是他真的不会，而是他不确定自己的答案对不对，或者是因胆怯不敢回答。

那么，在家里就可以做一个这样的模拟。让孩子把老师提出的问题描述一下，回答一下。假如他回答的是对的，家长给他极大的肯定，然后再做一个这样的小模拟，这就会让孩子有一种小小的成就感。他会发现原来自己也可以，这种成就感就会成为孩子的动力。在下一次课堂上他就会有想要回答的欲望，就会逐渐跟上老师的步伐，专注地听老师所讲的内容。

虽然孩子不能把在学校一整天的事情都描述给家长听，但是在他零散的描述过程中，家长也要给予及时的反馈，并且给予一定的肯定。

当他发现家长对这些很感兴趣时，他才更愿意去做这些事，才更愿意跟家长进行沟通。孩子在跟家长沟通的过程中才是喜悦的，其实家长也应该是喜悦的，这样的沟通可以让家长更了解孩子。如果形成了这样的习惯，哪怕孩子到了青春期、叛逆期，他都会忍不住想要跟你聊一些他心里的想法和感受。

重点是家长在倾听孩子所表达的内容的时候，一定要表现得很开心，因为每个孩子都喜欢看到自己的爸爸妈妈开心。

这样的表现或状态会强化他在学校的专注力，也使得他在课堂上能够主动地认真听老师所讲的东西。

这样的事情连续做上一段时间后，孩子上课做小动作的行为就会慢慢地淡化，直至消失。

对于孩子上课做小动作、不专心听讲这个问题，如果单纯地命令他不要去做小动作，可能是完全无效的。

因为坐在那里无聊呀，他提不起兴趣去听老师讲课，提不起兴趣去关注学习上的事，所以他就要找一些事来打发自己的无聊。更重要的是，一个人的习惯是没有办法在短时间内一下子改变的。所以，帮助他们改变的方法就是用另一个兴趣来替代他现在的兴趣。

我们要让孩子在课堂上专注地学习，要让他听老师所讲的内容，就肯定要帮他找到一个新的兴趣，如放学回来以后家长要主动跟孩子聊今天在课堂上老师讲了哪些东西，通过今天所学的知识我们能够感觉到或者发现什么等。

就好像我儿子在一节科学课上听老师讲到空气中只有氧气对人体是有用的，其他的气体都是没用的时，他告诉我说老师讲错了，因为空气中其他的气体起到了一个占比的作用，假如空气中全部都是氧气会导致氧过量，氧过量会导致人醉氧。但是他又觉得老师讲错的可能性很小，在说这些的时候不是特别坚定，所以我们就这个问题查了很多的资料来帮他确定答案。

可能大多数家长都不会去做这样的事，会跟孩子说考试又不考这些，不用管它。这个知识点虽然小学四年级用不到，但是不代表将来也用不到。

他现在把这个感兴趣的问题牢牢记住，等到将来需要用到这个知识点的时候，他就不需要再次学习和识记了，这就为他未来的学习节省了时间。

用这样一种方式来帮孩子改变对学习的兴趣也是非常有效的，这也同样是带着问题学习的过程。

对于学习中一些很枯燥的东西，如何引导孩子产生兴趣呢？

比如，最开始教孩子认字的时候，如果我们指着一个字告诉孩子这个字念什么，单纯地教孩子认这个字，可能五遍、七遍、十遍后孩子记住了，但是很有可能过几天他就忘了。我们可以跟故事连接起来，如教“大树”的“树”，我们可以这样告诉他：有一天，一个木头停在这里，它觉得很孤单，这个时候它找来了“又”和它做朋友，它们觉得可能再多一个人会更好，于是它们两个合力去找来了“寸”，它们三个在这里长成了一棵参天大树。

孩子就会深刻地记住“树”是怎么写的。他还会想象到有一棵参天大树后会发生什么事情，有小鸟来吗？下面会有人乘凉吗？一遍下来这个汉字孩子就记住了，无论是读音还是写法。并且他还会因为这个汉字开垦出很多的问号，就像我们前面讲到的，一旦他找到可以与他的这些问号相关的知识，就会有很多新的知识点出现。

这就是自己能够融会贯通、整合知识的学习能力。

有些家长可能会觉得这也太麻烦了，那么多汉字如果都这样教，那我岂不是要累死。其实不需要每一个汉字都这样教。在孩子最开始接触这些东西的时候，这样的方法你只要用上10天左右，孩子自己就掌握了，并且他有极高的兴趣去研究每一个汉字。他只会在自己不知道这个字读什么或者是想不出相应故事的时候来问你一下。

孩子无论走在哪里，看到一个他认识的字都会读出来，当他读出来的时候，家长一定要给予及时的认可，并且表现出相应的兴趣，同时对孩子跟你表达的这个东西进行一个展开或讨论，在这个基础上拓宽孩子的兴趣。

用我儿子二年级的时候发生的事情给大家举个例子。他在看一档求生节目的时候，看到了一个如何判断打雷的地方离我们有多远这样一个知识点。他当时就跑出来考我，问我知不知道，我当时的反应是不知道，然后他就很自豪地向我讲解，看到闪电之后就数秒数，直到听到雷声，然后用秒数乘以340米，就是打雷的地方与我们的距离了。听了他的说法之后，我当时就很夸张地向他表示我要记住这个知识，这个对我们来说太实用了。

他也觉得非常神奇，觉得能够知道这样一件神奇的事情非常开心，自己好像很了不起。

接下来我又反问他，知道为什么要乘以340这个数字吗？他表示不知道，然后我告诉他，因为声音在空气中的传播速度是340米每秒。并且告诉他其实在闪电发生的那一刻，雷就已经产生了，只是光传播的速度比声音快，所以我们先看到闪电后听到雷声。

了解到这些知识之后，他觉得大自然好神奇，科学真的太伟大了，能破解这么多神奇的现象，所以从这以后他就对科学类的节目或科学类的书籍特别感兴趣。

这就是一个充分激发孩子学习能力的行为。当他了解到这些东西并感到开心的时候，我们做家长的一定要给予一定的肯定或表扬。并且无论孩子向家长传达的是什么，家长都给予这样的反馈。如果家长能够做到，还可以根据这样一个知识点延伸出一些相关的知识，这就是一个大范围的学习兴趣的产生。

对于一些小的学习兴趣，如数学、语文等单纯的文化课的学习兴趣，也是可以培养出来的。

学习语文知识的时候，每个知识点差不多都是一个故事，包括一个汉字是怎么来的。

如果孩子对这门学科兴趣不高，家长可以在这门学科中帮他找到他的兴趣点，而且现在很多学习软件都可以大幅度提高孩子的学习兴趣。

小学的孩子要背英语单词，背英语单词的过程是有一定难度又很枯燥的，有些软件或学习机就可以很好地解决这个问题。里面会有一种动画片的视觉效果，用过关的形式来帮助孩子完成这个识记过程。在这种状态下，孩子就不再觉得学习这门知识是枯燥的、乏味的，也就不会有那么大的排斥感了。

当他很快习得了一些他要识记的东西之后，家长还是要给予他一定的肯定，但是要记住，赞美和肯定不能浮夸，只有根据事实赞美出来的孩子才是快乐的、有正能量的。

做作业是很多孩子不喜欢面对的、最想要逃避的。特别是刚刚上学的、年龄比较小的七八岁的孩子，他们在最开始写作业的时候速度是很慢的，而且他们的反应、兴趣度等都是比较负向的。

这是由于他们的左脑还没有完全发育成熟，做这件事情对他们来说是有些吃力的。无一例外的是，孩子到了三、四年级的时候，写字的速度会大大提高，写作业的速度也会大幅度提高。

所以孩子在一、二年级写作业的速度如果很慢，家长没有必要着急，也不需要为了这件事情而批评他。

因为这个时候要养成孩子对作业的兴趣，而且此时“写”这件事情实际上是他能力范围之外的。如果这个时候批评孩子，会起到负面作用，会让孩子对作业完全失去兴趣。

那么，我们要如何用正确的方式让孩子对作业产生兴趣呢？

首先，我们要了解批评对孩子起到了什么负面作用。第一个负面作用就是会导致孩子排斥写作业，给孩子埋下第一个厌学的小种子。

假如生活中你对孩子的管教是比较宽松的，无论他是玩玩具、看电视还是把家里弄得乱七八糟，你都不会批评他，但是在他学习的时候，家长就像变了一个样子，突然间变得非常严厉，并且他稍微做不好就会受到严厉的批评。

我们想一下，在日常生活中，是不是只有在孩子玩儿一些危险的东西和学习的时候，我们才会对孩子格外严格和认真？但是孩子触碰一些危险东西的概率非常小，可能很多天才发生那么一两次，甚至都没有发生过。所以，我们因为这类事情对孩子的批评就会很少，基本上孩子都不能够清晰地记得。而学习是每天都要做的事情，当家长在这方面对他有非常严格的要求的时候，他因为“写”这个行为时不时就会遭到批评，这对孩子来说是一个打击。

他会觉得太奇怪了，他已经很吃力地在做这件事情了，可是很爱他的爸爸妈妈还是会因为这件事情批评他，这件事情真的是太讨厌了。

孩子不会觉得大人是为了他好的，更不会认为这件事情和他的未来有什么关系，他不明白，也不能体会到。

他所体会到的就是他在做这件事情的时候遭到了批评，他因为这件事情而有了不好的感受，自己不开心了，爸爸妈妈也因此生气了。

那么，他对这件事情自然是排斥的，这就给孩子埋下了厌学的第一个小种子。如果这样的事情经常发生，当他有了这种感受，接触到作业的时候他的第一反应就是他会因为做这件事情遭到家长的批评，让家长不开心。

他会把所有的责任都归结到作业上，这种情况下厌学的种子就已经开始发芽了。

第二个负面作用就是他会对学习本身产生厌倦。比如，本来他觉得“1”像铅笔、“2”像鸭子还蛮好玩儿的，但是由于遭到了批评，他不再觉得这些东西好玩儿，而是开始讨厌这些东西，今后在学习任何东西的时候都会降低原有的兴趣。

还有一些孩子在写作业的时候边写边玩儿，这个时候孩子的玩儿有两种。

第一种是玩儿跟作业有关的东西，如在算术题上随便加上一个小房子，自己画出来，或者是给“0”加上五官。

这种玩儿大人真的完全没有必要去批评孩子。这是孩子的一个探索的过程，是他智慧萌发的一个的过程。

第二种是玩儿一些跟作业无关的东西。这时应该用什么样的方法更好地把他们的注意力转回到作业上呢?

怎么样帮助孩子在写作业的时候既能有速度，又能避免产生不好的感受呢?

孩子在最初写作业的时候，家长要做的，一是鼓励，二是吸引。无论他写得有多慢，有多不好，家长都可以告诉他今天写作业的速度好像比昨天快了，今天的这个字写得比昨天好了，但是哪个地方稍微再提高一下可能就更加完美了。

这样的说法会让孩子自己感受到他是在不停地进步，而且是在一件他自己认为有难度的事情上不停地取得进步，他会为此感到高兴。

人是有竞争本能的，这种竞争不但体现在人和人之间，也体现在人和事件之间。小孩子的竞争本能是更强烈的，当他们战胜的对手无论是人还是事情的时候，他们都会有很强的气势。

比如说，孩子今天写作业用了 20 分钟，你告诉他说你昨天写作业用了 25 分钟，今天才用 20 分钟就写完了，他会有很强的成就感，这种成就感会让孩子有种充满力量的感觉，这股力量的名字就叫自信。

孩子相信他能够把很多他想不到的事情完成得更好，明天再一次做作业的时候，他心里想的是我今天可不可以做得比昨天更好，他会努力用最快的时间把今天的作业做完，并且对明天也会有一个期望。

虽然他不确定自己能够用多长时间来完成，但是他会争取用最快的时间来完成。他已经相信了自己有力量去应对更多的困难，和自己竞争永远是最快乐的。这就是鼓励带来的力量。

很多家长会觉得做到这个太难了，因为看到孩子在那儿磨蹭，家长就忍不住想说。

这时家长要理智地想一下，我们的督促为的是起到作用，但是当你的这个督促起不到正向的作用，反而起到负向作用的时候，等于你是在出力干一件坏事。当你真正认识到自己的督促带来的是不良后果的时候，你就能够忍住让自己不说了。

吸引要如何给呢？因为对有些孩子单纯的鼓励是不起作用的，这个时候就要吸引他。比如可以明确地告诉他，做完作业之后他可以做自己想做的事情，他可以利用这个时间随便地玩儿，也和家长一起去做哪些事情。

做完作业之后可以去做的事情要对孩子有吸引力，特别是最开始使用这个方法的时候吸引力要足够大，这样孩子才会有动力来让自己尽快完成作业。

有很多家长会有这样一个毛病，那就是见不得孩子玩儿。孩子做完作业自己掌握时间玩一会儿的时候，家长会说你还是再看一会儿书吧，你还是再写几个字吧。

我们要知道，不是所有的看书和写字都能够学到东西。在这种状态下，如果你强制孩子去看书或写字，他什么也记不住，不但起不到任何作用，而且会令孩子很生气。

学习更多的是要有质量，只要有这个氛围，只要孩子能深入进去，不必要求时间一定要拉得多长。

这就像我们下班之后领导通知加个班，或把什么做完，我们心里也会不痛快一样。学习对于孩子来说就跟我们上班是一样的，他辛辛苦苦把作业写完了，好不容易有自己的时间可以放飞一下了，你却告诉他再学一会儿。他心里会想“真不该这么快就把作业做完”，还会想“我什么时候能长大，自己说了算呢！”

要让孩子对学习和作业有一个端正的态度，就要让孩子知道做作业是他每天例行的工作，就好像爸爸妈妈要上班、要照顾他一样。

大家在生活中都有自己的重心，有着重去做的事情。明白了这个平衡之后，孩子的心里就会觉得是公平的，自然就会少很多情绪。

很多全职妈妈在教育孩子的过程中，对孩子批评很多、要求很多的时候，孩子会有这样的抱怨或反问：你每天都干吗了？你每天就待在家里看电视、打牌、逛淘宝。这说明孩子的心里缺少平衡。

其实即便是不工作的家长，也要让孩子知道你每天有很多自己的事情要做，你也有自己的追求，你的专注点也放在了自己所要追求的这件事情上。

特别是对于刚上学的孩子而言，他在写作业的过程中家长也要做一些类似的事情，如翻翻书，哪怕不喜欢也要每天花上半个小时来做这件事情。

现在的书籍很多、很全面，看不下去知识类的可以看一些生活类的、技巧类的。空出一点儿时间偶尔翻翻书也可以让自己换一种心情、换一种心境、换一种状态的方式。

这样一个小小的行为会让刚上学的孩子觉得他与家长之间是平等的，彼此做的事情也是一样的。他就会觉得大家都在做同样的事情，就不会对这件事情有任何排斥。随着一个学期、两个学期、三个学期过去，这种习惯就慢慢养成了，等孩子到了三、四年级以后，对每天做作业就不会反感、排斥了，并且随着他左脑发育的完成，做作业对他来说已经是一件比较简单的事情了。

这也是为什么现在小学一年级不让留作业的原因，这跟孩子的心理、生理情况都是相关的。如果再对学习内容本身有一定的兴趣，孩子对整个学习过程的体验就是快乐的。

在他学习的过程中，家长同样要适当地给予鼓励和肯定。当然，这不代表我们对孩子就是不能批评的，还是要让孩子学会掌握分寸，懂得规则。所以当他做出严重违反规则的事情时，批评还是要有的。

无条件地接纳孩子的“不会”也是孩子成为学霸的重要因素。我们想一下，几乎所有的家长都有一个毛病：当孩子有不会的东西的时候，第一反应是不应该不会，你就应该都会。

请大家认真地想一下，这种想法本身是对的吗？我想，大家认真思考之后都会说是错误的。这是家长们大脑中一个自动化的思维，遇到这样的事情，大脑本能跳出来的就是这样一个反应，稍微思考一下自己也能发现这种想法的不正确性。

它其实来自完美主义、完美要求，还有完美奢望。只是家长们的脸皮都比较薄，面子都比较硬，即便觉得自己在这个地方做得不恰当、做错了，也不会在孩子面前表现出来，而且会找很多理由证明自己的观点是对的。其实完全没有这个必要，家长可以大胆地在孩子面前承认这个地方自己疏忽了或者是想得不够全面，这种言传身教对孩子来说是很有帮助的。这样可以让孩子觉得承认自己的错误没有什么不妥。孩子长大之后或者在他成长的过程中，就不需要用很多办法来掩盖自己的错误或不足，也能够顺其自然地接受大家的批评或指正。因为在他的思维和意识当中，他不觉得这是一个无法接受的事情，在成长的过程中感受到的痛苦也就会减少很多。这是培养一个人真正自信的重要方法之一。

无论从什么角度来看，“不会”这件事情都是很正常的，无论是从道理上还是情理上，任何一个人都有他不会和不懂的东西。

孩子也一样，哪怕是一年级的孩子，他学的一年级的知识非常简单，哪怕是一个10以内的加减法，他的“不会”也是非常正常的，是一定有他的道理的。

帮助孩子消除他的这种“不会”要从他自身的因素出发。因为这些是和他自身的年龄相当的，也是和他们自身的发展状态相当的。

要找出孩子不会的原因，用正确的方式引导他理解或明白。所以我们要从客观、公平的角度来看待问题。

有很多家长在孩子学习的过程中，当看到有一些不会的东西、简单的东西也出错的时候，就会对孩子进行非常严厉的批评。但这种批评和这种感觉很多时候是家长在用成人的视角看待孩子的问题。比如，在大人眼里，一道数学题非常简单，孩子不会做就证明孩子很笨或很不用心。

其实可以设想一下，把自己代入孩子的那个状态当中或者是回想一下自己在这个年龄段的时候总体的智商水平是什么样的。

这样一想，就会发现自己当时的考试成绩和总体的智商水平可能还不如孩子。

给孩子一些自主权也是非常重要的，我们是引导他完成、提醒他完成，而不是命令他完成或者代替他完成，这才是真正的教育！

教育既要有“教”，还要有“育”，“教”是我们讲解示范，“育”是让他自己发展，要让孩子感觉到用自己的能量或力量同样可以完成很多事。

很多家长在看到考卷的时候，第一眼关注的是孩子在哪些地方出错了，然后因为这些错误对孩子劈头盖脸地骂一顿。

虽然批评让人心生畏惧，可以起到一定的惩戒或威慑作用，但是这样的行为用多了就没有任何作用了，孩子就产生免疫了、脱敏了。

它还能起到的另一个作用就是让人对所做的事情充满埋怨，孩子因为考试被批评就会埋怨考试，因为作业被批评就会埋怨作业。所以这种批评起到的作用是让孩子讨厌学习、讨厌考试，有一些孩子为了逃避考试装病不去上学，极端的甚至会弄伤自己以逃避上学。

我们同样需要从客观的角度来看待这个问题，身为成年人的我们都无法避免出错，无论是疏忽还是真的不会，这种情况都无法避免，那我们去要求孩子不能出错，这合理吗？很显然是不合理的。

当然，家长是望子成龙、望女成凤心切，在这种心切的、急躁的思想下本能地反映出了这些行为。但是这些行为对于提高孩子的学习成绩是不起作用的，那我们是不是要调整一下自己这种急切的心态，学习一些巧妙的方法，切实有效地帮助孩子提高学习能力呢？

想一下，我们在关注孩子的学习或考试成绩的时候，应该看什么。我们应该看全面。比如，一个孩子拿了一份考了95分的试卷给家长看，几乎所有家长拿到卷子的时候都会先看孩子什么地方错了，他是怎么丢掉这5分的。

然后家长们就会对这5分指指点点：这么简单的题你都不会？每次做题都马虎，考成这样还有脸给我看？这反映出家长的眼里和心里从来就没有知足过。

哪怕家长心里也明白95分已经很不错了，但是他们仍然会用这样的方式来激励孩子，以争取那5分。其实这种方法起不到作用，孩子心里会委屈，孩子会想都已经考了95分了，为什么你看不到呢？

家长的正确做法应该是先看到这 95 分，然后对这 95 分有一个肯定，在肯定的基础上跟孩子一起来分析这 5 分丢在了哪里。

这时候孩子的心里有自豪、有自责，也有可惜，因为爸爸妈妈对他的 95 分是认可的，所以他很自豪。他会感到自责，是因为这些错误中一定因马虎导致的。他会觉得可惜，会非常希望自己能够把这 5 分也得回来。在这种情况下，孩子的心里会激发出一个信念，那就是在下次考试的时候要考得更好。

我们要知道信念是一股巨大的、无形的能量。孩子的心里有了这样一个信念就等于有了源源不断的动力，所以当孩子有了学习兴趣时，当他觉得在家长这里得到了充分的尊重，有了自主权，感受到了学习的快乐、生活的快乐时，他在做这些事情的时候自然是积极的、有动力的。

这样的一个学习状态会让孩子非常自豪、非常开心，甚至会有一点儿小骄傲。有一点儿小骄傲是可以让一个人快乐的，这个小骄傲也是使人进步的一个强大动力。

树立理想是一个人在学习中不可缺少的动力。初高中有很多厌学、退学、迷茫的孩子都非常痛苦，这是因为当一个人找不到方向的时候也就无法找到自身价值，当一个人找不到自身价值的时候就会觉得非常痛苦。

不要小看理想的作用，缺乏理想带给人的痛苦是一生的。缺乏理想除了使人没有明确的目标之外，还会导致人缺乏自信。

如果一个孩子长大之后仍然缺乏理想，这个时候他就不是没有目标、没有理想了，而是不相信自己能够完成。

因为每个人长大之后都会有自己的追求，追求一份自己喜欢的工作，追求更好的生活或者一个更好的伴侣。

当一个人不敢去追求这些、不敢去想这些的时候，他自然是痛苦的、压抑的，甚至是抑郁的，很多抑郁症都与这些有关。

焦虑症其实也与这个有一定的关系，他想要追求，希望自己得到，但他又明确地知道自己不行、得不到，就是这样一个心理冲突让人产生了各种不好的感觉。

所以要让孩子们有理想、有梦想。孩子的理想虽然不需要家长来帮他们刻画，但是孩子小的时候需要家长来引导。

在孩子还小的时候，我们有必要去帮助他们了解各种行业之间的差别，以及各种行业中人们生活的差别。

只有让孩子接触到、了解到，他才能够知道自己想要的是一个什么样的状态。

举个简单的例子，如果一个人从来没有吃过糖果，那么他怎么会知道糖果是甜的呢？至少他要通过别人的描述知道这种味道很奇特、很美好，他才会有向往。

用生活中无形的影响让孩子了解到各行各业之间的差距。比如，让孩子了解到父母的工作有什么样的弊端，别人的工作有什么样的优势。无论是成人还是孩子，如果我们希望他对一件事情产生向往之情，那就肯定要让这件事情吸引到他。

举个简单的例子，如果身为家长的你工作是比较辛苦的，甚至没有什么节假日可以来陪孩子，那么，就可以让孩子了解哪些工作有节假日，家长有时间来陪孩子；自己为什么没有获得那些有节假日的工作呢。这样的分析可以让孩子了解一些生活知识，是帮助孩子种植信念的过程。

当他看到人和人之间的差距，他的心里就会有一个向往。这并不会让孩子悲观、不自信，反而会增加孩子的抗挫性。

假如一个孩子从来没有了解这些，他只是看到别的家长有时间陪孩子，自己的爸爸妈妈没有时间陪自己，他会觉得自己不被喜爱。一个人在小的时候觉得自己不被喜爱，长大之后又突然间看到自己和别人的差距，但又不知道如何去缩小这些差距，就会变得比较悲观。

当孩子了解了这些差距产生的原因的时候，他心里就会有一个自己的想法，会对自己了解到却没有拥有的一些东西产生向往。

家长要做的就是帮助他插上这个向往的“翅膀”，让他敢于去想。这就是你给他的动力，告诉他他可以的时候，他就想要逾越自己现在的状态，朝着一个更好的状态去发展。

在进行这部分影响的时候，我们可以带孩子去参观或了解各种职业，可以带孩子去参观著名的大学院校，让孩子去体会和领略不同的感受。可以带他去不同的城市，让他去发现每一个城市的美好。他只有感知过，才能知道哪一种是自己最喜欢的，知道哪一种是自己最喜欢的，他才会有这样的向往，才会朝着这个方向去努力。

我们要深刻明白的一个道理就是，指挥或命令型的影响永远都不会好过自主型的影响。这是什么意思呢？也就是当我们指挥或命令一个人的时候，这种指挥或命令在对方心里种植下的感觉永远都不会超过他自己想做的感觉。所以对孩子最好的影响是让他们自己想做，而不是去指挥或者命令他去做。

激发了孩子的学习兴趣之后，家长要做的就是提高孩子学习的有效性。有效性是孩子学习成绩差别巨大的一个基本原因。我们可以看到有些孩子很认真地学习，老师教给他们什么，他们就会很努力地去背、去记，但是他们的成绩似乎很难提高，这是因为他们学习的有效性很低。

很多时候他们的学习是无效的，也就是他们仅善于对课本知识的符号进行背诵和记忆，稍加变化他们就不知道如何应对了。

具体什么样的学习是无效的呢？那就是读死书、死读书、书呆子的状态，无论他学到的是什么，他都不懂得去融会贯通，这些知识也不会在现实中给他带来帮助。

就好像一个题型，有些孩子必须每道题做一遍，遇到这类题型才能做出来，但是有些孩子就可以融会贯通，通过一种题型就能解出其他题型。这就是真正的学习能力，这种学习能力的进一步延伸，就是生存的能力、适应社会的能力。

什么样的学习才是真正有效的呢？孩子在掌握了一个知识点后，能够把跟这个知识点有关的一些知识也理解了，这里面就涉及了思维。要让一个孩子学习成绩真的好，就一定要让他有学习能力；要让一个孩子有学习能力，就一定要培养他的发散性思维。

什么叫作发散性思维呢？也就是更全面地来了解一些知识或者是理解、

分析、判断一些知识。

举个简单的例子，对于一朵鲜花，没有发散性思维的孩子脑海中反映出来的就是一朵鲜花，除此之外没有任何其他的东西。

但是有发散性思维的孩子大脑中反映出来的会是一些场景。比如，这朵花是什么颜色，它是插在一个花瓶中，是在某个人的手上，还是在草丛中……

不要小看发散性思维，它跟学习中所有的内容都有关，跟处理人际关系的所有方式都有关，它是融会贯通所要具备的基本的条件之一。

再比如，同样的一个字，它跟不同的词搭配起来就有不同的意思。用我工作中的一个真实案例给大家举个例子。

这是一个情感咨询的案例，在咨询过程中我告诉来访者要调整一下和对方的相处方式，不然在接下来和男朋友的相处中，她的眼泪一定会比微笑多。

这位年轻的来访者想了很久，告诉我说：“老师，你是让我在跟他相处的时候尽量不要表现得太开心，尽量哭的时候多一些，开心的时候少一些，是吗？”

一般人听到这样一个反问可能会崩溃，但是在我看来这其实很正常，因为我接触过很多人，知道有些人的理解能力真的非常有限。也就是说，他们只能理解一些字面意思，并不能够把整件事情串起来理解。

当我们不能真正理解一件事情的时候，会找到自己怎么样做才是更恰当的方法吗？肯定不会！这种状态下无论是学习上还是生活中都一定会遇到困难。

一个很实际的例子就是我们会看到有些孩子在小学、初中甚至高中学习成绩都很好，他能够很快完成老师交给他的一些任务。但是到了大学，甚至到了工作中，他什么都应对不来。这就是因为他缺少发散性思维，他没有办法做到融会贯通，更没有办法去理解他所处的这个环境、他所接触的这些人想要表达的真正意思。

没有发散性思维的孩子直接影响的是他们的考试成绩。因为没有发散性思维，就没有办法融会贯通，没有办法对知识有足够的从前到后的理解和运用。他们在学习的过程中感受到的都是痛苦。

无论是在学习上还是在生活上，我们经常会看到理解能力差给自己带来的挫折感。

在这种情况下，在孩子学习的过程中家长可能要花费更多的心思，因为他要更加详细地给孩子讲这里面所表达的真正含义是什么。

比如这样一个问题：请同学们描述一下下雨天走在路上是什么样的心情。

一个没有发散性思维的孩子只会表达他自己的感觉，就是这个时候他自己的感觉是什么样的，他就会把别人的感觉想成什么样，或者写成什么样。

假如他认为下雨天很麻烦，衣服可能会被弄脏，他可能就会认为所有人都这么想。在他描述这件事情的时候，思路就会比较狭窄，描述就会比较单调。

在他与别人相处的过程中，他的思路同样是这样的，即经常会认为自己想的也是对方想的，会用自己的想法去代替别人的想法，因此很难理解别人。

这样的孩子长大之后在情感上就会受到很多挫折，交友的时候也会遇到挫折，基本上没有朋友。

还有一些人在想事情的时候总是容易把事情想歪，其实就是这个原因，因为他没有宽泛的思维和更多的理解。

有发散性思维的孩子可能会写出各种各样的人的心情或感受。比如，有人会觉得下雨是一件神奇的事情，雨滴可以从高空中落下，感觉很浪漫；有人会觉得下雨了，自己可以偷懒，一些做室外工作的人可能有机会休息；有人觉得雨伞或雨衣很漂亮，他会认为这是一道独特的风景；有人会觉得下雨对植物来说是一个洗礼，或者是一种滋养。

不要小看这些细微的感受，正是这些细微的感受构成了一个人庞大的思维系统。所有的妙语连珠、妙笔生花都来自这种细微的感受。

只有一个人的思维系统足够庞大，他的理解能力才能够全面，他的学习能力也才能够有真正意义上的提升。

怎样培养孩子的发散性思维呢？首先要抓住培养孩子发散性思维的最佳时间，即10岁以前。在他想要自己去探究这个世界、摸索这个世界的万物的时候，家长千万不要对他说这个你不能动，那个你不能碰；这个你不能摸，那个你不能做。因为这种教育相当于一点一点地扼杀他的发散性思维。正是他不停地去接触、去触摸，他才会感知，才会有思维的延伸，发散性思维才会形成。

如果错过了这个最佳时间，10岁左右的孩子可以采用多听故事、看故事书甚至是看电视中的知识类、科技类节目的方式来拓宽他们的思维。

在孩子做这样的事情、用这样的方式来拓宽他的发散性思维的时候，家长要做的就是多跟孩子沟通，和他讨论他所了解到的内容并且探讨他的感受和想法，像一片叶子的叶脉一样不断地从各个角度向外延伸。

再大一点儿的孩子，如初中生，家长能做的事情就更多了。孩子在这个年龄段已经萌生了很多自己的观点，无论大事小事，无论是生活还是学习，家长都可以采用跟孩子沟通或讨论的方式来拓宽他们的思维。

这个过程不但拓宽了孩子的思维，而且在无形中还能够帮孩子树立起很多人格魅力。

这个阶段是属于孩子的心理断乳期。他们既有了一些自己的思维、观点，又不确定自己的这些思维、观点是不是正确、有效。

无论一个多么聪明、多么能干的孩子，这个年龄段都是他的心灵最容易打鼓和打鼓的次数最多的阶段，心灵的交流则可以引导、激发、拓宽孩子的梦想。

在现实生活中，经常有这样一些情况，如孩子遭受校园暴力，其实遭受校园暴力的孩子的应对能力是有些欠缺的。

比如，孩子不想去上学，不想去上学的原因无外乎学习困难和与人的相处出现了问题，孩子感觉比较孤独，或者觉得自己处处被排斥。

这些问题的主要原因是什么呢？是应对能力的缺乏，也就是生活能力的低下，而这些问题最根本的原因就是思维的欠缺。

如果一个孩子的生活能力无法得到提高，那么将来走向社会，他的工作要怎么处理呢？组建了家庭，他与自己身边的人要如何相处呢？这些都是要学习的生活能力。

我们再来看文化课的学习方面，如果一个孩子不能做到会学习，不能掌握一些好的学习方法，在读初中、高中、大学的过程中，他只有放下或者是摒弃生活中所有的其他事情，专注地学习，才能够把学业完成得很好。但是将来走向工作岗位之后呢？每个人在工作中都有很多事情需要兼顾，而且有时是一边学习一边工作。

因为现代社会发展很快，知识的更新换代也非常快，只有不停地学习才能够让自己跟上这个时代的步伐。

对于一个不太会学习、要放下生活中其他的事情才能够把学习做好的人来说，这个时候损失就会很大。他就会觉得自己无力去应对这一切，情绪状态就会出现问题。所以，学霸其实不单纯地体现在学校读书的这个阶段。

这些并不只是一个推理，而是现实生活中在所有出现心理困惑的人的身上反映出来的，也是焦虑、抑郁、强迫、恐惧等问题的诱因之一。个别原因在个别人的身上还会占有重要的比重。

因此，作为一个家长，如果在孩子小的时候没有教会他更好的学习方法，没有让他具备学习能力，那么，就等于在孩子长大之后给了他一个痛苦的生活状态。

教会孩子具备学习能力、学习方法才是真正为孩子未来的发展负责任的行为，这就相当于家长帮他构建了一个蓝图，然后他再用他自己的力量去把这个蓝图完成。

所以本着为孩子一生负责的态度，家长在教孩子学习的时候，在培养他成为学霸的这条道路上，不单要看他的考试分数，更要看一下他全方位的学习能力，包括应对事情的能力。

因为一个孩子无论分数有多高，如果缺乏应对能力，他长大之后的状态会比他小时候成绩不好还让你担忧。

在新闻上，我们经常可以看到名牌大学毕业的人去做一些相对来说比较普通、不需要消耗脑力的工作。大家都会很诧异，他为什么选择这样一份工作？虽然每个人从事什么样的工作完全是自己的自由，但是如果一个人的选择与他的实际状态相差很大，我们就要来分析一下他的心理状态了。

我在工作中就遇到过不止一位这样的来访者。名牌大学的博士生在工作的时候完全没有办法应对工作中的状况，甚至觉得这个工作他胜任不了。

遇到这种情况其实是可怜的，也是可悲的。可怜的是，一个孩子经过这么多年的辛苦拿到了博士学位，却只会学习、只会考试，除了这个之外他什么都不会、什么都做不好。可悲的是，家长们活生生地把一个人才一点儿一点儿地砍、一点儿一点儿地扼杀、一点儿一点儿地束缚成了现在这个样子。

我们可以想一下，一个孩子能够有学习文化课的能力，难道其他方面会比这个难度还大吗？一定不会，难度最大的也就是学习文化课。那为什么他会缺乏其他方面的能力呢？是由于家长的忽视导致了能力的空缺。

这就是为什么在现在这种社会状态下，我们会看到有太多的年轻人缺乏各种各样的能力，更有很多年轻人焦虑、抑郁，甚至有极强的强迫症。

当一个人有这样的问题的时候，除了遗传基因之外，其实更大的问题就来自他不会应对。这是由家长关注点的偏差导致的。现在的家长大多关注分数，并不太关心孩子的精神教育、人格教育和心理教育。

有越来越多的教育专家呼吁家长们改变和调整自己所关注的点，呼吁家长们更加全面地来看待孩子的学习。

这是一个值得我们重视和深思的话题，怎样让孩子拥有学霸能力、拥有什么样的学霸能力，是关乎一个人一生的重要问题。所以，家长应该认真地对待、全面地思考。

# 开学前如何让孩子收心

对于所有与孩子教育相关的书籍，家长们更希望从中学到可以让孩子学习更上一层楼的方法。学习热情或者是劲头有间歇性，也有时效性，所以时常调整就成为提高学习效率的重要因素。

在孩子的学习生涯中，每年都会有两个大的假期——寒假和暑假。可以说，无论是孩子还是家长，在这两个假期里都能得到充分的放松。

对孩子来说，假期中最重要的事情很显然就是吃、睡、玩儿，作业是排在这些之外的第四项内容。即便家长们会要求他们按时完成作业，但是无论是在孩子的心里还是在家长的心里，作业其实已经成了次要的。那么，对于新的学期而言，除了行为上的按时认真完成作业之外，最重要的是什么呢？最重要的是孩子放飞的心有没有真的回来，孩子对待学习的观念和真实的心理态度是什么样的。如果一个孩子只是在意识上表现出开学了，他要去上学，要认真完成作业，心理上并没有做好这样的准备或者有这样的想法，他在新学期开学之后的学习状态及他的学习成绩一定是打折扣的。如果孩子在心理上能够真的认定新学期开始啦，自己要认真学习，他对学习的专注力就会更大，无论是从思维还是意识的角度，他都会让自己投入更多的精力在学习上，学习效率自然也是事半功倍的。

那怎样在开学之前让孩子尽快回到学习状态，把心收回来呢?

### 1. 家长的观念对孩子的影响

有很多家长在孩子放假的时候比孩子还要放松很多倍，如早上不用起床做早饭、不用操心送孩子去学校，傍晚不用辅导孩子功课，晚上不用担心明天要早起，不用及时睡觉。所以很多家长的作息时间在这段时间就会变得没有白天黑夜。

对于孩子完成作业的情况，可能也只是问一下你写了多少、写到哪里了，并不会真的像上学的时候那样关心孩子写作业的情况。所以在开学前的一两周家长自己首先要调整过来，让自己的状态处于即将开学或开学以后的模式。第一个是作息时间的调整，第二个是家长对孩子学习态度的重视，第三个是对孩子假期作业的关注。

当家长做到这些的时候，孩子的状态自然会随着家长的影响而发生变化。让孩子从意识上开始重视开学和学习，他的心理关注度也就会慢慢地发生改变。家长的关注度越高，孩子的用心程度就越高。

### 2. 让孩子多翻书本

这个书本可以分为两个类别：第一个是假期相关的一些学习内容，让孩子自己来整理一下，看看有哪些没有做完的或者还有哪些是需要做的，让他们做到心中有数；第二个是看一些课外书。无论是什么内容的课外书，哪怕是漫画，当孩子翻开一页，上面还有一些文字的时候，他们的思维就会被这种情境所带动。此时的思维和他们同小朋友们玩游戏、看电视或者玩玩具的时候是不同的，会在不知不觉中把他们带入学习状态。学习状态是什么样的呢？学习状态是眼睛看着文字，大脑在安静思考的状态。所以，即便是看课外书也可以让孩子进入这样的状态，从这样的状态转换到纯粹的学习状态是很容易的。

如果孩子喜欢看一些科技类的、有趣的书会更好一些，因为这类书带动的思维会更多一些，而且这样的书里有很多知识，虽然有一些知识在他们当下的学习中或许用不到，但是随着孩子一天天长大，这些知识都会成为他学习中的知识点。

### 3. 整理自己的学习空间

学习空间包括自己的书房、书包和上学期学过的所有课本。孩子在整理自己书房的时候自然会对下学期的学习有一个思考，对书本摆在哪个地方有一定的规划。当有了这种规划的时候，他对下学期的学习就会有一个憧憬。如果我们对某件事情怀有憧憬，当这件事情发生的时候关注度就会多一些，而且是自然而然的好心情的关注，这样孩子就会更加喜欢学习。

整理自己上学期学过的一些书本会让孩子对之前的学习生活有一个总结，同时也是一种回忆和情境代入，在整理的过程中孩子就被带入了一个即将学习的状态里。

整理书包也是非常有效地让孩子收心的方法。对于新的学期，孩子们最喜欢的就是能够看到新的书本。在整理书包的过程中，他们会对新的书本有一个极高的兴趣。这种高兴趣的期盼自然会让他们心里比较惦记开学这件事情，开学之后的学习状态自然也是非常好的。

### 4. 调整孩子的作息时间

作息时间是与生物钟相联系的。经过一个多月混乱的状态之后，瞬间让孩子做到早睡早起是不太可能的。所以要在开学之前，最好是两周左右的时候就要让孩子按时睡觉、按时起床。可以在起床之后安排一些孩子感兴趣的事情，这样他就不会对这个行为有排斥了。这个调整是一个比较慢的过程，正是这个“慢”保证了孩子在开学之后的精力充沛。

## 5. 轻松学习、快乐学习认知的形成

我们不可回避，也不能否认有些孩子是不喜欢上学的，他们更不会期待新学期的开始。排斥上学的孩子无非有两种：第一种是学习困难者，第二种是交友困难者。

对于学习困难的孩子，家长要帮他解决的现实问题就是怎样在学习成绩上有所提高，而不是单纯地让孩子去上补课班补习，他的成绩就能提高了。要给孩子一个极大的信心、鼓励、肯定和赞美，让他们相信自己是可以做到这些的，而且在做到这些的同时是不痛苦的。掌握了一些学习方法之后，孩子是可以在学习中感受到一些快乐的，特别是成就感。关于学习方法和提高成绩的方法及注意事项，我们在之前的内容中已经讲了很多，这里不再赘述。

对于因为交友困难而排斥上学的孩子，家长要做的是教他们一些处理人际关系的技巧。家长要了解一下在与人相处的过程中孩子自身是否存在某些不恰当的地方，如胆子太小或者是认知上有一些偏差。家长要帮助他们解决这部分困惑，孩子对学校、对学习自然是不排斥的，甚至是有兴趣的。因为每一个人都需要社会支持系统，都需要朋友、需要互动，无论是大人还是孩子，学校就是孩子的小社会，同学就是他们互动的朋友。

帮助孩子总结上一个学期在学习上或者在学校生活中有哪些不开心和想要调整的地方，并在新学期开始之前帮他们把这些问题解决了，让孩子轻松快乐地来面对新的学期，是我们家长应该做的事。没有困惑的学习生活自然是快乐的，孩子的学习动力自然是强劲的。

# 会玩儿的孩子才会更成功

现在的孩子已经越来越不会“玩”了。在家里不能大声笑、大声闹，怕吵到邻居；在外面要注意形象，不能乱跑、乱跳，以免被说成没有教养；在幼儿园、学校要听话，要做乖孩子，不然老师不喜欢。这是现在的孩子被剥夺了的行为权利。

放学后，孩子们都进了一个又一个的补课班、兴趣班。在家里，孩子们除了可以看看电视、玩玩电子游戏之外，可能就是吃饭、睡觉了。

除了在学校的课间十分钟，孩子们也没有时间去和小伙伴们一起玩耍打闹。这是现在的孩子被剥夺了的时间权利。

一个下午，我在小区里看到很多孩子在休闲区打闹嬉戏，看着孩子们洋溢着笑容的脸庞，我能感受到他们发自内心的快乐。这种快乐是每个人童年记忆中都应该有的。

但这些孩子并没有享受多久这样的快乐，就有一位物业的阿姨走过来对他们说：“你们安静一点儿，已经有业主投诉你们太吵了。”

我看了一下时间，下午 4 点多。下午 4 点多的时间，孩子们在户外大声嬉闹、大声笑的权利都没有，想想也蛮让人心疼的。

这样的投诉会让家长觉得很没面子、很不好意思，所以更多的家长都习惯于把孩子圈在家里。

有多少家长能有时间或者愿意花时间陪孩子玩耍呢？上了一天班的家长要么很累，要么有很多事情要做，偶尔闲下来也希望自己放松一下、休闲一下。为了让孩子安静，只能让他们看电视或玩一玩手机游戏。所以，现在的孩子在小的时候被束缚得太多，少了很多他们应该拥有的自由。

想一想70后、80后，孩童时期都在随意疯跑、打闹，笑声甚至可以传出半个街道、半个村庄。

很多家长觉得我要让孩子成为一个有品质的人，要让孩子成为一个成功的人，就得让他从小就言谈合适、行为得体！

但是一个有品质的人，不是从来不会闹，从来不会嬉戏，而是对自己有要求，知道在什么情况下该做什么样的事情，这种自律是在成长的过程中建立起来的。

一个成功的人并不是从小就老老实实、寡言少动，而是要具备三种能力：学习的能力、应对的能力和快乐的能力。

第一，学习的能力。一个人要成长，要获得知识，要解决问题，学习是必需的，所以学习的能力是非常重要的。但并不是所有的孩子都具有良好的学习能力，学习的能力也并不是死记硬背。学习的能力指既具备接受新知识的能力，也具备把知识转化为应用的能力，就是把知识消化成自己的东西。

第二，应对的能力。每个人从一出生开始，就要学着应对各种各样的问题，比如说孩子小的时候，他想要到一个地方去，不会走的时候会用爬，会走的时候，他才用走；他想要抓一个东西，从最开始拿不住、拿不好，经过慢慢地练习，他能够轻而易举地完成。这些都是孩子小时候的应对能力。

随着一个孩子慢慢长大，他要应对的事情会更多，如怎样与人沟通，如何用自己的语言说服父母来达到自己的目的。和同学们、小伙伴们之间发生矛盾时怎样解决。再大一些，他会应对如何满足自己的需要，如何达成自己的愿望等。

第三，快乐的能力。如果一个人缺乏快乐的能力，不知道做什么事情可以让自己快乐，或者不知道自己应该拥有快乐的权利，像一个机器人一样每天只知道做事，总有一天会出问题。他会觉得活着干吗呢？活着是为了什么呢？

没有快乐感觉的人无法察觉到自己的所得。既然自己无所得，做事情的时候又怎么会有动力呢？

所以一个人需要拥有快乐的能力，要知道做什么可以让自己快乐，要知道自己最想追求的快乐是什么。这个追求既是发展的前提，也是发展的过程。

在培养孩子的过程中，很多家长都忽略了对这些能力的培养。

怎样让自己的孩子成才是每个家长都会考虑的问题，但怎样让自己的孩子成长是大多数家长忽略了的问题，而怎样让自己的孩子成人却是大多数家长都忘了的问题！

成才、成长和成人的距离究竟有多大呢？成才是某一方面的成就，成长是人生道路上的收获，成人是内心境界的层次。

家长们在要求孩子成才的同时剥夺了孩子的成长。

我们可以看到不止一则这样的新闻，那就是一个读了名牌大学的孩子走上社会后无法适应，或者读了名牌大学、有了良好工作的人生活得焦虑、抑郁，甚至痛苦不堪。

为什么会这样？因为在他们的成才之路上缺少了太多的成长，他们像机器一样每天复制、粘贴地学习、学习再学习，而这个学习也仅限于对文化课的背诵、练习。

除了这些学习以外，他们的生活中什么都没有，没有时间去欣赏大自然的万物，去看花花草草，去看白云蓝天；没有与小朋友们打闹的机会，没有学会与人相处的技巧，早早地脱离了他们的小社会。这自然影响了他们的社会活动，将来怎么能如鱼得水地走向社会、适应社会呢？

没有参与生活中琐事的机会，便学不会关爱与帮助，更不了解生活中的责任，又怎么能长大成人呢？

接触大自然可以在很大程度上增强一个人的感知力，没有了接触大自然的机会就限制了感知力的发展，也就没有了感知快乐的能力。他们自然感觉不到生活的美好，人生的焦虑、抑郁当然会不期而遇。

为了有一个好的成绩，为了成才，孩子们出了校门，就进入了补课班的门。在补课班学习之后回到家里还要做作业，然后吃饭、睡觉，明天依然重复着这样的生活。

有这样一个现象，就是带孩子们到大自然中去看花草树木、山石鸟鱼的时候，只有很少孩子能够发自内心地觉得这个世界很美丽，觉得树好漂亮，草好美，花好艳丽，石头好神奇，小鸟、小鱼好可爱，大多数孩子对这些东西都是没有感觉的，这样的孩子就少了很多对世界美好的感受。而在这部分孩子中，有一些天生就是这样子，有一些是这部分感知觉没有被开发出来，还有一些是这部分感知已经休眠了，被枯燥乏味的、重复的生活掩盖了。

无论学习的内容是否繁重，孩子在学校里一天的学习生活就像我们在单位一天的工作一样疲惫。如果你在结束了一天的工作之后还要去加班进行另一项工作，你的身心感觉是什么样的？疲惫、无奈、烦躁！那为什么你能忍心让自己的孩子也进入这样的轮回？

从小学到高中一直重复着这样的生活，孩子的学习成绩真的能够名列前茅吗？不能。

任何一个人的生活和成长都需要一定的空间与自由。任何一个人在繁重的劳作之下都会发生变化，如呆若木鸡、脾气暴躁、性格孤僻，甚至各方面能力不足。

为什么会这样呢？因为他们缺乏成长，而成长又是多方面的。大家都知道“短板效应”，若木桶有一块短板，木桶盛的水就会变少。孩子的成长就像木桶一样，家长让孩子拼命、重复地学习，只是增强他组成水桶的所有“木板”中的一块，而忽略了其他的“木板”，那他能盛多少水呢？

所以，成长不只是年龄长了一岁，聪明了一些，学习成绩又提高了一些。成长是年龄长了一岁，心智成熟了一些，眼界开阔了一些，能力提高了一些，对这个世界的认知清晰了一些，头脑灵活了一些，认为生活更快乐了一些。

但是，这些都是从哪儿来的呢？是从学习、玩耍、休息、自由、看电视、玩儿游戏、拥有每一个自己应该拥有的权利中来的。这样成长起来的孩子不仅学习成绩优秀，应对能力优秀，快乐能力也很优秀。

只会学习叫作书呆子，只会应对叫作滑头，只会快乐叫作堕落。

真正想让自己的孩子有所成就，三种能力缺一不可。

有一个很奇怪的社会现象，就是每个孩子都在补课，无论高年级还是低年级。其实孩子真正的学习是从初中开始的，小学时孩子们学习的内容非常简单，没有必要去补课，只要家长稍微用心一点儿就可以帮助孩子非常好地掌握书本上的知识。小学就是一个留住童年的时间，就是一个玩儿的时间。

学习成绩呢？考第一的孩子补不补课都是第一，考倒数第一的孩子补不补课成绩的进步都不大。如何真正让孩子的学习有很大的进步？我们说了无数次，即要让他们对学习产生很大的兴趣。

有很多家长都说过，我的孩子每个月花着高昂的补课费，一对一，找有名的老师补课，可是他的成绩为什么就是上不去呢？一位家长给孩子补课，补了一个学期又一个学期，孩子的学习成绩还是在原来的水平线上，家长无奈地说，那也要继续补，这样我就尽到责任了。

从某种角度上来说，这其实是推卸责任。因为把孩子送去补课班，家长更省心、更省力，他们不管孩子的内心感受是什么，不管是否有更快乐的方式让孩子的学习成绩更好。这只是对孩子尽了表面上的责任。

因为看上去他严格地管教孩子了，在学校老师管着学习，回到家家长管着学习，放学和回家的空当补课班的老师管着学习。看上去这个责任尽得天衣无缝，但这绝对不是在用心地教育孩子！

如果我们用心地教育孩子，就不能忽略孩子心灵的成长，不要剥夺他天生的权利——玩耍！

去补课的孩子真的都需要去补课吗？特别是低年级的、从一年级就开始补课的孩子们。

其实这些孩子都不需要去，也都没有必要去，是家长懒惰，是家长为了显示自己的责任心，花钱把孩子交给老师。这看上去很负责任，但这恰恰是非常的不负责任！

一个读小学的孩子所学的知识，在游戏的过程中就可以学会。小学阶段要培养的是孩子的学习兴趣，要开发的是他们的各种技能。

人与人之间是存在着差距的。如有些人头脑灵活，动手能力强；有些人学习、执行能力强；有些人善于交际，表达能力强。

不要小看这些不同的能力，每个人在自己擅长的方面都会发光，社会也需要不同的人才。发现孩子的才能，帮他快乐学习才是让他真正成才，成自己的才。

家长要做的不是占用他们所有的时间，把他们塞在老师的手中，把他们放在课本堆里。每个学霸都不是学习的机器，他们的聪慧、他们的知识 1/5 来自学校，4/5 来自生活。

你的孩子能否成为学霸，你的孩子能否成才，你的孩子能否生活得快乐，要看你给了他什么样的童年，给了他什么样的学习环境，给了他什么样的生活环境。

一个生活得快乐的孩子，一个玩儿得开心的孩子，才会是一个学得来劲的孩子。这样的孩子，未来的人生才会有他自己的光芒。

# 孩子的规则意识从哪儿建立

没有规矩不成方圆，每一个家长都知道，在教育孩子的过程中我们必须要帮他们建立某些规则，这样才能够对他们未来的生活有更多的帮助。

建立规则要用什么样的方式呢？什么样的尺度是孩子们能够接受的？怎样做才能既不给他们带来心灵上的伤害，又能让他们愿意遵守规则呢？

其实，了解建立规则的最佳时期，找到建立规则的巧妙方法，就可以解决以上问题。

孩子越小，规则建立越容易；孩子越大，规则建立越需要技巧。

我在我儿子身上做过两个关于认知的实验：一个是从他的手开始抓握起，我就每天在他的手里放一些小东西。然后在每一次出门之前我都会说把这个放下，我们要出去了。在他快5个月的时候，只要我做一些准备工作、抱着他即将出门的时候，他就会把手里的东西放下。

差不多与此同时，我发现每次给他东西，他接过来再扔掉或者是他玩儿着手里的玩具，然后突然扔掉的时候，眼睛就会看向门口。我猜这个时候他是想要出去了，便会带着他出去。

孩子这个行为的背后，他感受到或者认知到的是什么？

他发现这是一个规则，这个规则就是只要他手里不拿着东西，我可能就会带他到外面去。所以，当他想要出去的时候就会把手里的东西扔掉。

在这个规则之后，完成这样一个行为他能得到什么？他能得到的就是只有他手里没有东西的时候他才能出去，或者是如果他想要出去就要把手里的东西放下。

对于一个新生儿来说，他能够知道选择，也就建立了规则的最初模型。懂得了接受这样可以得到什么，接受那样可以得到什么，这个孩子就学会了衡量得失。其实也就等于规则或制度在他的心里扎下了根，日后这个孩子就更容易去接受生活中的其他规则。而在他的思维中不单是这一个规则的懂得或建立，还会生出一些其他规则，会连接到生活的各个方面。比如，他知道此刻我想出去，那我就需要放下手里的东西，同时他也明白了手里的东西是不能拿出去的。

在我带他去别人家玩儿的时候，无论他在别人家里玩儿了什么东西，有多开心，当我一说要走的时候，他会马上把别人家的东西放下。所以，我从不担心他会有过强的占有欲，也从不担心带他去别人家里玩儿的时候会惹出什么乱子。

这个规则意识的连接不只体现在这一个方面。比如说，我每次带他去超市，无论在他手里放了什么，当我一提到“走”这个字的时候，他就会把手里的东西放下。然后我就会拿出一张人民币，示意并且告诉他我们要买这个东西，并且示意他只买一个。最初，孩子并不能懂得“买”是什么意思，但是几次之后，他会发现妈妈用一张花纸换来了他手上的东西。而且此后我们无论到哪里去买什么东西，他从来不会出现要很多或者是看到一个东西不给他买就哭闹的情况。

长到两岁多的时候，他发现自己有两个想要的东西，便跟我协商，问我可以要两个吗？如果我告诉他不可以，不可以的原因是什么，他就会欣然接受。因为他已经形成了遵守规则的思维。这就是在孩子的成长初期教会他建立规则的重要性。

一个孩子从小就了解了规则这回事，深刻体会到了规则能给他带来的是什么，再让他接受新的规则的时候，他会很开心、很自然地接受，不会觉得有什么痛苦。所以，家长想要给孩子建立什么样的规则，让他有什么样的意识，可以在孩子很小的时候就对他进行这方面的影响。

很多家长都有一个误区，觉得孩子小的时候是最需要宠爱的时候，他们想怎么样就怎么样，等他们长大一点儿、懂事了再来给他们建立规则。

但是等孩子长大之后，有了自我意识，知道自己喜欢什么、想要什么的时候再来给他建立规则，他会接受得很痛苦。

更重要的是，孩子小的时候可以想干什么就干什么，自由随意已经形成习惯，再来改变的时候等于是打破了他已形成并喜欢的习惯，这个难度可想而知。

任何规则在孩子还没有形成习惯的时候建立是最简单、最容易的。

我在我儿子身上做过的另一个关于认知的实验，就是从最初每次哄他睡觉的时候，我就会把他的小枕头拿起来放在我的胳膊上，然后让他的头枕在小枕头上，并且配合相应的语言告诉他这是要睡觉了。

这就是为了让孩子区别睡觉和喂奶或其他玩耍时的不同状态。渐渐地，他就觉得睡觉这个行为一定是和枕头紧密相连的。也就是在他的意识当中，睡觉有两个非常重要的条件：一是有妈妈，二是有枕头。这种意识也会给我带来一个好处，那就是如果我特别忙的时候照顾不了他，别人帮我照顾他的时候他也会安然入睡，因为他睡觉的另一个重要条件——枕头在。

也正是因为这个意识，他第一天去幼儿园的时候就能够睡得很好，因为我把他的枕头带到了幼儿园。

在他 13 个月多的时候发生的一件事情，更加让我确定了规则意识对孩子的重要作用。

一天中午，我忙着其他的事情没有太顾及他。他应该是很困了，但是自己又没有办法爬上床，于是他就把他的小枕头摆在床边，然后侧着头，把头放在枕头上，站在那里就睡着了。他的整个姿势就是站在床边，只是把头放在了床边的枕头上。等我发现的时候，他已经睡得很香了。

这证明当时在他的意识中，睡觉的规则就是要有枕头。在儿童的意识中，有一种安慰在，他就不会太紧张或者焦虑。很多孩子小的时候都会闹觉，但在他身上却没有出现过这种情况。

所以，家长希望孩子长成什么样子，就要在他幼小的时候教会他什么样的规则。

这个时候的孩子就像一张白纸，你给他涂上什么颜色就是什么颜色。这是一个孩子性格塑造的最佳时期，性格离不开规则，只有懂得规则的人才能接受别人更多的行为，才能对自己有更多的约束，也才能更多地让别人接受他的行为。

但是这里面有一个需要注意的地方，那就是在教会孩子规则意识的同时，也一定要给他们足够的自由空间，让他们自由地成长或发展。

自由地成长或发展是奠定一个人成功的基础。一个人要想取得成功，就必须有自己的主张。对于孩子而言，他们的自我主张也是在儿童时期形成的。假如家长专注于给他建立规则，这个孩子会容易出现一旦没有规则就不知如何是好的情况。

所以，这个规则建立的范围不能太大，你不能对一个孩子的方方面面都建立严格的规则，这样就好像在生活中只给孩子画了一个很小很小的圈儿，他能做的事情就只有那么几件。这种行为就极大地束缚了孩子思维的发散性，对孩子的智商和情商都会产生不良影响。

# 孩子的好脾气从哪儿养起

一次，我在路上看到这样一个情景：在一个小区门口，一位年轻的妈妈用力拽着一个四五岁的哭喊着的男孩儿。男孩儿一边用力挣脱妈妈，一边大声哭喊："我不活了，我不活了"，然后就要冲向马路。这条马路是一个快车道，来往的车辆并不少。这位妈妈一边拉着他一边说："宝贝，对不起，宝贝，对不起。是妈妈错了，是妈妈错了。"

是的，这位妈妈真的错了。她的错不是跟孩子之间发生了什么，而是此刻她用这样一种妥协的方式消除孩子心里的愤怒。

她不知道她的这种行为只会助长孩子心里的愤怒，因为孩子在小的时候不知道自己哪些行为是正确的，哪些行为是错误的，孩子正处在他律的自我阶段，需要根据身边人的反应来界定他的行为是否正确。

这个孩子的行为产生之后，妈妈的反应是表达歉意，那孩子自然会认为他不愉快的感觉是正确的。既然他的感觉是正确的，他感觉很痛苦，他想要把这种痛苦发泄一下，他的行为是不是也正确呢？

这是孩子认知的角度，是他对自己行为的理解。家长的反应也会助长他此后做出类似的行为。

因为他的这个行为能让他获益——家长会妥协。每次在他这样剧烈地哭闹以后，家长的妥协使他满足了自己的心愿。在这种情况下，孩子怎么会规范自己的行为呢?

一个刚读七年级的孩子，在开学的半个月里已经被老师连续叫家长七八次了。老师对这个孩子的行为表示很惊讶，觉得这个孩子可能有自闭倾向或多动倾向，建议家长带孩子去做一个检查，或者看一看心理科。

因为这个孩子在学校从来不会主动与任何人沟通，他只做自己想做的事情，如他想和别人说话了，便不管是上课还是下课，都大胆地和别人说话。

其他同学上课的时候不敢说话，不理他，他就会愤怒地摔同学的东西或者打人。老师如果批评或制止他，他就会跑出教室，直到自己气消了再回来。

听完老师的话后，家长也突然觉得问题有些严重。家长并不觉得这个孩子有自闭或多动的倾向，因为他和家里人沟通是没有任何问题的，吃什么、用什么、玩什么、自己想干什么，所有的沟通都不存在问题。

但有一个问题家长是明白的，就是只要你让他做一件他不想做的事情，他就会大喊大叫。上小学的时候正是因为这个原因，孩子从来不写作业。因为他不想写，只要你要求他写，他就会大喊大叫、摔东西。

小学的时候，班主任提出了这个孩子身上存在的问题，但是家长传达了自己的感受，觉得孩子还小，现在不是管孩子的时候，等他长大一些再管会比较好，班主任也没再说过什么。

但是到了中学，家长觉得孩子长大了，得立规矩了，得让他学着与别人相处了，这时候才发现他们束手无策、无能为力，所以开始找心理老师。

可能大多数人看到这个故事之后会觉得又可气又可恨，觉得这个家庭中的家长除了爸爸妈妈，还有爷爷奶奶，为什么他们都意识不到教育的重要性呢?

详细了解情况之后才发现，孩子的爷爷奶奶特别溺爱孩子，从孩子出生开始，只要孩子哭一声，爷爷奶奶就会表示心疼、生气，甚至发火。

由于父母从小就没有教会孩子任何规则，对孩子的教养方式就是只要他喜欢就好，只要他笑就可以。曾经因为爸爸妈妈要管教孩子，把奶奶气得心脏病都犯了。

从那以后，这个家庭对孩子的管教就告一段落了，之后孩子所有的事情爸爸妈妈索性不管，全部交给爷爷奶奶处理，包括上中学后，老师一遍一遍地叫家长，爸爸妈妈也没有去过，而是让爷爷奶奶去。

爷爷奶奶这个时候才发现问题的严重性，才觉得需要让孩子学会与人相处。但是一个巨大的问题就是这个孩子长到这么大了，从来不能接受一丁点儿违背自己主观意愿的东西。现在让他在脾气方面进行调整，他得承受多大的痛苦？这件事情有多大的难度？家长们在帮孩子调整性格、脾气的过程中得操多少心？这个家里得有多少鸡犬不宁的时刻？

对一个脾气、性格已经形成的孩子进行这方面的调整，难度远远大于对一个新生儿进行脾气和性格的塑造。因为一个新生儿没有形成固有模式，所以你给他什么样的东西，他就接受什么样的东西。但是对于一个已经被染色成功的人，想给他洗白所需要付出的努力是可想而知的。

想要改变这个孩子的脾气和性格，首先要培养他的责任心，然后是帮他塑造自豪感，自豪感可以成就一个人强大的行动力和自信心。

虽然家长对这个孩子一直是百依百顺的，但实际上这个孩子是缺乏自信的。因为他清楚地知道，大家是因为宠爱他，才去帮他完成他的目标或愿望，并不是他自己真的具备这样的能力。所以在对孩子做脾气或性格的调整的时候，要帮他树立起自信，这样他才更容易改变。

孩子的好脾气需要从两个方面进行培养：第一个是在孩子的脾气没有形成之前就告诉他们什么是正确的，什么是好的，什么样是爸爸妈妈最喜爱的；第二个是在孩子成长的过程中，他们总会对一件事情有自己的感受、理解和行为，当他们对一件自己不能接受的事情感到痛苦的时候，家长要做的是帮他化解这种痛苦，并且帮他调整认知，让他知道他的痛苦是没有必要的。

很多家长都有这样的经历，比如说，孩子在搭积木的时候怎么搭都搭不好，有些孩子会急得哭，有些孩子则会生气地把积木推倒。有的家长会马上过去，把孩子批评一顿；有的家长则会马上过去帮孩子弄好。

这两种方法其实都不是最佳的。首先，当孩子有这样的情绪出现的时候，给他一点儿时间，让他把这个不合理的情绪消化一些、释放一些。然后，在他的情绪稍微平缓一些的时候，家长可以走过去问他玩儿完了吗?玩儿得开心吗?大多数孩子会在这个时候表示委屈，说玩儿得不开心。

这时我们告诉孩子如果玩儿得不开心，以后就不玩儿这个了，会有相当一部分孩子当场答应，但是马上又觉得不行，还是要玩儿，也会有一些孩子不会当场答应，而是迟疑地思考。无论是对哪种类型的孩子，这个时候家长都可以告诉他你玩儿积木是为了让自己开心，如果搭不好就难过，我们是不是还不如不玩儿它呢?

当把不玩儿积木带来的不开心和自己搭不好带来的不开心相比较的时候，孩子就能够清晰地知道自己会选择有积木可以玩儿。这种深刻的体验会让孩子发现自己情绪的不合理之处。

家长可以给他讲一些相关的励志故事，让他知道只要坚持就可以把事情做好，这不仅培养了孩子的好脾气，还让他了解了坚持的重要性。在生活中，这样的事情做过多次后，孩子就学会调整自己的情绪了。

# 听话的孩子伤在了哪里

几乎每个家长在衡量孩子是不是好孩子的时候，都会用他们是不是听话作为标准。

在家长的思维里，只要听话就是好孩子，不听话就不是好孩子。但是有多少家长想过你给孩子的这个命令、孩子需要听的这个“话”是不是正确的?

有很多这样的例子，在孩子比较小的时候家长们总是希望孩子能多吃一点儿东西，便拼命劝他们多吃。如果孩子这个时候多吃了，家长就会很安慰、很开心。

孩子小的时候吃得多了，胃口就会特别好，长大了就容易发胖。等孩子读到四五年级甚至更大一些的时候，家长意识到需要让孩子减肥了，就会拼命对孩子说少吃点儿。如果孩子这个时候不愿意少吃，家长就会说孩子不听话。

同样是吃，吃是家长让的，不吃还是家长让的！孩子这个听话是否受到了伤害？是！

有多少孩子的痛苦是吃带来的，家长们可能想象不到。随着孩子越长越大，他们有了自己的审美，如果一个孩子比较胖，他就会特别自卑。

在孩子们的世界中，也的确是更帅的男孩、更漂亮的女孩会得到更多人的关注和喜爱。

孩子到了青春期对自身的关注会更多，会更关注自己是不是够漂亮，是不是被喜欢。他们会特别在意有多少人关注着自己、在意着自己。

初高中厌学、休学的孩子中有相当一部分是身材微胖或者比较胖的。他们对自己的排斥、对关注的渴望、对与人打交道的胆怯，家长们是不能理解的。

有很多家长会说，我觉得你不胖啊，为什么你会觉得自己很胖、不漂亮或者不帅呢？因为家长既不能理解孩子的思维，也无法理解孩子的感受。这种伤害很多时候是吃出来的，也是家长的疏忽或错误的认知给孩子带来的。

很多家长觉得吃到肚子里的东西就是赚的，但是，比吃更重要的是吃出健康、吃出快乐。你让他多吃，他却因此感受到越来越多的痛苦，这不是一个有问题的思维吗？

面对青春期的孩子，家长们说得比较多的就是他现在没有小时候听话了，变得叛逆了！

孩子不听话了，这个描述本身就是不正确的。从理论上讲，孩子作为一个独立的人，他有自己的人权，自己的想法，自己的做法。

特别是孩子一天天长大，思维一天天成熟，见解一天天独到。作为家长，如果认为孩子不应该有自己的这些东西，那你不是在陪他长大，而是在让他无能。

在教育孩子的过程中，不是把他们教成另一个自己，要求他们必须听自己的话，而是应该教给孩子道德、品质、能力。在这个基础上，孩子可以有他们自己的想法、创造、发现。

对于孩子，我们是陪他们长大，而不是帮他们长大，更不是替他们长大。

所以对于不听话的孩子，家长不应该有困惑，假如你的孩子太听话，所有的事情都需要请你拿主意、要你帮忙，这才是你真的需要着急的。

其实，每个孩子都有一个最佳听话期。在孩子很小的时候，从他一出生开始，他就需要学习各种本领，了解各种知识，这个时候的他如同一张白纸，也是他的最佳听话期。

孩子出生之后，在学习基本的生活规律、生活技巧、生活常识的时候听话对他有帮助，因为这样让他们少了探索的时间，可以直接从家长那里得到信息，算是一个成长的捷径。

但是随着孩子一天天长大、获得的知识越来越多，他们就会通过学到的知识、经验有更多的新发现，开始有自己的主张，出现家长眼里“不听话”的行为。

家长们都希望自己的孩子听话，听话真的对孩子未来的发展很有帮助吗？实际上，很听话的孩子的创造力是有局限的，所有很听话的孩子，未来的成就基本上都不会太大，而且他们在家庭生活中也会矛盾百出。

然而在教育的过程中，孩子很小的时候家长一般都会跟孩子说“你要听话，你为什么就那么不听话呢，你要气死我吗”之类的话。很多孩子从小就在听这样的话，在他们的意识中，听话就是一个好孩子。但是听话的孩子不见得就是好孩子，因为家长的观点和想法并不都是正确的。而且真的很听话的孩子，同样会让家长很头疼。

在孩子渐渐长大之后，他们身边的圈子变得越来越复杂，他们需要接触和交往的人变得越来越多。一个习惯了听话的孩子在这个时候就会觉得特别困惑，甚至痛苦。因为一旦需要他自己拿主意和面对的时候他就束手无策，找不到方法，而又不能每一件小事都问家长。

成长的过程中也没有任何一个家长可以做到把和别人打交道时的每一个细节都教给孩子。所以，孩子在和其他人打交道的时候更多的是需要用到自己灵活的技巧和思维。孩子在小的时候是胆大的，是敢于创新和摸索的，长大之后，他们就会变得胆小一些，顾及的东西多一些。假如没有自己创新和摸索的成功经验，他们在此刻就会退缩。

比如说，一个初中甚至高中的孩子，当他和同学们共处的时候，大家商议周末一起去玩儿，想征求他的意见，他却不知道自己应不应该去，因为他心里首先想到的是要问一问家长。

虽然看上去这个例子并不可怕，但假如一个孩子的性格真的是这样的，他身边一定是没有朋友的，因为大家在跟他接触的过程中会觉得累。这个孩子也一定是不快乐的，因为他从来都不相信自己，但同时又很羡慕那些可以相信自己且能把事情做得很好的人。

自己很想，但是又做不到，这会成为他们心中一个非常大的痛苦的来源。不相信自己本身也会成为一个很大的痛点，他觉得自己就像是一个傀儡。没有办法把事情做好，又会成为另一个痛点。他如何能感受到快乐呢？在寻求心理咨询帮助的人群中，有很大一部分痛苦来自缺乏自信，找不到自己。

长大后生活得不幸福的人还有另外一类，那就是没有办法经营好自己情感的人。

这一部分人大多数都是自己没有主意，生活中和妻子或丈夫之间的事情都会向自己的父母报告。对于一个小家庭而言，父母参与太多，小家庭就会出现各种混乱，导致夫妻之间矛盾不断，甚至是离婚。

为什么会这样呢？有一大部分原因是他们依然在听父母的话，影响了自己和伴侣之间的关系。

但是父母并未察觉，在他们的感觉中，自己还在不停地为子女操心。就像有一对小夫妻，由于男方的父母参与得太多，小到他们晚饭应该吃什么、妻子应该穿什么风格的衣服，大到将来的孩子应该在什么地方上学，甚至孩子未来应该有什么样的工作，导致生活中矛盾不断，最终两个人都不堪重负，选择了离婚。离婚之后，他们又发现彼此之间是有深厚感情的，唯一受不了的就是父母的参与。于是他们想要复婚，可是男方的父母坚决反对，无奈之下，两个人过上了情人般的生活。

在这个故事中，我们可以看到父母操碎了心，却伤了他们自己孩子的心，结果是两败俱伤。

还有一个这样的伤害性事件。一个男孩儿在一所学校读书的时候，曾经遭到过别人的欺负，离开这所学校之后，男孩儿心里依然无法抚平这道伤痕，所以他决定报复。于是他放学后来到了这所学校，见到同学就用力去刺。灵活的孩子看到这一幕很快就躲开了，只有那些比较迟疑的、不太确定自己的判断是不是正确的孩子受到了很大的伤害，甚至失去了生命。

那些迟疑的孩子没有判断力吗？不，他们有，但是他们没有第一时间相信自己的判断力。

那些遭受校园霸凌、被欺负的孩子，大多数都是比较听话、比较内向的，自己没有主见，不知道维护自己权利的孩子。

假如他们能够清晰地懂得这些，当别人对他的欺负刚刚萌芽的时候，他就能想到一系列应对的办法或者是敢于把这些事情清楚地告诉家长，会避免很多悲剧的发生。

遇到问题不可怕，可怕的是不知道应该怎么办。遇到坏人也不可怕，可怕的是连求助都不敢就屈服于对方。

如果我们说是为了社会的发展、人类的进步，不要把孩子教育成一个特别听话的孩子，这个名头好像太大了，和自己的关系不太密切。

如果我们说为了孩子将来能更有自我，有自我的应对能力，有自我的主张，能够快乐地生活，所以不要让孩子做一个只会听话的孩子，那么，家长是否能感觉到孩子自我判断的重要性？

不要求孩子做一个非常听话的孩子并不是说不去管教他，让他不分是非地随意发展，而是说给他定一个大的框架，如对他的道德要求、品质要求、原则要求，在这个框架的基础上给他更大、更多的空间，让他自由发展，才是真正给了孩子一个好的起点，并且给了他一个自己冲刺的机会。

自己的美好人生是在自己的冲刺下实现的，因为这个冲刺是别人无法替代的。

# 别让你的唠叨毁了孩子

被唠叨是一种什么样的感受？对此，每个人都应该深有体会。因为我们都有妈妈、奶奶、外婆，基本上她们是唠叨的主力军，当然，也不乏有些爸爸、爷爷、姥爷加入唠叨的大军中。

几乎每个人成长的过程中，都深刻地记得他（她）们在我们耳朵上磨出的茧子。

因为每个人的人格特点不同，虽然人们对唠叨可能都比较反感，但有些人反感之后会一笑置之，而有些人会把被唠叨的言辞变为心底的烙印。

唠叨带给一个人的是什么呢？如果说唠叨可以毁灭一个人，可能大多数人都不会相信。

有这样一个实验可以向大家证明唠叨的强大功能。想必这个实验很多人都不陌生，因为与实验相关的文章很多，随处都可以见到。

实验小组找来两盆同样的植物，给它们同样的光照、同样的水、同样的肥料，确保它们基本的生长环境是一致的，唯一不同的是两盆植物中有一盆会受到人们的赞美，而另一盆要遭受人们的责骂，包括人们自身负面情绪的宣泄。

实验小组找来了1000名学生对这两组植物进行语言的刺激。为了公正，要求每一名参与实验的学生都要遵守实验的规则。他们会对一盆植物说赞美的话，会对另一盆植物发泄自己的情绪、责备或者是抱怨。这个实验每天都不曾间断，一段时间之后，那棵饱受人们指责或谩骂的绿植就垂头丧气，失去了生机。

30 天的实验结束后，那棵遭受人们指责或谩骂的植物就像生病了一样没有再长高，变得又矮又小，叶子枯黄，而另一棵植物却生机勃勃。

其实人的神经系统更是听话的，当你不停地向它传达一个指令或消息时，是会被听进去和被吸收的。

在生活中，有多少家长在跟孩子说话的时候是用正向的方式鼓励孩子的？很少有家长能做到，大多数家长在与孩子沟通的时候都会用一个相反的方式——挖苦、批评、指责。

当家长们用这种表达方式的时候，有没有想过自己采用这种表达方式的真正原因是什么呢？是为了激励孩子，是自身有负面的情绪，还是在内心少了对孩子的尊重呢？

大多数家长都是因为缺少对孩子内心的尊重。有些家长会觉得我是家长，我说了算；你的经验没有我多，我说了算；你是我生的、我养的，我说了算；管教你是我的权利，我说了算。

正是这些感觉把孩子推得离自己越来越远，对孩子的伤害也越来越大。真正懂得尊重孩子的家长才能够在教育的路上真正帮助孩子插上腾飞的翅膀。

那么，在教育孩子的过程中有哪些话是禁忌呢？相信排行第一的大家都知道，那就是很多孩子都被别人家的孩子比下去了。

有很多家长都说过：“你看谁家的谁！你怎么就不能跟谁比一比？”为什么非常多的孩子都被别人家的孩子所伤呢？别人家的孩子真的就有那么好吗？就好像有些孩子已经是学霸了，学习成绩非常好，但是在家长口中，他还是能听到“你看谁家的谁，性格多么开朗、多么懂得体恤大人的辛苦”。那如果是一个成绩不太好的孩子呢？别人家的孩子就是学霸。

别人家的孩子有那么完美吗？答案是肯定没有。为什么所有的家长都羡慕别人家的孩子呢？这是因为每个家长都充分地了解自己的孩子，却并不充分地了解别人家的孩子，只能看到别人家孩子身上一个突出的闪光点。

没有一个孩子是没有闪光点的，也没有一个孩子是没有缺点的。所以，作为家长的我们一定不能因为看到了别人家孩子身上的一个闪光点，就把他作为榜样来不停地跟自己的孩子重复。

我们不要用这种交换式的方式来伤害自己的孩子了，因为你所批评的这个孩子也是其他家长口中的那个满身优点的孩子，他们在自己的孩子面前也会对你的孩子有同样的赞美。

家长们如果真的希望给孩子一个积极的影响，就要看到孩子的闪光点，给他肯定、赞美，让他在把自己的闪光点发扬光大的同时影响他朝着更好的方向发展。

赞美和肯定是一个人行动的极大动力。当一个孩子有充分的动力的时候，他也更愿意且更有力量去让自己做得更好。

“学成这个样子，还好意思跟我提条件！”有多少家长说过类似的话？家长在说这句话的时候，有没有想过这句话会给孩子带来什么样的伤害？

这是一个带有贬义的否定句，所表达的含义是因为你的学习是这个样子，所以你不配跟我提条件。

试想一下，身为一个成年人，当你听到别人对你这样说话的时候，你的感受是什么样的呢？不要觉得孩子的感觉是迟钝的、不清晰的，你的语言不会给他带来伤害，其实他会有和你同样的感觉！

第一种感觉是失落，因为它兴冲冲地想跟你聊一些话题的时候，被你用这种方式打消了。

第二种感觉是愤怒，当一个人察觉到自己不被尊重的时候，他的感觉就是愤怒。

第三种感觉是消极，在你这种言行之下，他也会觉得自己真的不够好。更重要的是，这种言行对孩子做得多了，会让孩子失去跟你沟通的兴趣。

有很多家长在孩子十几岁将近 20 岁的时候来求助，说老师我真的没有办法跟我的孩子沟通。

每个人都是喜欢与大家沟通的，无论是多么内向的人，他的内心都是渴望与人沟通的。如果你的孩子不愿意跟你沟通，绝对不仅仅是孩子的错，一定也有你的方式不恰当的原因。

假如你发现了错误还不及时调整，当有一天事情严重到一定程度的时候，受到伤害的不只是你，你的孩子也要一起承担。

“这么简单的事情你都做不好，将来你还能有什么出息！我还怎么指望你？……”

如果说，上面那几句家长经常对孩子说的话是一种打击，那么这几句话就是一个严重的贬损。

贬损给人带来什么样的感觉？其实大家只要体会一下就能够理解，它会让一个人觉得自己一无是处！当你告诉一个人他一无是处的时候，最初他自己是不相信的，但是你一遍又一遍地对他说，这个观点就会慢慢渗透，他也就慢慢认为你说的话是正确的，接受了自己是一无是处的。

可能有些家长会说，那我每天告诉他好好学习，为什么不起作用呢？

这是因为在你告诉他应该好好学习的时候，他心里有一个防御机制在起作用，所以你说的这个话起到了一个相反的作用，等于你是在命令和指挥他去做一件事情，命令和指挥他的行为。

你告诉他一无是处，这是你对他的评价，而我们仔细观察就会发现一个奇怪的现象，那就是评价没有防御机制。也就是在评价的过程中，防御很难起作用。所以，当你对一个人频繁地说他不好的时候，你的观点是会被他吸收的。

最开始有这种观点和声音出现的时候，孩子还会有反驳的想法和动力，但是这个时候他在心里很大程度上还是相信自己的，也就是说，他的反驳和动力并不是建立在坚信自己的基础之上的。

当这种状态持续很久之后，他也就认定了自己是这样的一个人。因为这样的事情每发生一次，他反驳的想法和动力就会弱一些。

所以，无论你的孩子有多么不好，多么不争气，都并不单单是他的错误，他现在的样子也是由你的语言或行为刻画出来的。

孩子就像是小树，但是培养的过程和修理小树的过程是截然相反的。修理小树的过程是剪枝，培养孩子的过程是增彩。所以，你希望你的孩子成为一个什么样的人，那你就要用你的语言来让他相信和知道自己是怎么样的人。

在孩子成长、学习的过程中，家长要提醒自己有一些话是不能说的。

如果你希望孩子在人际交往上比较有能力，就一定不要在这方面贬损他。当他在学校与同学发生矛盾或者出现问题的时候，你一定不要对他说“你怎么这么没用？你怎么总是被人欺负？你怎么总是惹事？”之类的话。

孩子在与别人交往的过程中，有些事情处理不好并不是他没用。因为每个人的成长都是慢慢学习的过程，包括与人交往的能力。

在孩子与别人发生矛盾的时候，家长要做的是给他引导，教会他如何处理这些问题，让他拥有处理问题的智慧，而不是对他的行为进行评价。

孩子被别人欺负，并不是因为他无能，而是在孩子的世界里，他们之间出现的小摩擦非常简单。之所以会形成和出现被别人欺负的情况，是由于孩子不知道如何处理，这种情况之下需要的还是家长的引导。有些时候并不是孩子会惹事，而是事会惹到孩子。

在很多校园霸凌事件中，被欺负的孩子其实都是因为不敢让家长知道，担心家长认为他惹事，所以就采取了息事宁人的方法，这才导致事情的恶化。

在教育孩子的过程中，我们要尽可能少给孩子负面的评价，多给孩子一些帮助。如果家长觉得自己是聪明的、有能力的，那么你的聪明和能力来自哪儿呢？同样是来自学习！所以，孩子不会一点儿都不奇怪，只是因为他还没有学习到。

在学习方面，如果你希望孩子的学习成绩很好，就永远不要盯着他的卷子，看着他的错题对他说“这么简单的题你都不会。平时挺聪明，就是不往学习上用。学习这么简单的事情都做不好，将来你还能干什么，长大了也是个废物。给我把心用到学习上，别想那些没用的，有本事跟谁谁比比学习。把学习的事情搞好了再来跟我提条件”之类的话。

有多少家长对孩子说过类似的话。很多时候，这种话家长是在不经意间说出来的。在家长的心里孩子也并非一无是处，那为什么一定要用这种恶毒的语言呢？

家长在说这样的话的时候，是觉得这样的刺激对孩子起作用，还是因为一时口快、图个痛快呢？

如果你认为这样的话对孩子能够起到激励作用，那么你想错了。

真的想让孩子改变，就不要用这样的方式跟他说话，原因我们在前面已经讲过了，这里不再赘述。

有些家长在说这样的话的时候真的是图一时口快、自己痛快。这时候你就真的要认真思考一下你的一时痛快毁掉的是什么，它毁掉的是你的辛苦，是孩子的未来。

语言可以是鲜花，也可以是冰雹、是利刃，就看你用什么样的方式来表达。所以，管住自己的嘴，用友善的表达方式去表达自己的意见。

如果你希望孩子的学习成绩能够提高，在你看到他的试卷的时候要先忽略他错的题，先看他正确的部分，并且就他正确的部分给予肯定。

要知道适当的骄傲是人的一种动力，有了这样的小骄傲后，他就会更加有动力，要求自己朝更好的方向进步。

不要老是要求孩子做到更好，家长要给他的是动力，而不是要求。有了这个动力之后他会对自己有要求，会自己努力、自己拼搏、自己追求。要求只会让他反感、疲惫、厌恶，甚至愤怒。

有太多的家长在孩子的学习上永远不能满足。孩子考了第三，回来家长会说争取考第二，孩子考了第二，回来家长会说争取考第一。

我们前面提过这样一则新闻：排名第二的孩子把排名第一的孩子给杀了。这么急于让自己排名第一，他的这个想法是从哪儿来的呢？是从家长这儿来的。家长总是希望孩子能够努力冲刺考第一。而考第一的意义是什么？第一和第二就未来的人生而言有什么区别吗？

如果一个孩子不能接受人外有人，天外有天，将来他又该如何在这个世界上生存，他会被自己气死的！

所以，不要做钻牛角尖的家长，要做有智慧的家长，要真正地相信你的语言就是雕塑孩子的那把“刻刀”。

## 教孩子各种能力，是为了帮他应对无法逃避的世界上最苦的事

大多数家长在看着自己可爱的孩子的时候，都想给他们这个世界上最大的快乐、最大的成功、最大的轻松、永远的幸福。

我们在陪伴孩子的过程中，眼睛里看到的是可爱的小宝宝、顽皮的小儿童、活泼的小少年、美丽的小公主。

这会让很多人不自觉地重点关注孩子的当下，关注孩子此刻开不开心、高不高兴，而忽略了孩子明天会怎么样，明天孩子可能会遇到哪些事情，应该如何应对这些事情等。

家长总是不知不觉地就代替孩子做了所有的事，比如说，一个 4 岁的孩子还要家长喂饭。家长的观点可能是他自己吃得太慢或者他自己吃会弄得到处都是，还要打扫、收拾，不如喂他。还有一部分家长觉得这件事情对他来说太难了，而自己轻易就能喂他，就不需要他费这个劲儿了。

但是这样一个简单的小事情，如果我们帮他做了，孩子就少了一个学习、锻炼的机会。

简单的小事情你都帮他做了，他没有锻炼的机会，遇到难度更大的事情，你让他自己去做的时候，他是不是要付出更大的努力才能完成呢?

这相当于孩子在爬楼梯的时候，你觉得一级台阶离地面很近，可以越过

去直接跨到更高的台阶。

这样比喻之后，家长是否能够清晰地看到你的这个代替行为实际上是在给他制造更大的难度？

在孩子小的时候，他们探究的欲望很强，很愿意自己去做各种各样的探究，并且不觉得有难度，不觉得累，不觉得烦。

这个时候我们要让孩子随意去探究，让他接触更多东西。这样做除了能够学到更多，懂得更多之外，还会令他变得勤劳，他会觉得他做很多事情是理所应当的，而且是轻松愉快的。

我在我儿子身上做过很多次这样的实验。让他去做一些他力所能及的、自己应该做的事情，在做这些事情的过程中他是很开心的，总是哼着儿歌，劲头十足。

比如，在他很小的时候，我让他洗自己的袜子、洗自己的小毛巾。他并没有觉得这个事情有多大的难度，因为我没有要求他做成什么样子，只告诉他应该怎样做。所以，每次他按照我教给他的方法做完之后都很得意，并且会问我他做得好不好，我会先给他肯定然后再提出一些建议，但是不会要求他马上修改，但如果他想修改，我会再给他一些肯定。如果要求他马上修改会让他产生一种挫败感，会降低他对这件事情的兴趣。只要告诉他做所有的事情都会熟能生巧并不断进步，他就既会对这一次的事情感到高兴，也不会对下一次的事情感到排斥。

所以到了小学阶段，他不仅可以洗自己的衣服，还会在我没有时间的时候洗全家的衣服，包括擦地等一些家务也都会做，而且在做的过程中他既没有不情愿，也没有唠叨，一直很愉快地哼着歌儿。

在孩子很小的时候，做任何事情对他们来说都是玩儿，包括家长眼里的干活，如洗袜子或吃饭等。

家长看到孩子洗袜子洗得很慢，很不熟练，吃饭的动作也很不标准，撒得到处都是，会认为让他做好这些是一件很有难度的工作。

其实，家长可以回想一下，他们在玩儿的时候是不是也是这个样子呢？比如垒积木，有多少孩子是垒了倒，倒了再垒，垒了再倒呢？但是他们依然很专注、很开心。

他们玩儿一辆小汽车，反反复复地沿着一条线路走来走去，却一点儿也不觉得厌烦，反而觉得很有意思。

所以，家长不要用自己的感觉来定义孩子的感觉。而且越小的孩子，对待事物的感觉和大人对待事物的感觉越不同。

在孩子稍微大一点儿我们想让孩子做些什么的时候，首先不要给他这是一个工作或者这是一件事情的感觉，只需要让他知道这类似于一个玩儿的过程，这样他心里对这件事情就不会有排斥感，玩玩具或者是学着做某件事情，也就不会认为这件事情是自己做不到的或有难度的。

无论我们给他什么样的任务，只要告诉他怎么去做，他都可以慢慢地、一点一点地去把这些事情做完，这就是一个对孩子的锻炼。

等孩子长到六七岁、懂得了举手之劳和难度之间的差别之后，他就会抗拒一些对于自己来说有难度的，需要花心思、花体力的事情，这时候再教他做一些事情会比较困难。

在孩子成长的过程中，帮他们把一些事情做了，他们的探究欲望慢慢就会消退，孩子也就不再想要去探究，会变得懒惰，而且他们还会觉得家长帮他们做很多事情是理所应当的。

一旦有一天家长不想帮他们做了，他们心里就会产生一种抵抗的情绪，还会带着一些伤心和失落，觉得家长不够爱他们了，对他们没有以前好了。

所以很多家长在孩子小的时候，帮孩子把很多事情都做了，到孩子进入小学阶段，家长觉得需要给他建立规则、让他学会很多东西的时候，会发现难度非常大。

这个时候又会形成一个恶性循环，家长看到孩子在做这些事情的时候做得不够好，感觉对他来说难度比较大，就会忍不住一边批评一边帮他做。

一个孩子形成了懒惰的性格底色，并且形成了他人来帮我或者替我做这样一种认知之后，再来对孩子做一些改变或改造，他会觉得非常痛苦，痛苦之外还会有一种排斥或恐惧。

他会想，为什么以前我那么快乐，什么都不用做，但是现在却需要做这么多的事情，从而对自己现在的生活有些排斥，更会对未来产生恐惧。因为家长在向他们交代任务的时候会说：你要学会这些，不然将来怎么办？这会让他觉得将来是件很可怕的事情，心里就会产生一种消极的情绪。我们要清楚地知道，无论什么年龄段的人，无论是孩子还是大人，消极情绪都是一种可怕的情绪，它可以让个体感受不到快乐，感受不到力量，所能感受到的只有悲观和回避。

一个从小就会自己打理很多事情的孩子是很有胆量的，他不认为生活当中或者这个世界上有什么事情是特别有难度的，他会有一种强大的自信，认为无论是什么事情，只要自己去做了就能把这件事情做好，哪怕过程中会出现一些误差，自己要经过一些调整，但反反复复、来来回回之后自己最终会把这件事情做得很好。这是培养孩子自信的一个重要方法，也是孩子获得自信的一个重要方面。

教会孩子应对和处理生活中的事情，看上去可能只是在培养孩子的行为习惯，但它实际上包含了心理能量。

如果一个孩子很多事情都做不好，很多问题都没有办法应对，他是不会有心理能量的。

这就像是一个恶性循环，越是不会做的事情，他就越是否定自己，越是没有心理能量；越是没有心理能量，他就越是不会做事情。

有些孩子在上了幼儿园之后，家长担心孩子在幼儿园里会受委屈，会不停地询问或观察孩子在幼儿园里遇到了什么事情。有些家长无论什么事情都会出面帮孩子解决，哪怕孩子想跟一个小朋友玩儿，但是这个小朋友不太喜欢跟孩子玩儿，家长都会去找这个小朋友商量，你跟我们玩儿吧，阿姨给你什么什么。

这就会让孩子觉得如果他想要跟别人有接触、做朋友，就需要家长来帮忙，他从来没有体验过成功的感觉，也就不相信自己能够做到。

这个时候家长要教孩子如何与小朋友交流、沟通。无论孩子有多么胆怯，只要家长给他足够的鼓励，他就会有勇气去做。比如说，一个很少给孩子吃棒棒糖的家长就可以鼓励孩子说：“你去跟他说想和他一起玩儿，可不可以？只要你把这些话说了，无论他是不是跟你玩儿，我都会奖励你一个棒棒糖。”

这个时候，孩子的心里就有了一个强大的动力，这个动力已经不仅来自他能跟小朋友玩耍，还来自这个棒棒糖。

他会鼓足勇气让自己来做这件事，因为他可以获得两个好处。孩子虽然小，不能清晰地描述出好处能给他带来什么，但是他知道这些好处都是吸引他的。如果他成功了，他会非常开心，因为他有了朋友，也有了棒棒糖，更重要的是他有了胆量，以后再发生这种事情的时候，他就有了经验，会按照自己的经验来做。

即便他失败了也没有关系，他还得到了一个棒棒糖。这种吃到棒棒糖的补偿会瞬间抵消他之前的失落感和挫败感。

对于与小朋友们之间的矛盾和冲突、老师对小朋友的批评，如果家长都出面解决，让孩子不用去操这份心、不用去管这方面的事，就扼杀了孩子应对事情和处理事情的能力。

很多人会觉得孩子是刚上幼儿园的小朋友，什么都不懂，什么都不会，不必去处理这些事情。但是孩子所面对的也是幼儿园的小朋友，也就是说，同龄人之间的社会规则他们是懂的，他们的沟通是没有问题的。这样的一个沟通过程就像实习一样，是在学习各种能力。

如果一个孩子在幼儿园的时候就能够很好地跟其他小朋友做这种关系上的协调，处理发生的问题，到了小学阶段就不会有学校恐惧症，也不会排斥跟同学之间的接触和交往。而那些到了小学阶段，同学之间发生矛盾还要家长出面解决的孩子，永远无法学到和掌握这些技巧，一旦遇到这类问题就会紧张、恐惧，甚至有些上初中的孩子连自己去买一些基本的生活用品或自己喜欢吃的小零食的能力都没有。

在工作中，我曾不止一次地遇到这种案例，如一个上初三的男孩子出现了厌学的状态。详细沟通下来发现是因为他在学校里没有朋友，不知道应该怎样和别人相处，觉得他没有办法插话，像空气一样。

没有比较就没有伤害，有很多孩子伤在了自己和别人的比较中。比如，这个孩子看到某个同学身边总是围绕着很多同学，大家都很喜欢他，大家和他聊天都很开心，可是自己呢？没有任何一个同学喜欢和自己玩儿，自己也不知道应该怎样和同学聊天。

在这种对比之下他会给自己一个极大的否定，认为自己很差，所以大家都不喜欢自己。

对于一个人来说，生活中很重要的部分是什么？是自己的圈子。如果一个人没有自己的圈子或在自己的圈子中总是用让步或吃亏来维系与别人之间的交往，他的内心自然是痛苦的。

有很多这样的案例，大多都是刚上了大学的孩子或者是上了大学有一段时间的孩子，他们脱离家庭之后的生活状态一团糟。

习惯了按照家长布置的任务来做事情的孩子在进入大学、脱离家庭之后感受到的是慌乱，不知道该从哪儿入手，不知道应该做些什么，即便是明白自己要上课，但是自律能力非常差，很难按时做到这些。

习惯了依赖别人的孩子在脱离了家长，没有了可以依赖的人之后，他们就会把这种依赖转嫁到同学身上。

从表面上看，他们是寻找到了另一种亲密关系，但其实这种关系是建立在不公平的基础上的。通常情况下，有这种性格特点的孩子会为了维系住这段关系让自己受很多委屈。比如说，陪别人去做一些自己不喜欢做的事情；当有冲突和矛盾的时候他们会选择让步，形成了讨好型人格。

原本就没有自我，原本就不知道该如何应对生活中所遇到的这些事情，再加上形成了讨好型人格，这类孩子就会变得更加慌乱无措。

有些时候孩子在学校遇到一些问题不能应对时，会求助于家长，问家长这个事情自己应该如何处理才好。

有很多家长因为担心孩子惹事，就会采取让他们退让的方式，比如说，告诉他们吃亏是福！

但是吃亏真的是福吗？吃亏可大可小。如果孩子能从心理上认为这件事情没那么重要，自己损失就损失了，吃点儿亏就吃点儿亏，这对于他来说是福，因为他内心不计较。

但如果孩子内心对这件事情是在意的，且冲突的发生是两个人的观点不合，或者是意见不同导致的，这个时候让孩子选择退让，放弃自己的观点甚至是自己的利益，其实是更进一步地扼杀了他的自我，而且他心里是很不舒服的。但是基于他对这段关系有一个极强的需要，不得不去这么做，就会形成一个强大的心理冲突。这种冲突一方面是不认同，一方面又要低头，孩子的感受如何可想而知！更重要的是当孩子学会了用让步和放弃自己的观点或利益与别人相处的时候，他会觉得很累。

当他发现自己是别人的附属品或者是自己要依附在别人身上的时候，他对自己也会有很强的愤怒感。

不要忽略轻视这样的感受，有很多抑郁的人、焦虑的人，甚至是放弃自己、破罐破摔的人都有这样的心理感受。

长大之后孩子的心理感受会是什么样的呢？一个智商健全的人都会看一下别人再看一下自己，也就是拿别人跟自己比较。

当他发现在别人看来是一件非常小的事，很容易做到，但是自己却找不到方法和方向、不敢去做的时候，他就会思考自己为什么会这样。

这是一种自卑和困惑的状态。这两种感觉会困住一个人的很多东西，包括他们对生活的积极态度和对快乐的感受。

有些家长会觉得我把他所有的事情都安排好了，比如说，我给他雄厚的财产，给他一个好的工作，只要去做他分内的事情，他就可以无忧无虑地生活到老。但是给了孩子雄厚的财产，他真的就可以无忧无虑地生活到老吗？那是不可能的。

一个人无论拥有多少钱，都要去跟别人打交道，去跟别人交往，而与人交往的过程中，即便是你有再多的钱，如果没有方法、没有情商，人际关系也注定会出问题。

大范围的交往不谈，就亲密关系而言，如夫妻之间、亲子之间，如果他什么都不会，情商很有局限性，他与自己的伴侣和孩子之间就会出现问题。

这些问题足以让他焦头烂额、痛苦不堪。

有一个年轻的妈妈就面临着这样的痛苦，最终她选择了放弃自己的生命。

在她长长的遗书中，她觉得所有的事情都太累，她害怕和人打交道，她不知道怎么和老公相处，也不知道应该怎样和孩子互动玩耍。

她觉得她的大脑里面全是问号，这个事情我应该怎么做，这个事情怎么做才会更好？为什么他们对我行为的反应显得如此别扭！为什么自己已经非常努力了，却做不好任何一件事情。工作出问题、情感出问题，就连孩子都不喜欢自己。

很多家长对孩子的溺爱让他们替孩子做了人生中所有的事，让孩子不需要操心，但是家长忽略了无论帮孩子做多少，他们长大之后都要面对一件事情——情感。

一个有能力的人，可以很好地处理自己的情感。一个没有能力的人，自己的情感会一塌糊涂、问题百出、痛苦不堪。

情感带来的痛苦身边的人是没有办法帮忙的。既然每个家长都不可能帮孩子阻挡这种痛苦，也就不可能代替孩子来经历这些，那么，我们能做的就是教给孩子各种能力，让他有能力来面对这个世界上难度最大却又无法逃避的事情——情感。

## 微笑的批评和严厉的批评联合并用更起作用

一个令无数家长头疼的问题就是，在孩子成长的过程中，批评的尺度应该是什么样的呢？是多一些、更严厉一些对孩子更有帮助，还是少一些、宽松一些对孩子更有帮助呢？

每一个孩子都是调皮的、自律能力比较差的，甚至是任性的。家长会担心不批评或者少批评，这个孩子就没有办法真正成人、成才，更不可能有成就；如果批评，又怕一不小心给孩子带来心理上的伤害。

孩子成长的过程是一个不断调整、不断修正、不断学习的过程。这三种状态很少是孩子自己能够察觉并且做到的，基本都要靠家长的提醒、引导、指点，甚至是命令来完成。

那么，在实际应用中，对孩子的批评究竟怎样才能恰到好处呢？

有些家长对孩子的态度比较温和，所有的事情都以和颜悦色的形式传达。温和的家长可以给孩子更宽松的生活氛围，也可以让孩子有更多的愉悦感。而孩子在与这样的家长互动的过程中没有压力，也会有更多自我的东西展现出来。

可能很多人看到这里会觉得这样的方法很好，其实这样的方法也有两个很严重的弊端：一是孩子永远无法认识到某件事情的严重性，二是孩子的自尊心会比较脆弱。

但是，不能说这种方法不可取，因为这种方法可以让孩子深刻感受到家长对他的爱。所以，当我们用这种和蔼的表达方式的时候，哪怕是批评孩子，孩子的感受都是家长带着爱来批评我。他能确定家长是爱他的，也能确定家长此刻在批评他，在这个爱的前提下他自然而然地就接受了这个批评，承认了这件事情是他做得不正确。

这个时候他对改变这个行为，进而把这件事情做好就有很强的心理动力，这个动力来自家长对他的喜欢和爱。喜欢和爱其实无时无刻不在传达着接纳，也就是孩子感受到的是家长对他的接纳。

但是，生活中不是所有的事情都可以用和蔼的方式来传达的，如频率一样就没有了轻重之分，在孩子的感觉世界里，他会认为这些事情都一样。

举个简单的例子，假如孩子做作业的时候不认真，某项作业没有完成，家长可以和颜悦色地跟他说这件事情。因为写作业虽然很重要，但是一次作业没有认真地完成并不会给他的未来造成太大的影响。每个成年人，谁没有过工作不认真的时候；每个学习很好的孩子，谁没有过偶尔不认真写作业，甚至是没有写作业的经历？所以，一次作业没有认真完成或者根本就没有完成，不是一件非常重要的事情，家长用温和的方式表达自然也是合适的。

但是如果孩子玩儿一些危险的东西，如打火机、火、电等，家长看到后依然用和颜悦色的方式对他说，他就无法察觉到这件事情真正的危险，就会出现有些家长抱怨的“可能是我对孩子的态度太好了，所以平时我跟他说什么都不起作用”的情况。

如果希望我们对孩子说的话能够引起孩子的注意和重视，刺激的强度就要有大小之分。比如说，我们在纠正孩子某个并不重要的错误行为时，就可以用和颜悦色的方式，但是如果这个行为会导致严重的后果，就必须严厉一些，让孩子意识到这件事情的严重性。

就像前面这个例子，先要让孩子感受到这件事情的严重性，才能够引起他的重视和注意，以后这样的事情才会不再发生。

也有些家长觉得对孩子严厉才能够起到作用，因为严厉他才会害怕，害怕才会去调整和规范自己的行为。

这个逻辑的确成立，大多数情况下，对孩子进行严厉的批评会更有约束力，但是如果对所有的事情都用严厉的态度来对待，孩子在小的时候会按照大人说的来做，看上去好像很完美。但是孩子的快乐感受性就没有了，他会觉得为什么在别人父母那里不是事儿的事儿，到了自己父母这里就好像不可饶恕的错误一样。特别是在孩子长大之后，这些东西都会成为他心里的伤痕，回忆起儿童时代，他不觉得自己有什么快乐的地方。

更重要的是，这种管教会对他长大之后的生活产生影响。首先，这种状态会让一个人的灵活性降低、不懂得变通，而在现实生活中很多事情如不能够灵活应对、不懂得变通就会带来很多麻烦。其次，这样的经历会让一个孩子觉得他的世界是阴冷的。因为父母的严厉会让他觉得缺少温暖，缺乏温暖的孩子长大之后他的动力也不足。

虽然他可以像所有人一样工作、生活，但他更多的是在为做事情而做事情，少了那种发自内心的愿意，也就是说，他的生活模式是被动的，在这种状态下如果继续有挫折出现，他就很容易被打垮。

有一些孩子每天面对着这种严厉，时间久了，他就不觉得这种严厉可怕了，因为他感受过了，在他的感觉系统里会认为也不过如此。

有一次，我在接儿子放学的路上，前面有两个稍微大一些的孩子，感觉也就是五六年级的样子。其中一个孩子对另一个孩子说，你到家之后咱们就来玩儿游戏，你到几区去找我。另一个孩子表示不行，说今天下午爸爸在家，爸爸如果发现他玩儿游戏会打他。这个孩子不以为然地说："用一顿打能解决的事儿就不叫事儿，打一顿能怎么样？你会少块肉吗，还是他能把你打死？我爸也打我，我也照样玩儿！"

这个孩子在很霸气地给另一个孩子传授挨打的经验，显然这个孩子挨打经验丰富，但是挨打并没有让他改变什么。

为什么会这个样子呢？难道挨打的时候孩子不疼吗？挨骂的时候孩子的心里不难过吗？会疼也会难过。但是当一种状态持续存在的时候孩子就对它有了适应性，一旦适应了，挨打的警醒作用也就没有了。

有时和蔼、有时严厉则是一个鲜明的对比。家长和蔼的时候，孩子是能够清晰地察觉到的，这个时候他心里没有恐惧，还有些许的内疚，同时他也能接收到这个善意的信息。当家长严厉的时候，孩子会立刻紧张起来，同时他印象中家长和蔼的样子会让他觉得严厉实在是太可怕了，为了远离这些可怕的严厉，孩子就会尽量让自己少犯错误。

在教育孩子的过程中，做家长的不应该希望孩子真的怕自己，因为孩子怕你，对孩子、对教育一点儿好处都没有。

家长们真正希望的应该是孩子对家长说的话有一定的重视，能够真正看到一件事情的严重性，也就是我们说的话在孩子的感知觉当中能起到一定的警醒作用。

要想起到这个作用，就一定要注意刺激频率的强弱程度应该不同，这与我们在朗读一篇课文、朗诵一首诗的时候要有声音的高低起伏，要有情感在里面才能够把人带入这个情境是一样的。

所以在批评孩子的时候，尺度的掌握非常重要。掌握好尺度不仅可以让孩子分清楚哪些事情重要，哪些事情次要，还能让孩子对发生的事情有深刻的记忆，这样孩子才能真正有所改变。

# 怎样让孩子学会自律和自我管理

每个家长都希望自己的孩子能够非常自律，并且善于自我管理，这样在孩子成长的过程中家长会省很多心，孩子的未来也会有更好的发展。

其实，无论是对于孩子还是大人来讲，自律和自我管理都非常重要。自律的人往往都是成功的，他们可以要求自己在什么样的情况下做什么样的事情，而不被一些东西吸引或诱惑。比如，一个正在学习的孩子可以让自己完成学习任务之后再去玩耍；在课堂上遵守纪律；能够很好地管理时间，在需要工作的时候让自己进入工作状态。

但实际上，很多时候、很多人很难做到自律。现在“拖延症”这个词被越来越多的人熟知，正是因为在生活中大多数人都会被拖延这个行为绊倒。

一个孩子在假期快要结束的时候才开始拼命赶作业，一个文案在拖到不能再拖的时候才连夜赶稿子……这些看上去似乎不是非常重要的事情，但是身为家长，我们却能够深刻地体会到孩子做事拖延带来的成绩上的影响和内心的焦虑。

一个深陷拖延症的人才能深刻体会到自己一边拖拉懒惰，一边明确地知道不能再拖了这种纠结心理，才能够明白自己的行为让自己产生的对自己恨铁不成钢的那种感觉。

自我管理还涉及一个比较大的问题——提前消费，如现在的校园贷其实就是提前消费服务。而那些自我管理能力比较弱的孩子禁不住提前消费的诱惑，为校园贷提供了市场，刺激了校园贷的产生和发展。

这一部分孩子就是被其他东西吸引了，比如名牌衣服、名牌包、最新款的手机等。看到别人有什么，他们就希望自己也能够有什么。

每个人的原生家庭不同、成长环境不同，综合状态自然也不同。但是在这些因素的诱导下，他们不能客观地分析自己的不同，也不能找出一个合理的满足自己欲望的方法，在这些欲望的驱使下又不会去衡量得失，更不会去顾及这件事情带来的后果，只是希望能达到这个目的。

我们都知道校园贷其实很简单，只要当事人拿着自己的身份证拍一张半裸的照片就可以了，但半裸的照片已经涉及了原则和底线。

一个不能自律的孩子在欲望的驱使下其原则是模糊的，底线是会随着自己欲望的增强越来越低的，甚至会完全放弃自己的底线和原则。

看上去他们是满足了自己当下的某些愿望，但其实却给自己埋下一个更大的隐患。即便这一次满足了自己的欲望，也没有给自己带来巨大的损失，但是这种采用偏门的方式来满足自己欲望的行为，会带着他在偏门的道路上越走越远。

自律和自我管理可以给我们带来哪些帮助呢？它可以让我们少一些惰性，让我们在工作和生活中变得更加积极。

人有一个很奇怪的特性，即无论你以什么样的状态展现，在没有外力介入的情况下，都会在这种状态的基础上越来越好，就好像是顺其自然的发展。除非有意外的事情发生，有外力的介入，人才会有另外一个状态出现。所以一个好的根基会给一个人带来更多的帮助，会让一个人有更大的发展。

我在工作中遇到过很多被拖延症困扰的人，其中以孩子居多。初中、高中甚至大学的很多孩子都因为不能够自律、没有办法对自己进行自我管理而深感痛苦。比如，因为肥胖而痛苦的孩子，一边痛恨自己的这种体形，一边又没有办法控制自己的食欲，就只能在这种纠结中深受折磨，嫌弃自己，对自己产生极大的愤怒。

比如，一个有梦想、有理想的孩子，他对自己的未来生活有纸上的规划，却没有实际的行动。他清楚地知道此刻自己应该做什么，明天自己应该干什么，然后应该去参加什么，但因为自己缺少行动力，一次又一次地错失良机，错失良机则代表着这件事情的失败。

那么，这个失败的责任应该归谁呢？孩子会把这个责任归到自己的身上。这种状态首先会让孩子认为自己不够好，会导致他消极、自卑，甚至抑郁。

同时在他们的心里又会形成一个强大的冲突，一边想偷懒一边又想拼搏。心理冲突本身就是内心的一个巨大的负担，再加上孩子对自己的否定，双重的心理负担会让一个人非常痛苦。

一个已经上了高中的孩子，他知道自己马上就要参加高考了，应该好好学习，但是他却没有办法让自己静下心来，去翻开书本、打开试卷，而是在做一些其他的没有用的小事情来拖延时间。比如，书本要整理平整、书桌要整理干净、椅子要摆放整齐，这些事情都做完了还要照一下镜子，看看自己的仪容仪表是不是够得体、够漂亮。

这些事情都做完了，应该翻开书本学习了，但他还是没有办法让自己打开书本来学习，这个时候思维又开始飞了，从明星到时尚、从时尚到个性……一圈儿想下来，时间也差不多要过去了，这个时候打开书本稍微意思一下就可以了。应付过去之后，冷静下来的他对自己的行为是愤怒的，有的孩子甚至会愤怒地对自己施暴，但是依然不能阻挡这种情况的再次出现。

内心强大的冲突会让他有种想要爆炸的感觉，这种感觉要如何消化呢？大多数孩子把它用逆反的形式转嫁到别人身上，如转嫁到老师、同学身上，更多的是转嫁到家长身上，也有一部分孩子就因为这样的愤怒让自己破罐子破摔，朝着下坡路走。

上了大学的孩子也一样，应该上课的时候不去上课，不是被游戏吸引就是睡懒觉。面临毕业，自己的状态却一塌糊涂，严重影响了毕业论文的撰写。

由于不自律，没有办法自我管理，他担心挂科，担心毕业论文，处在焦虑的状态之中，但时间的安排依然一塌糊涂，自己痛苦却很难做到改变。

这样的孩子看上去自己有理智的分析，知道自己应该做什么，希望自己能够达到一个好的状态，但是又没有办法做到，因为很难动起来。

这种极度地对自己的愤怒和无能为力感给孩子带来了强大的挫伤感和对未来的担忧，有的孩子甚至因为这种状态的出现觉得自己活着就是一个错误。

之所以会出现这样的情况，就是因为孩子没有学会自律，没有自我管理的能力。每一个家长都是爱孩子的，但错误的爱会给孩子带来巨大的伤害。

为什么孩子很难做到自律呢？不能自律，是懒惰的另一种表现形式，易受到吸引也是导致难以自律的另一个原因。

我们先想一下在生活中孩子最难做到自律和进行自我管理的是哪些方面。学习方面、卫生方面、习惯方面……最难做到自律和进行自我管理的是看电视、玩网络游戏，其次是习惯、学习和卫生。

怎样才能让孩子学会自律，有管理自己的能力呢？

在孩子成长的过程中，4 岁以前是最容易养成行为习惯的，5～8 岁是最容易改变行为习惯的。

也就是说，如果一个孩子 4 岁之前都有一个很好的行为习惯，但是家长在他长到 5 岁之后就疏忽了对他行为习惯的保持，那么他就很容易丢掉自己以往的好的行为习惯。

孩子的好的行为习惯不单单要养成，还要帮助他们保持。在保持的过程中如果环境状态发生了改变，他们的行为习惯也就很容易发生改变。所以，家长还要注意环境的因素。

我在我儿子身上就观察到这样一种情况：

从小我给他睡的床都是那种不是特别软的，床单和被子铺上去之后都是非常整齐，一点儿褶皱也没有的。

所以他每天睡觉时的一个要求，就是把床单和被子铺得平平整整的，然后自己钻进去躺下来，还要看一看被子周围是不是都是平整的，不平整的地方经我帮他弄平整之后他才能够安然入睡。

如果我不能及时帮他整理，他就会觉得很难受、很不舒服，会一遍又一遍地让我帮他整理。

放暑假时，他去了外婆家。外婆家的床是非常软的，稍微一动或稍微一踩，床上就会出现一个坑，会出现褶皱。

刚到那里的时候，他依然沿袭着自己的习惯，但是当他发现无论自己怎样整理，床上还是会出现各种小坑、各种不平整的地方的时候，他感到很不愉快。

在我给他讲解了这是床本身的问题，在了解到这个床只能这个样子之后，他也就没有了之前的要求。两个月的假期结束了，再回到家里时他对自己的床也没有了之前的要求。

从不能接受不平整到接受不平整，这就是环境的变化给一个人带来的新的体验，当这个新的体验被接受之后，它会掩盖之前的体验。

所以在培养孩子习惯的时候，如果我们希望他保持哪些习惯，就需要人为地帮他持续。

随着孩子年龄的增长，他们自己也会打破自己以往的某些习惯，因为孩子会随着年龄的增长形成自我意识。

形成自我意识的孩子最喜欢的是按照自己的意愿来做一些事情，在这种情况下，对孩子行为的矫正或影响一定不能是严格地控制、管理、说教，甚至是一些暴力的行为。

这种方式会让孩子厌恶甚至是憎恨，家长要求的这些东西，在他的心里会形成一种很强大的想要反抗的力量。等到孩子再长大一些，到了青春期，他有胆量反抗你的时候，就会变得非常叛逆。

严格地控制、管理、说教的方式还会给孩子带来另一个巨大的损失，就是会让孩子慢慢失去自我，而自我对一个人是非常重要的。

自我不清晰的人首先是没有胆量，不敢有自己的想法、感受或主张。重点是他们不敢有，但并不代表他的内心真的没有。有，但又不敢去做，就好像看着一个自己爱吃的食物不能吃而流口水一样，这种感受相信很多人都有体会。那他在生活中能还够感觉到乐趣吗？

到了孩子长得更大一些，我们会发现孩子越大，他的自律和自我管理能力就越差。

这是因为孩子越大，越懂得享福，越懂得享受，他也不担心身边的人对他批评指责或者是不喜欢，虽然这种感觉让他不舒服，但是这种不舒服已经不能抵挡懒惰的诱惑，他们会想先偷个懒吧，到时候再说，到最后再说……

随着他们自立能力的逐渐增强，不需要从身边的人身上来获得安全感，他们就更加敢于做自己喜欢的事，“应该”和“必须”也就不在他们的考虑范围内了。

而孩子在小的时候，他是要通过周围的人来给他足够的安全感的，这时候，孩子处于他律的自我阶段，也就是说，他衡量自己是不是正确的，是不是好的，完全取决于身边人对他的评价。

这两种原因就会让孩子在小的时候比长大之后更听话。那么，如何让一个孩子的自律和自我管理能力一直朝着一个良性的方向发展呢?

4 岁之前的孩子基本上都是很听话的，所以，他们的自律或自我管理的能力处于一个保持的状态。比如说，有很多 4 岁之前的孩子都知道吃糖果不好，可以做到不吃；知道电视看多了对眼睛不好，可以严格遵守家长或老师给他们规定的时间。

当孩子长到五六岁，不再愿意遵守这些的时候，家长要做的就是帮助他们固定之前的这种自律和自我管理的行为习惯。在这个固定的过程中，首先要陪伴习惯，也就是在孩子保持这些习惯的过程中家长要用同样的方式来陪伴他。比如说，孩子放学之后开始学习了，家长一定不能把电视声音开得很大，也不能打游戏打得太热闹，这些都会让孩子分心分神，并且感受到不公平：为什么自己要写作业，爸爸妈妈就可以开心、轻松地玩儿。

其实所有的规则都有束缚性，就像让人们去玩儿、去休息、去做一些很随性的事情，他会很开心、没有压力，也非常自然。但是如果让他根据需要来做一些事情有时候就会产生一定的难度，这个难度并不完全来自事情本身，有相当一部分是被动产生的。

当自己可以接受这种被动，并按照这种被动来做自己应该做的事情的时候，自律也就在这个过程中产生了。孩子学着自律的过程也是学习做事情的过程，有点儿像生活中我们大人要做的正事一样。

在培养孩子自律的过程中也要让他们接受这种被动，一旦接受了这种被动或者这种被动不会给他带来强烈的不适感的时候，孩子的自律也就养成了。

每个人都喜欢懒惰，也不太愿意很积极自主地去做正事，对于孩子而言更是一样。所以，孩子在做正事的时候如果有很多干扰的因素在，他自然会分心，自律性自然会降低，若这种情况长期存在，就会让孩子的自律丧失。

让孩子看到获益，是帮助孩子建立自律、延续自律的一个有效的方法。让孩子看到获益会成为他自律的一个强大的吸引力，也就会成为一个强大的动力。

让孩子看到获益，也就是让他实实在在地看到这个行为习惯将给他带来哪些好处。比如说在学习方面，当孩子认真完成作业或者学习任务后，家长要帮助他看到他的行为给他带来了哪些好处。例如，班级里那些不按时完成作业的孩子，老师肯定会对他有所批评，家长也会对这些孩子有相应的惩罚。

家长可以在孩子面前自言自语、得意扬扬地唠叨自己的孩子在这方面从来不需要操心，自己真的觉得挺放心或者挺快乐的。在这种比较之下，给孩子的赞美是他做这些事情的一个积极动力，这是来自人生来就有的竞争本能。

在此要注意的是，可以拿自己的孩子跟别人家的孩子做比较，但是不要让自己的孩子生活在别人家的孩子的阴影之下，而是要让自己的孩子生活在别人家的孩子的优越感之上，让孩子的内心有一些小的扬扬得意，让他充分感受到父母有多爱他、有多认可他。这是孩子进步、努力、克服懒惰的强大动力。

有些人可能会觉得如果这样的话孩子会骄傲，而骄傲会使人落后。我不认为骄傲使人落后，我认为骄傲使人敢于争先恐后。一个人只有知道自己可以、自己行，他才敢于去争取。

这里面有一个值得注意的地方，那就是家长对孩子的赞美要建立在事实的基础上。一方面是只有以事实为基础的行为，孩子才能在这个行为上做得更好。家长对孩子这个行为的赞美也等于是在强化对他的要求。另一方面，如果一个孩子没有做到，甚至没有开始去做，你就开始夸，那他还用做吗？所以这种不切实际的夸奖只能教会孩子自欺欺人。

一种行为的出现其实很容易，但是一个习惯要想长久保持下来就有一定的难度。要怎样来帮助孩子保持这个习惯呢？

基本上在新学期开学，或是在孩子刚刚上学的时候，帮他养成这个习惯有一定的难度。这个过程最需要家长的耐心，家长要在有耐心的前提下，一点儿一点儿地帮助孩子养成习惯。

在保持这个习惯的过程中，要了解他周边的环境，也就是其他同学都有什么样的行为。

如果孩子身边有一些不完成作业的同学，家长可以帮助孩子来做一个情境置换，那就是让孩子想象一下如果自己处在被老师批评、被同学嘲笑、被家长惩罚的状态中将是一件多么惨的事情。

因为人的大脑是可以幻想的，当人幻想一种情境的时候，就好像自己真的在那样的状态下，那种感同身受的感觉非常清晰。同时理智层面又会有一种庆幸——幸好那个人不是我。

好的感觉可以让人向往，就像我们听到某个人说，他去旅游的那个地方风景有多漂亮，自己也想去看一看一样。不好的感觉也同样让人惧怕，所以，当孩子被带入这样一种情境的时候，他对这种感觉也会有一些惧怕，他就会努力规范自己的行为，不让自己面临这种困境。

但是值得注意的是，家长不要刻意地去关注孩子的行为习惯，也不要刻意地放大他行为习惯的重要性，更不要每天唠唠叨叨地把这些事情挂在嘴上说个不停。当孩子的耳朵像起了一层老茧一样，你所说的内容、你所表达的东西他通通听不见，之后你再从行为上帮他塑造就会有很大的难度了。

如果家长不停地向孩子强调行为习惯的重要性，就会让孩子觉得行为习惯是件很难的事情，心里就会产生一种抗拒的情绪。

如果家长在帮孩子保持行为习惯的时候，不强调行为习惯这件事情本身，孩子会觉得这是一个很正常的、很平常的生活中的事情，他对行为习惯的排斥和反感就不会太多。也就是说，一件事情成为自然就变得很容易，或者说当孩子认为这件事情是自然而然的，是一个常理存在的状态，他就会认为这件事情是很容易的。

这是在帮助孩子完成他们应该完成的部分，那怎样让孩子挖掘可以利用的部分呢？对于学习，尤其是对于孩子长大后能够更好地学习而言，善于利用和挖掘可以利用的所有时间，保持这样一个良好的习惯是非常有用的。

在帮助孩子树立这个习惯的时候，一定要让他看到好处。要教他学会利用很多细微的时间替换出整块的时间做他自己想做的事情。比如说，我们可以告诉孩子，老师布置了一部分作业，如果你有空闲的时间，可以把这部分作业做完，回到家里你就节省了很多时间，这些时间你可以自己利用或安排，做所有你想要做的事情。

对于上小学的孩子来说，学习任务比较少，很多时候他们能够在学校把作业做得差不多，回到家里需要完成的就比较少了，完成这部分作业之后，他们就可以去做自己想做的事情了。

家长要注意的是：在孩子学习任务还不重的时候，不要把孩子置于每天都学习和写作业的状态中。有些孩子不敢在学校把作业做完，就是因为回到家里家长还会给他布置一部分作业。

当一个孩子不敢把作业主动做完的时候，对学习会有帮助吗？特别是在小学阶段，孩子只要把需要学习的东西学会了，剩下的时间他们可以随便去支配。

一个不会玩儿的孩子，他未来的发展不一定会特别好。因为玩儿是每个人的本能，是不需要刻意花心思和时间去思考、去努力的。

如果一个人连自己本能的东西都做不好，将来他还有什么能力去做那些需要思考、需要努力的事情呢？并且玩儿也是对孩子的思维进行开发的过程，所以在孩子的学习任务还不是特别重的时候，家长要给他们更多可以自由支配的时间。

每个人都希望有自己的自由时间，每个人都希望有自己可以掌握的空间，所以这个自由的时间和空间对孩子的吸引力是很大的。

孩子上了初中，我们就可以很明显地看出养成了善于利用时间的习惯的孩子，在学习上要比那些没有这个习惯的孩子轻松很多。他们利用很多细小的时间完成了一部分学习任务，回到家里同样有很多时间继续完成学习上的其他任务，当这些任务都完成之后，还会有一些空余的时间来做自己喜欢的事情。更重要的是，在这个过程中他们学会了灵活，一个灵活的人会取舍主次，能够在杂乱的情境中选择需要最先完成的事情，也会对次要的事情有一个合理的安排。

没有养成这种习惯的孩子会觉得要做的事情太多了、时间太紧了，自己太忙了、太累了，一时间哪个都不想做，就会出现拖延、混乱的情况。

他总觉得学习任务太多，自己应付不来，如果有一大堆事情需要自己同时来做，真的不知道先做哪一个，再做哪一个，哪个是重要的，哪个是次要的。

有相当一部分小学成绩比较好的孩子到了初中之后成绩明显下滑。一方面是因为事情杂乱，他觉得自己应对不来；另一方面是学习成绩的落差让他难以接受。在这两个方面的作用下，孩子很容易产生焦虑甚至抑郁的情绪。

还有一个非常重要的原因，就是善于利用细小时间的人对事情的要求不是绝对的，在做事情和与人交往的过程中会比较随意，不太计较，对很多事情的要求不太苛刻。

对于人生而言，这些都是对自身有着非常大的帮助的，不仅让人在事业上不会觉得太累，在人际关系中不会觉得太受伤，在生活上也能够感受到更多的快乐。

人际交往对于每个人来说都非常重要，对孩子来说也不例外。无论是小伙伴之间还是同学之间，都是一个小社会。人际交往当中涉及的自律和自我管理的东西会更多一些。比如说，合作和竞争，如果一个孩子能够很好地与别人合作，他会赢得更多的朋友，在未来他也会取得更多的成功。但是，如果一个孩子只顾及自己的感受，不愿意或者根本不能接受自己受一点点委屈，他注定是一个孤独的人，身边也不会有太多的人和很好的朋友。

无论是交友还是工作中的与人合作，都是需要照顾到别人的情绪、适当地修改自己的行为的。调整自己的思维是与人互动的过程中每时每刻都在发生的事情，很多时候是违背自己的意愿的，也就是说，有时候会放弃一点儿自己的利益，来让自己和对方之间的关系更好一些。

对于一个很难做到自律，更谈不上自我管理的人来说，要做到这些是非常难的，因为他不能接受自己的心情有一点儿不愉快。

有些家长会想，不去跟别人竞争是不是就可以避免在竞争过程中涉及的自律和自我管理呢?

竞争看上去可以主观地避免，好像如果我们不跟别人争什么，就可以避免竞争关系，但实际上一个人的成长和发展时刻都处在竞争的状态里。比如说，进入幼儿园，老师请小朋友回答问题、陪小朋友做游戏，小朋友之间的互动，哪个小朋友喜欢和哪个小朋友玩，自己喜欢和哪个小朋友玩。进入小学之后，老师对哪个同学更喜欢，哪个同学上课回答问题回答得更好，哪个同学更能得到同学们的喜欢，哪个同学的成绩比较优越，等等。

这些生活中非常平凡的、不起眼的小事，其实都是竞争，在这个竞争的过程中，每个人都会有得有失。

这种竞争关系是自然存在的一种状态，并不是你想去竞争它就存在，你不想竞争它就不存在。重要的是这个竞争带来的结果时刻影响着每个人。

如果一个孩子能够接受竞争，并且学会运用良性竞争，他就必须要学会自律和自我管理。自律、自我管理和良性竞争都会让孩子的品德得到更好的发展。

因为接受竞争就意味着接受竞争带来的所有后果，也就是孩子可以在竞争的过程中很开心地接受成功，也能够很自然地接受失败。

如果一个孩子无法接受失败，就没有办法接受良性竞争，当有竞争出现的时候，他感受到的就是焦虑和烦躁。

如果一个孩子的好胜心太强，不能接受公平的竞争，就会采取一些扭曲的，甚至是极端的方式来达到自己的目的。

生活中这样的极端案例并不少见。如明明是一个很出色、很成功的人，但他为了达到某种目的，走偏了，给自己带来了巨大的损失，甚至到了万劫不复的地步。

为了让孩子能够面对或接受欲求不能满足这个事实，在孩子小的时候就要让他有延迟满足的体会。

延迟满足可以让孩子学会和接受欲求不满，避免因为无法接受而采取一些极端的方式，并且能够让孩子学会相应的规则。

有些家长觉得孩子要点儿东西没什么，自己的家庭条件也不是负担不起，所以孩子要什么给什么。但是，如果有一天他想要的是你给不了的要怎么办呢？并且一定会有那么一天。因为人的需要是不断生成的，当一种需要被满足的时候就会有一个新的需要产生。

如果他习惯了需要被满足，一旦需要不能被满足，他最直接的感受就是非常痛苦。所以要让孩子接受延迟满足。孩子接受了延迟满足，也就有了一定的自律，有了更多的自我管理能力。

培养孩子的自律和自我管理能力都是从生活中的小事着手，并且让他保持下去。在保持的过程中家长要时不时地起到监督的作用。

但是要注意的是，这个监督绝对不是命令，而是一种迂回的提醒。当孩子度过了青春期，他之前一直保持的自律或行为习惯也就定型了，在今后的生活中，只要不发生重大的生活事件，他的这些习惯就都可以保持下来。

# 人际交往对孩子的重要性你知道吗

提到人际交往，人们大多会认为这是成年人的事情，跟孩子是没有关系的。

即便有些大人觉得孩子也会涉及人际交往，但是仍然会认为孩子所涉及的人际交往只占他们生活比重中最轻微的那一部分，甚至是可有可无的。

很多家长认为孩子需要关注的事情只有一件，那就是学习，甚至有非常多的家长将学习成绩作为衡量孩子好坏的标准（这类话我已经在本书中提到过多次，但是在这儿还是不得不提一下）。

很多家长认为，只要孩子学习成绩好，哪怕他品行上有一些不太可取的地方，家长也会忽略不计，觉得孩子只要学习好就可以万事无忧。家长们对孩子成绩之外的其他部分基本上不会去关注，导致孩子在其他方面出现了各种各样的问题。

通过分析很多孩子长大之后遇到的问题以及他们在成长过程中遇到的问题，我们可以看到，除了学习成绩之外他们还有很多问题。

文化课的学习成绩在一个人的综合状态中、在一个人的一生中只占到1/5，但是在大部分家长心目中却是全部。

正是家长们这种以偏概全的关注给孩子带来了很多痛苦，如有很多学习成绩非常好的孩子抑郁了，甚至自杀了。

有很多看上去有一个好工作，有一个好未来、好人生的人却放弃了生命，这是一种悲哀。这种悲哀是如何造成的呢？

在寻求心理咨询帮助的孩子中，人际交往都是他们的一大困惑，这对他们来说，是一件非常困难的事情。

孩子认为的这个困难会给他带来多大的影响呢？可以举一个例子说明。比如说，我们经常在新闻中看到的校园霸凌事件，其实有很大一部分原因是他们的人际关系出现了问题。

他们不会应对甚至不会跟同学交往，才导致了霸凌事件的发生。也有一部分孩子即便没有遇到校园霸凌这样的事，但是在学校里没有朋友，下课之后只能一个人看书或者发呆，别人都是三三两两地一起出去玩儿，而他只能在一旁看着。在群体中，若一个人成为一个独立的个体，这个人就会有很强的孤独感。

试想一下，身为成年人的我们如果在单位或者在一个集体中不被大家喜欢，被大家孤立，内心的感受又是什么样的？很多成年人或者刚走上工作岗位的人也会因为这些问题出现心理亚健康，甚至出现更严重的心理问题，更何况是孩子？

孤独感本身就是一种病，它会让一个人的状态越来越差，会让一个人极力否定自己、讨厌自己。一个总体状态越来越差的孩子还会有动力或精力去好好学习吗？

有很多初中或高中阶段就退学的孩子，人际关系的压力是他们逃避学校的重要因素。人际交往对于他们来说是一大难题。

一个孩子如果在学校跟同学之间的关系是良好的，他就是快乐的，学校对他也会有一种强大的吸引力，哪怕学习成绩不好，他也不想退学。因为孩子在这个阶段，会从对父母的依赖转化到对朋友的依赖。

如果一个地方有他认为非常亲密的、值得信赖的朋友或者玩伴，他是不愿意离开这个地方的。

初中阶段的学习任务要比小学阶段重，很多家长会觉得孩子只要好好学习，就什么都不是问题。

然而事实真的是这样吗？有一部分孩子初高中学习成绩都非常好，但忽略了人际关系，也不会与人交往，到了大学问题就出现了。

大学生中有社交恐惧症的孩子是比较多的，人际交往也是他们最困难的事情。那些身上发生极端案例的人，一个很大的原因就是人际关系。

比如说，他觉得大家对他是不友好的、排斥的、嘲笑的，甚至是敌对的，在这种状态下，每个人都无法让自己开心起来、快乐起来。所有这些不好的感受被长久压抑之后肯定要用某种方式发泄出来。

当听说某个孩子做了极端的事情的时候，无论是他伤害了别人还是伤害了他，大家都会评判这个孩子有心理问题。

当觉得这个孩子有心理问题的时候，我们有没有想过他的心理问题是如何产生的呢？

首先，我们要清楚一个社交状态良好的孩子是不会有心理问题的，那为什么人际关系不好，就会产生心理问题呢？因为人是需要社会支持系统的，这个系统包括家人、朋友和爱人。

孩子在很小的时候对家人的需要和期盼是比较强烈的，相比之下朋友显得不是那么重要，但是也会因为没有朋友而情绪低落。而到了初高中，如果一个孩子还是没有朋友，性格就会变得比较孤僻。

人在与别人交往或者玩耍的时候大脑有一部分的思维空间被占用，被占用的这部分思维空间使人在人际互动的过程中感受到快乐。

如果一个人的大脑没有被快乐占据，那么他的思维空间则会有更多的空闲，空闲的时候干吗呢？——琢磨。琢磨别人为什么是这样的，琢磨自己为什么是不受大家喜欢的，琢磨别人为什么这样对待自己。

这种琢磨基本上都是恶意地解读，把别人往坏的方面想，或者是负面地解读，把自己想得一无是处，但同时又不愿意接受自己的这种一无是处，就形成了一个强大的心理冲突。

到了大学，虽然学习变得轻松了，但是社会实践却多了起来。

如果一个大学生这时还没有朋友，似乎就没有什么事情可以做了。要么待在宿舍里睡觉，过着吃、睡、长肉的生活，体重一天比一天重；要么打游戏，在游戏的世界里回避这些问题。但是他依然会感受到极度痛苦，甚至会变得心理有些扭曲。

人际关系对孩子学习成绩的影响会出现以下两个极端：

第一，人际关系良好的孩子在学校的生活比较开心，性格开朗，在这样的状态下，他的学习状态也比较好，学习成绩也会很好。

第二，人际关系不好的孩子，学习成绩在某个阶段也有可能很好，因为他没有朋友，是孤单的、寂寞的，为了缓解自己的这种孤单和寂寞的情绪，他会把关注点放在学习上，所以学习成绩能够让家长满意。但这种学习成绩良好是真正意义上的好成绩或者是好的未来、好的发展的象征吗？绝对不是。这就像那些到了初高中厌学、没有办法去上学的孩子一样，他觉得学校是一个可怕的地方，自然对学习也是排斥的，并以厌学来逃避社交的困难。

还会有这样一种情况，由于初高中的时候太孤单、寂寞，成绩比较好，但是到了大学，问题就显现出来了。

人际交往看上去是互动的问题，但实际上是个人应对方式的问题。不能正确理解对方的意思，不能适当地给对方以宽容，不能让自己吃一点儿亏，不能有一点儿不公平的付出……这些来自家庭对孩子的教育，都是影响人际交往的重要因素。

有较强的人际交往能力也体现着一个人的智慧，可以在集体中让自己更受欢迎。每个人的自信和自我的存在感都来自别人对自己的肯定和需要。

假如一个人在群体中不被看好、不被需要，存在感就无法获得，一个没有存在感的人，在群体中就会更加不知所措。

孤独感会让一个人很想要去跟其他人交往，但有孤独感的人会非常敏感和自卑。人际交往也是需要技巧的，但人在敏感和自卑的状态下没有办法使用自己的技巧，或者根本想不出技巧。

如果他怀揣着美好的想法和希望，主动热情地去跟对方打交道，但是没有得到相应的回馈，他的内心就会非常受伤。

因为非常敏感，但凡对方的回馈和他心里的预期不一样，他就会往负面的方向去想，如认为对方是因为不喜欢他才不愿意理他，而不会想可能对方正在思考没有注意到他的招呼，或者对方有其他的不便没有发现他的招呼。

在生活中，人际交往看上去是一件不重要的事情，学习、工作以及未来的发展才是最重要的。细想一下，学习、工作还有未来的发展哪一件事情能够和人际交往完全脱离呢？人际交往是我们生活中的一个重要部分。

所以，一个人如果没有朋友，不知道如何与别人沟通，生活将会陷入一种什么样的状态呢？

有很多孩子在咨询的过程中，或者是在跟家长痛哭流涕的诉说中，会说自己没有朋友，大家都不喜欢他。

没有朋友，大家都不喜欢他，真的是孩子自身的错吗？或者是孩子就这么招人讨厌吗？都不是，而是孩子没有学会与人交往的技巧，没有练习过如何与人交往。

是因为家长只注重学习，让孩子把所有时间都用来学习，认为这样孩子就能成为一个成功的人，自己也是一个尽职尽责的家长，但家长的这种想法和做法其实都是对孩子人生最大的伤害。

我见过这样一个案例：有一个博士生，他坦言自己之所以努力学习，考到博士，是为了用学习来回避所有自己要应对的事情。比如说，他本科毕业之后如果不继续考研就要出去工作，他认为如果一直学习，自己就不用去找工作了，不用找工作自己就没有必要去跟别人交往，不用跟人打交道。在从小到大的学习生活中，自己也没有什么朋友，平日里在学校学习的时候也不需要有朋友。他觉得自己习惯了孤单，并不害怕孤单。

虽然他清楚地知道自己内心很渴望有朋友。在他的记忆中，自己曾经无数次试图跟别人交往，但大家都表现得不是那么热情或者不是那么投机，自己也就放弃了与人交往的想法。

但是随着年龄一天天地增长，自己要结婚、要成家，可是对于他来说，不要说跟女孩子打交道，哪怕是和男孩子打交道都有着巨大的困难，他没有办法让自己完成这些使命，他甚至无数次感到生活或者活着没有任何意义。发现自己的这个想法有多可怕之后他才鼓起勇气，抱着死马当活马医的态度走进了心理咨询室。

刚走进来的时候，他就描述了对于治疗或者咨询自己一点儿都没有压力的感觉，因为他觉得能治好就治，治不好就去死，反正本来就是想死的，现在每多活一天也都是赚来的。

这是一个人格重塑的过程，其中包含了认知、思维框架的拓宽，也包含了一些生活技巧，一个人多年形成的状态，想要改变也不是短时间内可以完成的。

所以这个博士生花了差不多一年多的时间，才让自己能够正常地与别人交往。这也要归功于他很善于学习，可能很多不善于学习的人会需要更久的时间。

这位博士生是幸运的，在他觉得自己只能用死亡来解决这个现实困难的时候，他还是想到了最后来试一下。但是有很多方向和方法都错了的孩子，当他们发现走投无路的时候，让自己就此停止，停止寻找方法，也停止了自己的生命，并为此付出了巨大的代价。

曾有一个轰动了全国的知名大学的投毒案。一个人给自己同宿舍的同学下毒。原因是什么呢？很大一部分是因为人际交往。投毒的这个学生从小就是一个学习成绩非常优秀的被保送的孩子，他的父母都是有知识的人，但是他们对孩子的教育只关注成绩，忽略了除了成绩之外的很多方面，导致孩子在人际关系方面拿捏不好尺度，也不会什么技巧。

这个学生在父母身边生活的时候，没有朋友，感觉不出有太大的不同或痛苦，因为他每天的时间都用来学习了。换句话说，那个时候即便是有朋友，可能他也没有时间去跟朋友交往。但对于只关注学习成绩的家长来说，如果孩子把时间都用在学习上，家长是非常欣慰和高兴的。

可是到了大学就不一样了。到了大学，离开了自己的家乡，离开了父母，人本身就会有一种空虚的感觉。再加上大学里的课程并不像高中时那么紧张，而且身边的同学都是三三两两、亲如兄弟的样子。这位学生发现自己真的需要交朋友了，这个时候他就跟自己同寝室的一个同学示好，但是他完全掌握不了交朋友的方法和尺度。

当这个同学接纳了他的好意之后，他也全身心地投入，对对方形成了非常大的依赖，无论对方干什么他都跟着，几乎 24 小时形影不离。

两个男孩子好到这种程度在别人看来就有点儿奇怪了。这时候，这位同学觉得这是一个不正常的状态，这种友谊是一种负担，于是采取了回避、减少接触的方式想淡化这段友谊。

这个学生觉得很受伤，他一方面不理解对方为什么这样对自己，另一方面不能够原谅“我对你这么好，你竟然这样对待我”或者是“你竟然不珍惜我”，所以他就采取了报复行为——在这个同学的牛奶中投毒。

看到这个同学喝下了有毒牛奶的惨状，他又动了恻隐之心，把同学送到了医院。但由于这是一种含有剧毒的化学物质，结果这个同学治疗了一年多。而他也要为这件事情背负法律责任，因为他投的是剧毒，他的行为已经构成了故意杀人罪，他被判处有期徒刑 11 年，剥夺政治权利 3 年。

两个青年的大好人生就这样被毁了，这是谁的错呢？这是父母的错。他们忽略了人格对于一个人的重要性，也忽略了对于一个人的一生而言，心灵感受才是最重要的。

2018 年 1 月，还有一个比较轰动的投毒事件，就是内蒙古某医院药剂科的一个医生往另外一个医生的水杯里投毒。这件事的根本原因也是人际关系带来的困惑或烦恼。

人际关系带给人的影响是一生的，包括长大之后生活得快不快乐，工作得顺不顺利等。

人是群居动物，是非常需要社会支持系统的。如果一个人的社会支持系统不健全，这个人的状态自然是扭曲的。

所以我们在教育孩子的过程中，教会他与人交往对于他未来的发展而言，跟他的学习成绩一样重要，甚至比他的学习成绩更加重要。

如果一个孩子的学习成绩不是那么好，但是他在人际交往方面没有问题，可能他不能像家长所期望的那样成龙成凤，取得巨大的成功，但至少他是快乐的。更何况有很多没有高学历，但是有能力的人同样混得风生水起。

无论是一个有成绩的人还是一个普通人，他的人生意义应该是：这个人生是值得的。

什么样的人生才是值得的呢？真的是有了什么样的地位，赚了多少钱，有了哪些学术成就吗？我想，很多人都知道答案是否定的。人生的价值是我们在自己人生的旅途中收获了多少快乐。

有很多案例可以证明一个人即便取得了事业的成功，有了很强的经济基础，有了很高深的学术造诣，但这些不代表他的内心是快乐的。

在生活中，有很多这样的新闻：达到了某个高度的成功人士自杀了。他们放弃自己的原因是什么呢？因为他们那颗破损了的心灵或者说是缺失的心灵。

所以说，如果要让一个孩子得到全面发展，我们既要给他健全的人格，也要培养他人际交往的能力，这样会让他无论在人生的什么时刻都会拥有一个强大的社会支持系统。

假如他失恋了，感受着或承受着失恋带来的痛苦，如果他有很好的朋友，朋友可以给他亲密的陪伴，这能够在很大程度上帮他缓解失恋的痛苦。

假如他在工作或人生的方向上遇到了问题，如果他有强大的社会支持系统，他会收到很多关心、关怀、关爱和支持，甚至会有亲人或朋友帮他寻找一些出路，他也会很快渡过这个难关。

如果他没有一个强大的社会支持系统，在遇到问题的时候他感受到的是冷漠，自然也会用同样的方式去对待他身边的人和事，自己也会成为一个比较冷漠的人，同时也会觉得无能为力，一个无能为力的人是很难让自己想办法或有动力来改变事实、改变现状的，而是让自己维持在这样一个无力的状态之下，甚至是更加负面、破罐破摔的状态。

在这种状态下，情绪自然是悲观的，对这个社会的观点和看法自然就是负面的。

生活中有一些人，他们做出了一些轰动一时的报复性行为。在他们的生活经历中，真的像他们所感受的那样，别人对他们都不友好，是大家对他们都有敌意吗？当然不是！

即便这些影响没有让一个人做出危害社会的行为，只是自己痛苦地生活着，觉得自己不被爱，觉得这个社会非常悲惨、非常悲凉，那么这种痛苦是否是人生中的一个损失呢？

如果孩子最终成了这样的人，离我们教育孩子的初衷有多远呢？我们希望孩子可以快乐地生活，只是因为没有教会他一些技巧就让他有了如此痛苦的感受，何其遗憾？所以，我们要防患于未然，在教育的过程中分清孰重孰轻。

很多家长都会认为学习成绩是最重要的，但是很多现实的例子也清楚地告诉我们，与学习成绩同等重要的还有很多方面，比如自信、乐商、情商、逆商、人际交往等能力。

要想真正培养一个孩子成才，就一定要给他全面发展的机会。只有人格没有缺失，他才有能力真正地让自己发展，积极合理地应对这个世界上所有的事情，他才会有所成就。

所以在孩子成长的过程中，家长们再也不要阻止孩子拿出时间与其他人交往，而且在生活中要多让他参与家里的事情，特别是亲戚之间往来之类的事情。这些都是他们人际交往的加油站，是他们总体智慧的加油站。

# 利用从众心理对孩子进行引导事半功倍

每个人都有从众心理，我们每天都生活在从众的状态中，如大家都在追的热播剧、某个品牌、很多人都追捧的游戏等。

比如，某种时尚的流行，自己即便不是特别喜欢，也会去追求，因为身边大部分人都在追求，如别人都有了铅笔裤，自己即便不喜欢，也得有那么一条；别人都去做了美甲，自己好像也得精心打扮一下。

很多东西的普及其实都来自从众心理，从众心理其实是竞争本能和得到他人心理认同的集合体。

从众心理在孩子身上自然也存在。越小的孩子从众心理越强。所以，在孩子小的时候想要对孩子进行一些引导或教育，就可以利用一下从众心理。

在我儿子小学三年级的时候，我给他买了一本字帖，告诉他可以练一练字，让自己的字变得更漂亮一些。

他很欣然地接受了，但是在练字的过程中却有着像完成任务一样的懒惰的小心理。他会每天给自己规定写上几页，虽然可以完成，但是练字的兴致却不高。

有一天，我给自己也买了一本字帖，尽量在每天晚上他做完作业后花上一点儿时间让自己练上一会儿字。

因为这是一个放松的过程，是一件可以让人心情舒缓的事情。练字的时候我会打开音乐，因为平时我比较忙，在家的时候基本上也是处理工作上的事情，所以这个反常的举动会引起他极大的兴趣和关注。

我爱人看到我练字，也会拿过我的字帖练上几笔，我对爱人表示还我的字帖、还我的钢笔，不要打扰我等诉求，他则向我央求让他练一会儿。

我们两个争来抢去，儿子一脸惊讶地看着我们。我们无视他，讨论着这个字的哪一笔怎样写更漂亮，还有练字时内心平静的感受是多么舒服。

没超过 5 分钟，儿子就找出他的字帖来到我们的桌子前，和我们挤在一起开始练字，并且在练字时全身心投入，注意力高度集中，一边练字还一边总结出自己的某些心得。练字这件事情他热情主动地完成了，并且一直持续了很久。因为我对他的这个影响不是做一次就不做了，之后我也跟着练了很多天，当我没有时间的时候他自己依然会把这件事情做完。

一次节假日，家人们聚在了一起。我告诉所有的孩子到客厅里来开个小会。

从十八九岁到 10 岁左右的孩子都来到了客厅，我们聊着成长和童年记忆的话题。孩子们都很开心，也很投入。这时候我 5 岁的小外甥女也来到客厅，一脸蒙地看着我们。

虽然沙发上已经没有她的位置了，但她还是迅速找到一个角落挤在那里听。由于这个角落太小了，她不停地从沙发上滑下来，最后不得不爬到大哥哥的怀里参与我们的小会，在大家都笑的时候她也会跟着笑。

虽然她不明白自己笑的是什么，不明白我们说的是什么、笑的是什么，但是她依然会因为大家都在做的这件事情而放弃了她喜欢看的动画片，参与到我们这个活动当中，这就是从众的力量。

两个月的暑假过去之后，我儿子从外婆家回来，体重飙升，这样发展下去对身体是没有好处的，我建议他每天都去小区的跑道上跑几圈。他接受了这个建议，但是一脸的不情愿，坚持了三四天似乎就忘记了有这么一个事情。

一天傍晚，我抽出一点儿时间，穿上运动鞋，告诉他我要下楼去。他问我去做什么，我告诉他去跑步。他迅速换上他的运动鞋，欢欣鼓舞地跟在我后面下楼跑步了。

孩子的任何习惯都可以用这样的方式来帮他养成。哪怕是一个很小的孩子，如果希望他收拾自己的玩具、整理自己的衣服或生活用品，家长都可以夸张地在行为上表现出来。比如说，在某一个时间爸爸妈妈夸张地描述自己要整理自己的东西，收拾自己的衣服了，然后像小蜜蜂一样忙得热火朝天，并且很开心。

很小的孩子，哪怕是三四岁的孩子，看到家长的这个行为也是很开心的。他觉得这种行为像游戏一样，这让他很想参与进来。这个时候家长就可以问他哪些是你的东西呢？你自己来整理，我们来比赛，或者是我们都来做自己的主人。

对孩子说这句话的时候也是一个浅浅的提醒，而不是刻意的命令。在发生了很多次这样的事情之后，当孩子看到爸爸妈妈又开始整理他们自己的东西的时候，孩子不知不觉地就会去整理他自己的东西了。

就像每个周末我在大扫除的时候我儿子都会参与进来。他不但干了他自己的那部分活儿，还会帮我做很多事情，而且丝毫没有怨言。干活的过程中他总是哼着小歌，心情非常愉快。

习惯了整理之后，这件事情对孩子来说就没有难度了。假如他把自己的房间弄得很乱，玩具丢得到处都是，即便是爸爸妈妈没有整理自己的东西，单纯地告诉孩子给自己的玩具找到它们的“家”，孩子也会很开心、很轻松地把这件事情给做了。

培养孩子做家务也是一样的道理。做家务可以培养孩子的责任心和爱心，所以一个孩子在5岁左右时，我们就应该让他参与到家务中，让他们做一些简单的事情。

比如说，家长在做家务的时候，他们可以给家长递一些工具，帮助家长把某些东西放回原来的位置，这都是他们在做家务的过程中的参与行为。这种参与可以让一个人学会集体协作、有集体荣誉感并且能够接受付出。随着他们一天天长大，他们更愿意为别人做些事情，给别人带来一些帮助，对参与家庭活动就不会排斥了。

很多家长会抱怨孩子已经十几岁了，但是在家里油瓶倒了他都不会扶一下。这是因为你在他小的时候没有教会他扶，没有形成行为习惯，他就会觉得事不关己或者难度很大，不愿让自己受累，自然也就不愿意去做。

如果一个孩子从小就没有养成动的习惯，那么，等他长大之后让他动起来是很难的。

很多家长会认为现在孩子太小，没有必要教他这些，等他长大一些再教他。但是等他长大了，他的行为习惯就已经定型了，对于已经定型了的所有的事物，我们想要改变它，难度都会加大。

利用从众心理对孩子进行引导，可以用在孩子成长过程中的方方面面，包括学习文化课。比如，我每天都会尽量抽出一些时间来写一些文章，我儿子在完成作业之后，也会写一点儿东西，这个是从他小学一年级的时候就开始的。

我从来没有要求他写东西，而他最开始也不知道自己要写什么，就写一些类似于日记的东西，今天发生了什么事，自己有什么样的感受，慢慢地，他就会写一些类似于诗或者小散文诗的东西了。等到了三年级的时候他开始写故事。他写的东西的好坏暂且不论，对写作感兴趣这种行为对孩子是非常有帮助的。

我读幼儿园的小外甥女每次来到我们家，当发现我和她哥哥都在写东西的时候，她也会拿出一支笔在纸上乱画很久。

假如你觉得孩子的数学不好，那就把数学当成一种兴趣，让它体现在你家庭生活的方方面面。

假如孩子的语文不好，他很讨厌古诗，很讨厌文章，很讨厌文字，家长可以把它们带入生活中，把它们当成生活中的一部分。

这种无形渗透式的影响会让孩子接受，孩子接受的同时，他的从众心理又会让他愿意跟随家长来做这样的事情。孩子越小，做这些事情的效果就会越好。

这里面有一个值得注意的地方，那就是这种无形的渗透式教育要分年龄段进行，在孩子很小的时候家长可以采用充满兴趣的、比较夸张的肢体语言来吸引孩子的注意力，从而让他们主动地参与到这个过程中。但是对于一些已经大一点儿的孩子来说，他们有了自我的主张和思维，家长就要采用淡定加执着的吸引方式，让孩子认为家长们所做的这件事情是有趣的、有意义的。10岁左右的孩子会对有趣的、有意义的事情比较感兴趣，到了十三四岁以后，孩子们会对有特点、有品位的事情比较感兴趣。

在所有的引导当中，家长必须遵循的一个重要原则就是不能让孩子察觉到你是在刻意吸引他。

当孩子察觉到你是在刻意吸引他时，他会觉得你是为了让他喜欢上这件事情而欺骗他。这种感觉和认知会让孩子瞬间对你所做的事情丝毫不感兴趣，甚至会对此特别厌烦。

# 教育的重中之重是培养孩子未来的能力，而不是固有的知识

目前，越来越多的初中生患上了抑郁症、焦虑症。抑郁、焦虑的低龄化说明了什么？

越来越多的孩子进入大学或者是从大学校园出来之后也患上了抑郁症、焦虑症。这样的现象说明了什么？说明了教育的过程出现了问题。

很多家长和老师在教育孩子的时候，认为重中之重甚至教育的全部内容就是学习好，而且这个学习好也仅限于对所有课本知识的识记、背诵！

一个孩子学习好了是否就有能力创造自己美好的未来，完成自己的雄心壮志呢？不能。因为学习好只是教育过程中的一小部分，只占 1/5 的比重，另外的 4/5 分别是知识更新、个人能力、分析判断、总结等。

很多家长在教育的过程中只要求孩子能够记得更多的知识，考试考高分就可以了。其实教育应该是学到更多的知识，并且通过学到的知识让自己衍生出新的知识，这对未来才是最有帮助的。

早些年我们可以看到这样的报道，某个天才儿童可以背诵圆周率后面的几百位，某个天才儿童可以背出《新华字典》。能做到这些要有一定的特质，那就是超强的记忆力，但是做到这些对未来的发展真的有很大的帮助吗？

每个孩子都有自己的特点，也就是天赋。在记忆力方面有天赋的孩子记

这些东西对他们来说没有难度，对于记忆力比较平常的孩子，我们如果以此为榜样，要求他们这样做，就等于增加了孩子的负担，让小马拉大车。

看到有的孩子去上补课班，考得还不错，有些家长就把自己的孩子也送去上补课班。但是对于没有找到自己学习方法的孩子、对学习有很强的排斥性的孩子，还有记忆力等各方面学习天赋稍微弱一点儿的孩子，把他每天 24 小时都泡在补课班里也没有用。

所以现在的孩子学习压力大，觉得生活不快乐，其中不乏一些孩子因此而走向极端。所以在教育的过程中，我们要发现自己孩子的特点，在自己孩子特点的基础上对孩子进行教育，这样引导效果才是最好的。

教育不是硬性地将知识强塞给孩子。假如孩子对学习没有兴趣，家长首先要培养出他的学习兴趣，再来给他安排学习任务，如果学习兴趣都没有，你给他繁重的学习任务，他是扛不起来的。

教育不是跟风，也不是跟随榜样，而是我们根据自己孩子的特点来对孩子进行切合实际的教育。一个孩子用这样的教育方式取得了成绩，不代表所有的孩子都要沿袭这样的方式。

让孩子用别人的学习方法去学习，远不如发现孩子的特点，让孩子用适合自己的学习方法去学习，这样孩子对学习的兴趣才会增加。

很多家长甚至老师在教育孩子的过程中只做了一半的内容，那就是教，而忽略了育。

“教”是告诉、是模板，告诉孩子让他知道，而“育”则是通过这个模板，通过孩子知道的东西让他们培育出自己的东西。如背古诗，很多家长都会要求孩子背得滚瓜烂熟，恨不得倒背如流，熟知每一个字的意思，然后家长觉得这个教育的内容就完成了，可以高枕无忧了，因为考试不会出错了。但这是教育的本意吗？当然不是。教育的本意应该是通过对古诗的赏析，孩子能够生发出什么样的感受，自己能够写出什么样的东西来。

我儿子在读幼儿园的时候，幼儿园里要求小朋友们背古诗。我会根据他背的每一首古诗给他讲一个与这首古诗相关的故事，还会给他画一个与这首古诗相关的简笔画，所以那段时间他对古诗比较感兴趣。到了大班的时候，有一天他问了我一个问题，他可不可以作诗呢？

我告诉他当然可以，作诗就是把你想到的事情、看到的事情、感受到的事情用自己的话描述出来。

有一天，他在吹气球的时候，他告诉我他作了一首诗："这是我吹的最大的气球，累得我口水流，口水流到河里头，小鱼喝个够。"

听到他作的这首诗，我给了他非常大的鼓励。我们不要求孩子作诗一定要工整、严谨，只要他开始对这件事情感兴趣，能够运用他的思维、感知觉，这就是学习古诗给他带来的帮助。因为对一个人未来的生活而言，感知觉和思维的运用是非常重要的，涵盖了一个人生活和能力的方方面面。

有的家长可能会认为打铁要趁热，这个时候一定要开始培养孩子作诗的能力。其实我们没有必要这样做，我会支持他去读古诗，支持他去用自己的感觉写诗，但是不会要求他写诗。

因为所有的事情穿上要求的衣服之后就变了感觉、变了味道，而要求这件衣服也是一种束缚，早晚会让一个人对这件事情失去兴趣。

有些孩子从三年级开始就去上作文补习班，单纯地去上作文补习班有用吗？如果一个孩子的大脑里没有对事物的感受，没有相关的思维，他又能在自己的文章中写些什么呢？

假如家长能够看到教育的重点在于"育"，而不只是"教"，一定可以把每一个孩子都培养成参天大树。因为每个孩子的头脑都非常灵活，他们有很多自己的想法和见解，只是这些东西被家长们拿着"剪刀"一点一点地剪没了。

为什么会有这么多孩子在初中的时候就患上抑郁症、焦虑症？有很大一部分原因是他们看哪儿哪儿不对，想哪儿哪儿着急。比如说，学习过程非常枯燥乏味，不停地"复制粘贴"，而且在这个"复制粘贴"的过程里不能有自己的见解和想法，因为自己的见解和想法很可能与标准答案不符，一旦写出来就错了。在"复制粘贴"中，也没有办法全面地展示个人的才华和能力。面对考试这件事，又成了谁背得更好、谁的分更高，谁看上去就更加有能力。这就会让那些识记和背诵能力相对来说弱一些，但又比较有独特的思维和见解的孩子非常头疼。

如果个人独特的思维和见解丝毫不能得到发挥，还被冠以不太聪明的称呼，有些孩子便会因此有愤世嫉俗的情绪，但他们又无力改变现状，所以会患上抑郁症。

关于未来呢？他清晰地明白自己的想法和见解此刻都不可以被看到，将来又怎么可能发挥作用呢？所以，他觉得未来也是看不到色彩的，自然就会焦虑。

刚刚进入大学或者是刚刚从校园里出来就有一些抑郁或焦虑的孩子伤在了哪里呢？

伤在了孩子只学会了听话，而没有自己的主张，遇到问题不知如何是好，体验着很多的无能为力，因而产生焦虑，甚至是抑郁。

大学是一个需要大家发散自己思维的地方，等到读研和读博就到了需要发挥自己见解的时候。但是进入大学的孩子大多数是识记的功能更强，他们习惯了识记别人的东西，而没有学会通过学到的这些东西来生发出属于自己的见解。所以在这个阶段，孩子就会感觉有很大的难度，无论是在学习上还是在生活上，都有很多自己无法应对的东西。

进入大学的孩子其实已经是成年人了，除了学习上需要用到一些自己独特的见解之外，安排自己生活中所有的事情、如何处理人际关系等也都需要自己的见解或者生发出来的智慧。

如果在孩子成长的过程中，家长们只专注于让他们学习固有的知识，没有培养他们学习知识之后的自我发展，他们在这个阶段就会感觉比较吃力，这种吃力会让他们产生很多心理困惑。

对于这种教育模式，我想到了一个比较恰当的比喻，种过庄稼或种过花的人可能都知道这个道理：如果我们希望果实长得更好，就要控制植株的长势，剪枝、掐尖。植物不再生长了，所有的养分就会供应给果实，果实才会长得更大、更好。

眼下家长们对孩子的教育用的其实就是这样一种模式：为了让孩子考出更好的成绩，只要求他们识记书本上的知识，忽略甚至刻意阻碍他们除了这些知识之外的其他思维和意识的发展。

少了一些思维上的负担，看上去他此刻的学习负担少了，可以有更多时间学习基本知识，但这对他的未来会有帮助吗？原本他现在开花的部分被家长剪掉了，未来结不出果实的时候他将面临多么大的困惑呢？

对于人的一生而言，我们要的不只是学习文化课这一个阶段的果实，孩子一生中不断的有果实接出也是同等重要的。而不断结出的每一个果实都不是到了那个时间段才开花、才结果，而是在孩子成长的过程中早早就已经开花，在他长大之后才能结出果实。

# 深化孩子的安全意识是家长必须给孩子上的一课

提到孩子的安全，家长们基本上是两边站。有些家长觉得没有必要那么小心翼翼，社会这么和谐，大家的生活也都算幸福，哪有那么多坏人和倒霉的事情发生呢？即便是有，也不见得会发生在自己孩子身上。还有一些家长觉得社会上不安全的因素很多，各种引诱、有心理问题的人非常多，各种极端的案例也总能在新闻中看到，孩子只要不在自己的视线中，自己都是不放心的。

教孩子提高安全意识并不是告诉他们这个世界有多险恶，而是教会他们防人之心不可无。在他们有防范之心的前提下就可以避免也许会发生的伤害。

在工作中，我曾经遇到过这样一个案例：来访者说她不敢去交男朋友，更不敢结婚，她觉得很讨厌、很恶心。

回忆早年经历，在她上七年级的时候，有一次放学后她去上厕所（农村的老式厕所，需要从后面淘粪的那种），上完厕所之后她突然发现学校看门的老大爷在厕所后面透过砖墙的花窗向厕所里面看，她吓了一跳，赶紧跑开了。

在这件事发生之前，她还觉得这个老大爷是一个很不错的人，因为他经常会叫她们去值班室玩儿，还会给同学们带好吃的，并且不止一次地邀请她放学后去玩儿。之前老大爷邀请她的时候，她就把这件事说给妈妈听，妈妈告诉她坚决不可以去。当时她心里还觉得妈妈把别人想得太坏了，虽然这么想，但是她也没有去。

自这件事情发生后，她断定这个老大爷并不像看上去那么好。从此，放学后她绝对不会在学校上厕所，也不会在学校的操场上多逗留一分钟。甚至有班里的女同学要她一起去老大爷那里玩儿，她都会劝告她们不要去，但她没有说出原因，因为她觉得这个事情难以说出口，太丢人了，被大家知道后她就没有办法见人了。

但是从那以后她就处在恐惧、厌恶的状态中。她总觉得有一个潜在的危险时刻伴随着她，总觉得有同学知道了这件事情，也总觉得那个老大爷应该是看到了她的什么。

用她的话说，那个时候自己曾经想过好多次结束自己的生命，但是最终还是没有那个勇气。等到天气渐冷的时候，她突然听同学说那个老大爷被学校开除了，原因是有女同学在他那里吃了亏。

这个女孩之所以能远离这个潜在的危险和伤害，是因为她妈妈告诉她坚决不可以去老大爷那里。虽然妈妈没有郑重其事地跟她更深入地解释其中的危险性，但是这句话也起到了作用。

其实在对孩子进行教育的过程中，很多家长应该提前告诉孩子如何躲避某些危险。而且一定不能简简单单地说给他听，必须要让他认识到这件事情的严重性，把这种思维深刻地印在孩子的脑子里。

某电视台曾经做过这样一个实验：选了一些10岁以下的孩子，让家里人在约定的时间段把孩子独自留在家里，然后电视台的人去敲门，称自己是送快递的或者是爸爸妈妈的同事，请孩子给他开门。

这些孩子基本上都是第一时间就把门打开了，只有一个孩子提出要给家长打电话。但是在工作人员的劝说下孩子没有打这个电话，最终还是把门打开了。

这些孩子的家长平时都跟他们讲过安全意识，老师肯定也无数次地跟他们讲到安全知识。但是这些知识只是知识，孩子们并没有将这些知识运用到自己的身上和现实生活中。

这种只是知识的知识在生活中随处可见。我们在培养孩子学习的过程中，基本上都在遵循这样一个规律，告诉孩子这个是什么，那个是什么，然后就结束了，少了很多实践和孩子真正参与的过程。

在很多家长的心中也是这样，好像这件事情只要我告诉孩子了，他知道了就可以了，家长心里的感觉就是这个事情不会发生在我们身上，孩子所感受到的自然也是这种感觉。

在我儿子很小的时候，我就不止一次地告诉他不要跟陌生人走。但是由于孩子小的时候感受不到外在的危险，并且与他们互动的大人都是带着微笑的，看上去很友好，孩子自然会觉得是安全的。所以他还是很容易就相信别人，很容易就跟别人走了。

我特意找了一个朋友做了一个这样的实验。在他两岁多的时候，我带着他在路上遇到一个朋友，朋友跟他聊天聊得很开心，在我装作接电话的时候朋友表示带他去买好吃的，他很自然地就跟朋友走了。然后我一路跟着，当他觉得时间有点儿长了，想要找妈妈的时候，我已经离他很近了，只是没有让他看到我。

这个时候朋友告诉他自己很喜欢他，让他不要找妈妈了。当我看到他听到这个话之后，眼里的恐惧还没有被放大，也就是他的这种恐惧感刚刚有一点儿的时候，我立刻就出现在了他的眼前。这样这件事情就不会给他带来伤害，他不会被吓到，也不会留下心理阴影，同时也让他感受到了他对妈妈的需要和别人的不可靠。

也有一些家长觉得现在社会上不安全的因素太多了，对孩子的安全问题格外重视，总是尽可能地陪在孩子身边。

这部分家长大多忽略了一个问题，陪在孩子身边，能陪伴多长时间呢？总有你不在孩子身边的时候，这时如果有突发事件，孩子要如何去应对呢？

这里就涉及对突发事件的应对能力。

为什么会是这样呢？也许一方面他们觉得这个人不见得会伤害自己，另一方面在他们的大脑中就没有躲避危险和马上离开的思维。所以他们遇到这样的事情之后，首先要进行分析，然后才能做出决定，就在这个分析和做出决定的过程中，歹徒已经伤害到了他。

这就是大脑中有和没有安全意识的区别。如果一个人对这样的事情有过注意，并且在自己的大脑中有过相应的思维，当他遇到这样的事情的时候就可以第一时间做出反应，为应对节省了很多时间。

假如一个人做过类似的模拟，用想象实现的模拟和行为的模拟一样，都给人一种似曾经历的感觉。

无论哪一种模拟都可以让人以最快的速度作出反应，这既类似于心理准备，又类似于提前印在脑子里的解决方案。

有一次，我带儿子坐公交车的时候，中途上来一个50多岁的男人，穿着很邋遢，头发比较长，而且身上有很大的酒气，很显然是喝了酒的。

他一上车就开始骂司机、骂车厢里的每一个人。原本我和儿子是在车厢前面的，这个时候我和他同时反应，走到了车后门的位置。车到了一个停靠站之后我们两个同时示意马上下车。下车之后，儿子告诉了我他一系列的想法和他对这个人的判断，那个时候他才上小学二年级。然后我们又等了下一辆同线路的公交车。

虽然这个人不见得会做出什么危险行为，但是这样的防范意识和防范心理还是要有的。不要小看这个反应的时间，在危险发生的时候，时间是对自己最大的帮助。

所以，无论是觉得这个世界是安全的家长，还是觉得这个世界是不安全的家长，都要教会孩子做出反应，都要在他们的心里种下一个如果有危险的情况发生，我们应该怎么做才最好的“种子”。做了这样的准备，不代表不好的事情就会发生，恰恰相反，只有做了这样的准备，不好的事情才会远离你，因为你多了观察的眼睛和分辨的思维。

# 你家有个“熊孩子”，是你在教育中忽略了什么

最近这些天关注了一些青少年犯罪事件，同时也关注了一些校园霸凌事件。当我们看到一些青少年的犯罪行为、霸凌行为后，第一感觉是这个孩子有问题，其家长的教育可能也存在问题，有极大的疏忽和缺失。

但事实上，一个孩子出现这样的问题真的完全是由于疏忽和缺失导致的吗？无意间的言传身教才是最重要的因素。

有很多时候，这样的“熊孩子”其实是“熊家长”的翻版。当然很少有家长刻意去教孩子做一些违法乱纪的事情，只是他们对孩子进行教育的过程中无意中反映出来的个人理念、价值观等会让孩子觉得自私、为达目的不择手段是一件正确的事情，欺负别人我高兴更是一件正确的事情。

家长在做这样的示范的时候，通常并不代表他们心里真的就是这样想的，更多的成分是夸张、是吹嘘，也许这样一种夸张的表达方式可以给他们带来快乐。但他的一个错误认知就是，觉得自己内心没有把这些观念当成道理和信仰，也就不会对自己身边的人造成影响。也就是说，他们觉得我就是随便一说，听的人也是随便一听，就像一个脏话连篇的妈妈控诉自己的女儿道德败坏、脏话连篇、对自己不尊重，觉得女儿非常恶毒一样。

她认为自己虽然也骂人，但是自己在骂人的时候内心并没有那么恶毒，

只是随口一说。她的这种想法是可笑的，因为被她骂的人感受到的是她的恶毒，而不是刀子嘴下面的豆腐心。

孩子的感受自然也是一样的，她无法感受到妈妈做出来的这些行为只是表面行为，实际上心里并没有这样的想法。但她骂人的时候心里有没有这样的想法呢？肯定是有的。

孩子看到、学到的表达方式是这样的，他会认为家长心里的想法也是这样的！原来对待别人的方式可以是这样的！孩子在这样的认知状态下，学到的这些绝对不会被压缩，而是直接被“发扬光大”。“青出于蓝而胜于蓝”在这里会被体现得淋漓尽致。

一个上幼儿园的孩子去超市把一个自己喜欢的小东西装在了自己的口袋里。由于这是私人开的小超市，店主并没有报警或搜身，只是在家长付费的时候，收银员告诉他孩子的口袋里还有一个小东西。

带孩子来的两位家长表示很惊讶。孩子为什么会有这样的行为呢？家里人从来没有苛刻地对待过他，也没有不给他买他喜欢的东西。对于孩子的这个举动，家长表示有点儿担心。

这是两位妈妈带着两个孩子的一次购物，在与她们沟通的过程中，我得知她们是妯娌关系。

其中那位年长一点儿的妈妈对这个年轻的妈妈说，他很可能是跟他爸爸学的，因为他爸爸每次到我们家见到什么喜欢的东西就说这个东西挺不错的，走的时候就直接拿走了。年轻的妈妈也表示赞同，因为孩子的爸爸无论到哪个亲戚家都会有这样的行为。

虽然可以看得出来孩子的爸爸有一个和谐的大家庭，不然就不会出现他到谁家都可以随便拿东西而对方还不跟他计较的事情，但是他的这个行为却在无形中给孩子带来了很坏的影响。相信这个爸爸的行为中一定不止有“拿”这个行为，肯定也表现出自己得到了一个喜欢的东西有多么开心。而且他应该很少传递出买或等价交换的信息，让孩子误认为得到了一个自己喜欢的东西，就是一个巨大的成功。既然他喜欢这个东西，又可以取得成功，自然就会这样去做。

有一次，我在一个景点看到几个孩子在摘花，并且不远的地方有一位妈妈在给他们录像。或许在这位妈妈的眼里，她看到的是宝宝们开心地玩耍，但是孩子心里感觉到的是花朵是可以随便摘的。

可能他们在这个景点摘了花，并没有付出代价，也就是没有人发现，没有人要求他们赔偿，但是不排除日后在另外一个地方再去摘花时会被制止，甚至会被要求赔偿的可能。

如果有这样的事情发生，在孩子的感觉世界里，他会觉得很受伤。因为他曾经这么做过，他这么做的时候没人告诉他这是错的，为什么这次会突然间变成了错的呢？

这对孩子来说，最大的影响并不是他在什么时间段会受什么样的处罚，而是在他的思维中形成了一种只要我喜欢就可以做、只要我愿意就可以做、只要我想就可以做的定式。

有一次，我带儿子去昆虫博物馆。一个看上去七八岁的孩子指着墙上的一排彩色的甲壳虫对妈妈说：“妈妈，你给我买这个。”妈妈告诉他不行，这个不是卖的，买不到。

这个孩子站在那里看了很久，然后四下张望了一下，迅速伸手去拽一只蓝色的甲壳虫。由于这些甲壳虫是用大头针固定在墙上的，妈妈看到孩子的这个举动后，迟疑了一下，并没有马上制止。这时候，在不远处的工作人员大声呵斥着走了过来，制止了孩子的行为。

站在一旁的妈妈依然默不作声，不知道她是因为心疼孩子不舍得批评，还是认为这个行为没什么大不了，不过是一只虫子而已呢？

这件事情看上去很小，但是孩子的心理反应却不容我们忽视。他看到了一个自己喜欢的东西，首先懂得去要求妈妈给自己买。但是当他知道这个东西买不到的时候，就采取了自己认为可以得到的方式。

整个过程中他忽略了对错、忽略了是非、忽略了可行性，也就是孩子被目的、欲望蒙蔽了理性。

我猜这个孩子如果成功地把这只甲壳虫拿到了手里，在被发现、被质疑、被批评的时候，妈妈肯定会替他辩解，说他还小，不懂事。但是透过孩子东西张望了一下这个行为，他是不懂事吗？他不懂得这件事情是不应该做的吗？他懂得，只是他在取巧，他在搏一下，想看看自己究竟能不能成功。他之所以敢搏一下就是因为他不知道，也不相信、不懂得，更没有体会过这件事情可能带来的严重后果，他只是关注并且放大了自己想要得到的这种感觉。

这是一种可怕的想法，也是一种可怕的行为。随着孩子一天天长大，他的欲望会越来越多、越来越大，一定会出现家长不能满足他的时候。那么，他养成了这样一个思维习惯，到时会做出什么样的事情呢？

一次我到某部门去办理一个证件，排在我后面的一个男士在打电话。他整个电话的说话方式反映出来的就是自己的暴脾气。自己绝对不能容忍对方，自己在能够动手的时候绝对不会动口。

我在想，这位男士的孩子会是一个什么样的心态呢？如果这位男士只是在这样的公共场合会说这样的话，想要彰显一下自己，这个情况还好，也许他的本性就是这样的，说话的时候非常夸张（反映出来的是他的心虚，无论表情还是音调），当事情真的来临的时候相信他也不会真的去和对方动手。但是他的这种说话方式就会给孩子造成很大影响。

我们可以看到很多这样的案例，在小学、初中，甚至高中，有一些孩子易怒、冲动，经常和别人动手。他们的这些行为都是有原因的，并不是生来就是这个样子的。

我曾经遇到过这样一个案例：他总是忍不住对自己的妻子甚至几岁的儿子实施暴力。他说，从小他的生长环境就是爸爸只要喝多了或者心情不好就会打他和妈妈，他在上学的时候只要不高兴就会打同学，导致现在他也会经常因为一些鸡毛蒜皮的小事，在情绪上来的时候忍不住跟妻子动手。但每一次动手之后他又非常后悔。现在妻子觉得忍无可忍，提出离婚，他才觉得真的需要正视一下这个问题，让自己改一改。在他身上体现的也是家长的行为给他带来的巨大影响。

有一个很小的小女孩儿，长得非常可爱，但就是没有小朋友愿意跟她玩儿。因为她无论和谁在一起玩儿，都会去要对方手中的玩具。

而她的这个行为是跟外公外婆学的，因为她从小就是外公外婆带大的，当外公外婆发现她想要其他小朋友手中的东西时，就会去和对方商量，满足她的愿望。孩子自然就会觉得她是可以这么做的，她是可以去要对方的东西的，因为外公外婆允许了，那就证明这是对的。

随着她一天天长大，她已经不需要借助外公外婆的力量得到别的小朋友手里的东西了，而是采用了自己直接要，别人不给就直接抢的方式。

在家长眼里，可能孩子得到了这个东西会玩儿得很开心，这就是她的所得，但却忽略了这样的性格在未来会给她带来什么。

我们来衡量一下，她一时的开心和别人对她的排斥给她带来的痛苦与她自己欲得而不能给自己带来的痛苦，哪一个损失更大呢?

“大学生虐杀小动物致死”，这是近几年接连发生的新闻。很多人在看到这样的新闻后，会说这个孩子的心理是扭曲的。

孩子会做这样的事，不见得只有这一个原因，孩子除了自身心理扭曲之外还有另外一种认知，那就是他不觉得这是一件大事。

那他不觉得这是一件大事的观点是从哪儿来呢?是从家长那儿来的。在正常情况下，家长不见得是会虐杀小动物的人，但是在他们的言谈举止中一定带着一丝冷漠、残忍，甚至是一些狠话。

比如，家长在开车的时候如果遇到小动物，他可能会脱口而出“轧死你”之类的话，走在路上看到动物的粪便也可能愤怒地骂出类似的话。家长在说这些话的时候，内心可能并不是真的想去弄死这个小动物，但是这样的话被孩子听到之后，孩子就会有另外一种理解和定性。他不会去向家长求证这个事情可不可以做，他只会根据自己的理解和判断来指挥自己的行为。所以，无论家长的言辞是无所谓的、冷漠的，还是愤怒的、犀利的，都会对孩子产生巨大的影响。

“熊孩子”都是由家长养出来的。要么是家长在教育过程中没有告诉孩子是非对错，没有帮他们树立规则；要么是在孩子成长的过程中，家长即便看到了他身上的错误行为也没有制止和指正。对这些没有被制止的错误行为，孩子心里会觉得不妥当，但认为是被允许的，也就是说，事情没有严重到不可以做的程度。

最初他们在一些小的事情上是这样想的，但是当他们的想法成了自动化的思维后，即便是长大之后他们也很难克制自己，更谈不上自律，也就更容易做出一些对自己有损失的事情。

对于什么样的事情是对自己有损失的，很多家长心里的界限是不分明的。比如说，在昆虫博物馆里想要拿昆虫的那个孩子的家长，她可能会觉得孩子得到了这个小昆虫，孩子开心了，这就是他的所得，但是她忽略了这个行为会把孩子的性格养成什么样，将来会给他带来什么样的损失。

所以，在教育的过程中家长们更应该有远见，更应该用未来的目标规划今天的行为，更不可忽视自己的无视、默许给孩子带来的影响。

# 怎样用感动的方式帮孩子改掉他们身上的小毛病

不乏有这样的新闻，孩子伤害了自己的父母之后觉得自己解脱了，父母也解脱了。

这是什么样的折磨，是多么大的伤害会让一个人完全没有了亲情，甚至愿意赔上自己的人生呢？本是至亲，何苦相煎呢？

从表面看，这是一个非常荒唐甚至极端的个案，但它反映出来的却是很多深层次的问题。

是什么样的步步紧逼会让一个孩子有这样的情绪？是这个妈妈对儿子人格的否定，而且是坚定地一再地否定。

在很多人眼里，这个妈妈全心全意地照顾着儿子，只希望他能好好学习，考上好的大学。很多人看起来会觉得这没什么，但恰恰是妈妈这种过度的期望酿成了这样一个悲剧。

为什么说她的期望是过度的呢？因为她对儿子的要求是你必须时刻学习。这是违反人性的，没有任何人可以将睡觉之外所有的时间都用来工作。

学习对孩子来说就是他们的工作。除了吃饭睡觉的时间全部都用来工作，连稍微地喘息都不可以有，在这种状态下，孩子太累、太烦的时候就想偷懒，但他一偷懒妈妈就会用犀利的言辞批评、指责他，甚至是谩骂他。所以才出现了孩子真的是因为要喝水而走出房间，被妈妈误认为他以喝水为借口想要多看两眼电视。

妈妈不合理的思维毁了她自己，也毁了儿子。试想一下，假如这个儿子走出房间真的是为了看一两眼电视，又有什么错呢？放松一下有什么不可以吗？

为什么很多家长在面对自己的时候是宽容甚至是纵容的，自己工作累了可以休息、自己的身体实在不舒服时可以请假，在面对孩子的时候却要求他们必须每时每刻都在状态呢？

做家长的我们对孩子是要管教、监督、提醒、引导，但这一切都不是以强压和伤害为前提的。

在成长的过程中，孩子们会做错事情，会不自律，但是不能因为他们的不自律和他们的小错误就否定他们，因为他们骨子里并不想犯错。

这种否定是对一个人极大的排斥。这种排斥除了会影响亲子之间的关系之外，还会让孩子觉得既然你觉得我如此不堪，那我就不堪给你看。这样的案例太多了。

心理预期决定心理状态，心理状态决定行为模式。如果一个孩子无论做什么，他的心理预期都是家长对他是否定的、不认可的、不支持的，他的心理状态自然是低落的、灰暗的、阴沉的，甚至是暴躁的。那么他的行为中肯定没有积极向上、阳光乐观的部分。

多元智能理论提出人的智能分为37类，每个人都会有属于自己的5类。不同的人会有不同的组合，会展现出自己的特点。

只不过在现在的教育和家长的观念中，只关注了那么几类——文化知识的学习，文科理科！

其实一个人的智能不只有这些。比如，篮球运动员、足球运动员、游泳健将、科学家、音乐家、画家、企业家等，每个人都有属于自己的智能空间，如逻辑能力、肢体运动能力、感知能力、人际交往能力等。

因材施教才是最简单、最有效的方法。所以，家长在培养和教育孩子的过程中，不要用你的观点、你的目标把他放进一个模具。

所谓的你为他好，很有可能是对他的束缚和伤害，甚至是对他人生的影响。

有太多太多的孩子按照家长规划的道路走下来，发现自己是痛苦的。如果我们不小心人为地增加了孩子人生的痛苦，这岂不是最大的损失？

明白这些之后，那些过度焦虑的家长是不是会降低一下自己的焦虑呢？

这是大方向上家长应该拓宽的思维框架，但是在生活中，在对孩子进行管教和教育的过程中的确会存在一些问题。我们用什么样的方式才能够更好、更轻松、更快乐地帮孩子解决这些问题呢？

用信任、推心置腹和感动的方式都能起到最大的效果。

有些家长可能会说我没有办法信任他，他是什么样的孩子我知道，一旦我信任他，他就会无法无天。

这里的信任并不是让你完全相信他所有的言行，而是用一种信任的方式让他调整自己的行为，改掉自己的小毛病。

信任是一种肯定，是一种动力源。很少有孩子天生就是邪恶的，大多数孩子在欺骗别人的信任的时候心里多少都会有一丝愧疚产生。这一丝愧疚就是他们改变自己行为的先驱力量。

哪怕你第一次相信孩子的时候他没有改变他的行为，他很庆幸自己瞒天过海了，但是在你第二次、第三次、第 N 次依然选择相信他的时候，他的内心就会有愧疚产生。

当他有这种愧疚产生的时候，你向他传递一些做正确的事情给他带来的好处和迈出第一步的方法，他就会让自己尝试着去做一下。

有些家长可能认为给孩子这么多次机会会给他带来更大的损失，因为时间的战线拉得很长。不会的！这份信任不只体现在一件事情上，而是体现在生活中的方方面面。

每个人身上每天会发生多少事情？在每件事情上都给他同样的信任，无论他是真的做得很好，还是做得不好，都要相信他很努力地在做，这个影响就会很快起到作用。

比如，一个总是偷懒、不好好写作业的孩子，老师向家长反映了他的作业又没有做完，有漏掉的。家长有可能会根据以往的经验，认为孩子是故意偷懒，不想做作业，在批评他的时候可能会对他的人格进行否定。

加入了这种信任元素的时候就不要这么做，要帮他把他准备的借口表达出来。如你是不是又忘了写某项作业或者是你写完的某项作业是不是丢在哪儿了？

在这个基础上，你再提醒他有哪些作业要做或者是作业要放在书包里的时候，他对你的反感和排斥感就不会有之前那么强了。而且他会发现作业其实也没有那么难，没有那么吃力，慢慢地就会让自己尝试着去写一点儿。进步也就有了，改变也就开始了。

推心置腹的方式很容易做到，我相信但凡关注孩子的家长，多多少少都会跟孩子聊天。在闲聊的过程中，如果你把对孩子的肯定、认可、赞美，以及对他的需要和希望他拥有的状态告诉他，无论你对他表达的是什么，他都可以心平气和地去听，并且在他的内心也会有一个思考。

感动的方式也不难，举一个小例子大家就能够明白。比如，我在和我儿子互动的过程中，从来不反对他玩儿电子游戏。只是玩儿游戏的时间他一定要自己控制，由于他有眼睑炎，很长一段时间医生都不让他接触液晶屏类的电子产品。

对于一个小孩子来说，是不是他知道自己不能接触这个东西的时候，他就可以让自己从心理上讨厌这个东西呢？这是不可能的。不要说是孩子，可能很多大人都做不到。比如说，身体不太好的时候需要忌口，对很多大人来说也是一件很痛苦的事情，心里会惦记吸引自己的那些东西。

同样，孩子的心里也会惦记。所以他也会时不时地表达自己什么时候才能够回到以前的状态。可能有些家长听到这样的话会大发雷霆，会觉得孩子有网瘾了、沉迷游戏了，孩子总想做身体状态不允许他做的事情。这其实是家长有点儿太敏感了，从一个客观的角度上来看，孩子的这个想法和感受是可以理解的。

有一天，儿子用手机交完了英语作业没有马上把手机还给我，而是看了一下班级群，看老师有没有发什么新的消息。看完了班级群之后他也没有把手机还给我，而是翻了一些其他的东西。

我看着他，猜他可能是想看一下游戏。但是我没有说什么，我只是观察着他的行为。他翻看了一下新闻类的东西，也就几分钟的样子就把手机还给了我。

我沉默了片刻，意味深长地看着他，然后对他说："儿子，妈妈应该向你道个歉，因为我觉得刚才我误会了你，我认为你想看一会儿手机游戏或者想多玩一会儿手机。"

他当时就表示很愧疚，说："对不起！妈妈，我应该向你道歉，我刚刚真的有那样的想法。我怎么能有这么不道德的想法呢？"无论从他的表情还是言行中我都能看得出来，他真的十分愧疚。

我马上告诉他说这没什么，有这种想法很正常，因为假如他没有眼睑炎，他是可以适当使用手机的。所以这个想法在大脑中出现也并不奇怪，他最厉害的地方是自己没有让这个想法成为现实，他管理了自己的想法和行为，所以他是一个很不错的孩子。

这样一番对话，既让孩子看到了他这个想法的不应该，同时也帮他解除了心里的困惑，还帮他坚定了此后不再去做这样的事情的信念。他对家长的信任感和信服感也会倍增。

这样的信任和这样的方法我不只在我儿子一个人身上使用过，我也向其他家长介绍过，都能够在很大程度上改善亲子关系，改变孩子的思维和行为。

这个过程里没有太多的技巧，更多的时候只需要我们代入一下自身的感受，如家长在要求孩子做到的同时要想一下自己是不是能够做到，要求孩子绝对不能出错的同时自己是不是也能做到？

我们的目标是做到和不出错，只有理解了孩子心里的情绪涌动，给予他更多的宽容，才能够有更好的引导效果产生。

# 哪些不经意间的行为会把孩子惯坏

惯坏孩子是谁的错？惯子即害子，这句话一点儿都没错，相信大多数家长也都是明白的。

但是在生活中面对孩子的时候，却有很多家长很难做到，看着孩子心里不舒服，就会尽最大可能去满足他们的需要，而这样的满足带来的一系列麻烦也会随着孩子的成长越发清晰地展现出来。

最近看了这样一则新闻：在广东某医院，一个 10 岁左右的小男孩儿连续 5 次踹向自己的妈妈。从视频中听到的争执声中能够分辨出来，是因为妈妈想要阻止他玩儿手机。

视频中孩子很愤怒地吼着，妈妈看上去很平静，只是躲闪。不知道是因为在这样的公共场合她认为不好和孩子发生争执，还是因为平日里她就是这样对待孩子的。

一个孩子能够这样对待自己的妈妈，在他的心里已然没有是非对错。而且妈妈只是制止他想要做的一件事情，他就有如此大的愤怒，可想而知，在他的生活中如果有某些事情不能顺应他的意愿，他愤怒的点会有多高，他展现出来的愤怒的情绪会有多么强烈。

他对待妈妈的行为要比和一个同龄人之间有争执、有纷争时产生的暴力行为还要恶劣。这个家里除了存在教育问题，还存在家庭排序、尊卑不分的问题。

孩子这么小就形成了这样的性格，将来他要如何生存于世呢？如何与同学相处？如何与同事相处？如何与朋友相处？如何与爱人相处？

而一个人的愤怒点如此低，最痛苦的是他自己，他会觉得自己每天都会遇到各种糟心的事情。因为人生不如意的事情每天都会发生，只是大小不同，小的事情很多人都不在意，所以感觉像是没有发生一样。

如果一个人承受能力太弱，愤怒点很低，一天中的很多事情他都在意的话，他的感受会是什么样呢？情绪会是什么样呢？

这对他自己是一种伤害。因为一个人为了没有必要的事情而痛苦，就是对自己的伤害。

除了愤怒给自己带来的伤害，他还要面临孤独带来的伤害（这样的性格谁会喜欢和他做朋友，谁会喜欢和他待在一起呢？）。脾气暴躁的人在面对伤害的时候做出极端行为的比例远远高于情绪平稳的人。

帮助孩子养成良好、宽容的性格要比无条件满足他们成长过程中的需求对他的人生有意义得多。

“子不教，父之过”，是人人都明白的道理。但是人们的生活条件越来越好，家里的孩子越来越少，家长们越来越不希望孩子的需求得不到满足。在家长对孩子的悉心呵护、悉心照料中，有哪些方式在无形中养成了孩子这样的性格呢？

### 1. 特殊待遇

基本上每个孩子都能够感受到自己的特殊待遇，特别是生活水平中下的家庭，孩子的这种感觉更加强烈。

因为家里总是会给他买一些只有他能吃、其他人不舍得吃的东西，这种情况久了孩子就会觉得这是理所当然，因为他不懂得这是家里人对他特殊的关爱。

那么，一个很现实的问题是什么呢？家里的经济条件的确有限，但是像牛奶、水果这些东西，为了保证孩子获得足够的营养是必需的。

在给孩子这些特殊待遇的时候，家长要做好一件事情——分享。分享可大可小，分享不代表平均分配，只要让他知道你也很喜欢这个东西就可以了。

比如说，孩子喝牛奶的时候，家长可以尝一口，表示：嗯！真好喝，你喝吧。比如说，孩子在吃水果的时候，家长稍微切下一点儿尝一口，并表示真的很好吃。

这并不代表家长很馋，跟孩子抢东西吃，而是让孩子知道情感是靠给予和付出表达出来的。虽然孩子小的时候——幼儿园或者小学阶段，他无法用语言和词汇表达这些，但是他的心里已经能够感受到了。

这种做法，孩子的心里多少是会感恩的，而且还会增加亲子关系的亲密度。这种感恩的心也会形成一股力量，那就是孩子会觉得等他长大了也想用疼爱的方式来让爸爸妈妈开心一些，帮他们做得多一些。

特别是爷爷奶奶、外公外婆、爸爸妈妈 6 个大人来哄一个孩子的家庭，对孩子就像众星捧月一样，在无形中给了孩子很多特殊待遇。甚至有一些家庭所有的事情都要为孩子让路，比如说，他不想睡的时候家长得陪着他玩儿，他想出去到某个地方的时候家长要请假陪他去。等他再长大一些，他想要某个名牌的时候，家长节衣缩食地要满足他。

这些特殊的待遇会让孩子觉得什么都是天经地义的，所有的照顾都是理所当然，这样的孩子不会有爱心、责任感、同情心，被放大了的是索取，他们会觉得向家长索取任何东西都是理所当然的，甚至会觉得父母给他的东西少了是亏欠他们。

很多家庭中有一个怪现象，就是六一儿童节像过春节一样，孩子的生日像老人过大寿一样。家长想表达的是关爱，但是孩子感受到的却是他是天、他最大。一旦在什么时候或某种场合下，他没有了这种感受，发现自己不被别人重视，他是很普通的一员，他的内心是接受不了的。

一句话，你惯着你的孩子，别人不会帮你惯着他。

## 2. 当面袒护

在很多家庭中，当孩子犯了一些小的错误，一个家长在管教的时候，其他家庭成员都站出来指责批评、管教孩子的那个人。

孩子本身很小，他没有对错观念，在大人刚刚出来管教他的时候，他会思考是不是自己做错了或者认为就是自己做错了。但是这个时候如果有人站出来持另外一种观点，就会让孩子觉得：哦，原来自己没有错，是管自己的这个人太挑剔。

即使管教他的人的管教方式不合理、不正确，其他家庭成员也不要当着孩子的面指正。

在这种当面指正下，孩子很难有正确的是非对错的观念。因为他习惯了一件事情有人说是对的，有人说是错的，而他对对错的选择会倾向于自己更喜欢的那一个。

有一次，我在科技馆见到这样一幕：在一个关于速度和轨道形状的科学实验中，有一个实验器材是一个皮球，是每一个小朋友要想了解一下这个实验都必须使用的皮球。有一个五六岁的小男孩儿用这个皮球做了一下实验之后就把皮球拿到一边去拍了，而还有很多小朋友在排队等着。

小男孩儿的爸爸叫他赶快把皮球拿过来，他的妈妈就狠狠地瞪了爸爸一眼，说："玩一会儿怎么了？带他来不就是玩儿的吗？"

当爸爸说把皮球拿过来的时候，小男孩儿的眼神透露出了一丝愧疚感。然后拿起皮球正准备往这边走，就听到了妈妈的话，然后又喜笑颜开地继续去拍皮球了。

孩子不知道他的这个行为是不正确的吗？他知道！但是有人给他撑腰，他就觉得自己的行为是可行的。在他的经验中，在他以后做行为选择的时候一定会选择那个自己喜欢的行为。

久而久之，任何一件事情只要有人说他错，他就会觉得不见得是自己错了，因为他一直以来都是按照自己的兴趣和喜好来行事的。

即便明确地知道自己做得不太好或者不恰当，他也不会让自己做出改变。因为在他的经验中，他做过很多不太好、不太恰当的事情，身边的人也是接受了的。

随着他日益长大，他就会更加倾向自己内心的感受，也就没了是非对错的观念，这对他的成长极为不利。因为生活中的小事无所谓对错，但是有很多大的事情、原则性的问题必须要有是非对错的观念。

### 3．过分关注

过分关注是大多数家庭在照顾孩子的时候都会出现的问题。比如说，孩子吃饭吃得稍微少一点儿，大人就开始心慌，你不能吃这么少，对身体不好，等等。

偶尔一次吃饭吃得少一点儿是没有关系的，也许是他不饿，零食吃得多了，牛奶喝得多了，总之是从其他的地方得到了补充。

过分关注还表现在其他方面，比如，孩子放学回来唠叨在学校里发生的某一件事，全家老少便一起对这个事情开会讨论，生怕孩子受一丁点儿委屈。

我们可以关注孩子在学习上和心灵上的感受，可以给他一些指导和建议，但这些都要适度。一旦过分，就会让孩子觉得大家对他的关注是必须的，无论走到哪里都要有这样的关注度。一旦这种关注少了，他就会不适应。而且过分关注还会给人一种感觉，那就是这个事情很大，这对孩子的习惯养成是非常不利的。

有很多刚上小学的孩子就描述自己的心情不好，他们为什么会心情不好呢？我们觉得无非是做作业不开心、和小朋友们相处不愉快、受老师的管教不高兴。但是在过分关注下，这些不愉快中又增加了一个，那就是他不再是那个重心，他不再是大家的关注点，所以他会不愉快。

此外，过分关注还会让一个孩子的应对能力变得很弱甚至丧失。

### 4．延迟满足的缺失

延迟满足的缺失，也就是平时轻易满足得太多。轻易满足时孩子除了不懂得珍惜，还会过于讲究享受、浪费，不懂得体贴他人，不能接受等待，会把孩子养成一个急性子、缺乏耐心的人。

孩子的内心比较脆弱，无法承受与自己愿望相违背的现实状态。当某种需要不能够及时被满足时，感受上就会非常痛苦、焦虑、烦躁，甚至会形成一定的人格扭曲。

延迟满足的缺失带给孩子最大的影响是在他们长大之后，在情感关系中很容易伤到对方，也很容易伤到自己，因为他没有办法学会给别人空间，给别人时间。

## 5. 祈求商量过多

这是指在与孩子沟通的时候过多使用祈求商量的语气，比如，哄他吃饭、哄他睡觉、哄他做作业等。这会让孩子不懂得边界，让他永远不懂得哪些事情应该是自己做的，哪些事情是父母做的。

他会在无形中觉得自己所做的事情都是替别人做的，也自然会觉得父母替他做的事情都是理所应当的。从而形成懒散、缺乏责任心、不能明辨是非、对自己没有要求的性格特点。而且这样的孩子大多都缺乏志气，他们不会因为自己有一个目标想要达到就让自己去努力，他们会一边想着自己的目标一边又懒于行动，就这样在拖延和目标之间纠结痛苦，并且还会把这种责任归结到他人身上，如从小爸妈没有教会自己、自己被其他人或者其他事影响或耽误了。

所以，家长的这个小行为给孩子的人生带来的影响和伤害是很大的。

## 6. 包办代替

在现在的家庭教育中，大多存在包办代替的弊端。有些家长并不是不舍得让孩子做事，只是觉得他做得比较慢，看着有点儿着急，然后就自己动手。有些家长是因为爱，什么都不舍得让孩子去做。

美国有一项研究调查表明，做家务可以大幅度提高孩子的责任心、能动性及大脑的聪明程度。包办代替只会教养出一个无能的孩子，还会在很大程度上毁了孩子的自信心。

高知低能是现在社会普遍存在的问题。就像现在的一些大学生，一进入大学校园就有万般不习惯，各种不会做。做任何事情对于他们来说都是困难的，每天面临着各种各样的困难，很多大学生因此出现了情绪问题，这些问题如果短时间内没有得到解决，就会衍生出心理问题。

曾经听过一些教授调侃，说现在的大学生的自理能力、动手能力远不及20世纪80年代的小学生。

不给孩子锻炼的机会，他怎么能学会应对的方式呢？怎么能养成独立的性格呢？更有过分的家长对孩子的包办代替已经不单单体现在生活琐事上，甚至孩子怎样与别人打交道他都要过问。

比如，有一位本科毕业的学生去面试的时候，家长跟他一起去。家长的目的是自己来和面试官沟通，这样的面试会成功吗？相信任何一个用人单位都不会要这样的员工。这样的教养方式能给孩子带来真正的帮助吗？这样的家庭能给孩子真正的营养吗？他没有人格缺陷才怪！

## 7. 过度夸张

孩子就像一张白纸，在他的世界里原本什么色彩都没有，他并不觉得灰色不好看，并不觉得白色单调，并不觉得黑色可怕。他们所有的认知都是家长传达的。

如果孩子摔了一跤，家长告诉他这很正常，下次走路你慢一点儿，当你学会观察后就不会摔跤了，并注意一下孩子摔到的地方，他就能感受到家长对他的爱，这件事情不会给他带来伤害，他也不会太在意。

但如果家长觉得这是一个天大的事情，孩子受到了如此大的伤害，反复问他疼不疼，他自然也会觉得这是个大事。甚至有些家长还会不停地跟孩子说对不起，妈妈没有看好你，爸爸没有带好你之类的话。这就会让孩子觉得原来这件事情如此重大。当下一次不小心摔倒后，他就会觉得自己遭到了重大的伤害，遇到了重大的危险。

如果在孩子成长的过程中，家长过度夸张，孩子长大后是非常容易受到伤害的。因为他的思维中有一个误区，那就是所有让他不快乐的、给他带来疼痛的事情都是非常重大的、不可饶恕的。

认知带来感受，感受产生情绪，情绪又会影响性格的形成。一个人在意一件事情就会有放大的情绪，无视一件事情就不会因此产生情绪。这就是抗击打能力。

所以，无论孩子遇到什么事情，家长都要告诉他这些都是正常的，每个人都会遇到这些事情，没有什么大不了的，你要学会的是通过这件事情知道如何避免、如何面对，慢慢地，孩子就可以培养起他们的坚强、胆量和智慧。

### 8. 害怕哭闹

很多家长看不了孩子伤心，只要他们一掉眼泪，家长那颗心就柔软地瘫在了地上，还会不停地责怪自己。

情绪是不恒定的，即便是一天当中你都在让孩子做一些他喜欢的事，他高兴的情绪还是不能一直持续。

神经系统累了可以休息，身体脏了可以冲洗，情绪累了需要发泄。所以，可以把孩子的哭泣看成是一种对情绪的清理，哭完之后他们的心情会很舒畅。

成年人也一样，当我们觉得心里有事、心情烦躁、情绪不好时哭一哭，也会瞬间觉得轻松了很多。

允许情绪波动才是真正帮助一个人成长，所以家长不要因为怕孩子不开心或者哭就依从、迁就孩子。

你不给他哭的机会，就等于没有帮他的情绪“洗澡”，时间久了，这样的积压一定会让孩子的情绪出问题。

就像有一些初高中甚至大学的孩子会有这样的痛苦，不想在爸妈面前装作每天都很开心的样子，这样装下去太累了。正是家长对他们的不开心表现得太紧张，才会让他们有这样的压力。

为什么他们不展现呢？因为他们展现了之后，家长会着急、受不了，会觉得孩子是不是出了什么大问题。孩子不希望父母着急、夸大，才会压抑自己。

所以，偶尔有不好的情绪，偶尔哭泣是正常的，家长们不用过于担心，不让孩子哭泣对他们的身心健康是没有好处的。

爱孩子没有错，但是要看爱的方式是否正确。所以，家长要注意自己的方式，不要因不经意的行为把孩子惯坏了。

# 延迟满足能让孩子懂得什么

社会在不断进步，人们的生活条件也越来越好，延迟满足已经很少在孩子的身上发生。因为孩子很小，他的需要很容易得到满足。因为很多家长不愿意看到孩子因为得不到而伤心难过、哭泣，所以就会及时满足他们的需求。

及时满足会带来一系列严重的问题。孩子小的时候，他们需要的东西很简单，无非是一些好吃的零食、好玩儿的玩具。但是随着他们一天天长大，他们的眼界越来越开阔，接触到的东西越来越多，就会发现这个世界的吸引越来越多。当有一天他们看到这个世界尖端的电子科技、奢侈的名牌服饰，他们的需求得不到满足时，该如何让自己的内心平静呢？

我们看到孩子身上存在很多问题，其实这不是一个原因形成的。

很多年前有一个轰动一时的新闻：一个高中的孩子为了追求最时尚的新款手机，低价卖掉了自己的一个肾。

一个十六七岁的孩子能有这样的行为看上去很荒唐。十六七岁的年纪，在每个人看来，他们都应该有自己独立的思考能力和判断能力。难道他无法预知这件事情会给他的身体带来伤害？他此刻用卖肾换来一个手机，那么当再有新的流行的东西出现的时候，他靠什么方式来获得呢？

这个荒唐的事情背后，一个最直接的原因就是无法接受不满足，而这种状态的出现有两个原因：一是他的欲望如果不能得到满足，他的内心就无法平静；二是在他成长的过程中，连最基本的健康、原则、底线的观念都没有。这些除了教育的缺失，除了家长没有教会他，还有一个更大的因素，就是他无法忍受。

无法忍受是人面临的最大的问题和最严重的困惑，体现在生活的方方面面。

例如，校园贷牵出了一个又一个大案，拖垮了一个又一个家庭。一个已经读了大学的孩子，难道他没有基本的是非判断能力吗？判断会有，但是这种是非判断不足以抵挡他内心的欲望。

校园贷中所有贷款来的钱，孩子们干什么了呢？消费了。比如，看到同学买了一件漂亮的衣服，自己不买心里难受；看到同学有了一个新的电子产品，自己没有，内心便无法接受。

看上去这些都是虚荣心在作祟，但是虚荣心的背后是什么呢？是不能接受延迟满足。每个人都有虚荣心，如果一个人完全没有虚荣心，那么他将无法进步。因为没有让他进步的动力。我们努力工作是为了生活得更好，从某种意义上来说，这也是虚荣心的一种，但这种虚荣心是在我们理智的支配下进行的。

如果一个孩子想要买一件新衣服，想要买一个新的电子产品，他的理智告诉他，可以通过节省生活费来存够这些钱或者通过去做兼职来赚够这些钱，这种虚荣心很显然就成了一种动力。

那为什么还会出现校园贷呢？他们不是不明白可以通过节省生活费来存钱，也可以通过做兼职来赚钱，只是他们不能等那么长时间，不能等到自己省下了这些钱，或者是赚够这些钱的时候再来满足自己的愿望。

做出贷款行为的大多数孩子都有一个还款计划，比如说，自己每个月从生活费里省多少，或者自己去做一个什么样的兼职。只是这个贷款的利息太高，他们省下来的钱或兼职赚回来的钱不足以偿还利息，才会让这个洞变得越来越大。

不能接受延迟满足带来的最大危害是欲罢不能。仔细想一下，欲罢不能是一种什么样的感觉？这是一种让人寝食难安、对自己的欲望牵肠挂肚的感觉。在这两种感觉之下，想要情绪平稳地生活，可能吗？不可能。既然对生活有了影响，每个人都会选择先把这件事情摆平，让自己的心里舒服了、踏实了，然后才能好好地生活。

这个帮助自己平稳的过程会是什么呢？是想尽办法，甚至是不择手段。一个不能接受延迟满足的人基本上不会采取说服自己让自己放弃欲望的方法。而能够接受延迟满足的孩子会变得更加智慧、冷静、体恤他人，更重要的是锻炼出平稳的情绪和冷静的内心。

他们的智慧在于当自己的欲望无法得到满足的时候，会想些可行性的方案，用正确的方式来满足自己的欲望。当一个人知道用正确的可行性方案来调整自己的欲望的时候，也就学会了冷静。

能够接受延迟满足的孩子，能够很清晰地体会自己的内心感受，能够管理自己的欲望，能懂得更多道理，自然也会顾及他人，对别人也有更多的共情和同理心。

可以体恤别人的人才会对自己的行为进行适当的调整，他们很多时候会采取一种折中的方式来平衡自己和他人之间的冲突。

一个可以做到这些的孩子，在和别人互动的时候自然会得到对方的喜爱和肯定。有很多孩子在成长的过程中，家长为他们做了太多，基本上都帮他们满足了愿望。

但是当一个孩子渐渐长大，他在交友的过程中想要得到朋友的认可，这个事情是家长帮不了的，完全要靠孩子自身的特点及他跟朋友之间的互动方式来确定他是不是可以拥有这个朋友。

假如这个朋友并不喜欢他，他没有成功地满足自己的愿望，习惯了得到满足的人就无法接受这个现实。

在他真实的感受中会对此有否定，又会找各种理由来支撑自己，证明自己的出色，同时会找出很多理由来证明对方不够好，不能和自己成为朋友其实是对方的问题。

原本大家能不能成为朋友其实并不存在谁好谁不好的问题，只是彼此之间是不是兴趣相投，但是在这种心理的驱使下就有了人格攻击。

能够接受延迟满足的孩子不会因为不满足而让自己有痛苦的感受，这件事情自然就可以平稳地过去，他并不会纠结于此。

但是不能接受延迟满足的孩子，这种欲求不满就会成为他们心中的那根刺，让自己久久不能平静，甚至会影响自己的生活状态。

在这种时候，他一定要找出一些理由和方法来让自己的内心获得平衡。这会让一个人变得比较尖锐，让他身边的人感受到更多的不舒服。

这也是一个把简单的事情弄得复杂的过程。如果一个人的生活态度是事无巨细的要求满足，那么他会活得很累，因为这是不可能实现的。

生活其实就像我们的两条腿。一个是内心的感受，一个是现实生活中的事件。两者平衡的时候，一个人才能走得更稳、更舒服。无论缺失了哪一个，还是偏向了哪一个，都会给人增添很多痛苦的感受。

所以，在一个人的感觉系统中，如果都是满足和快乐，这并不能帮助他更好地感受生活。必须要有一个鲜明的对比，那就是在有些东西不能满足的时候，大家才会更加珍惜现在的所得。

更重要的是，延迟满足可以锻炼一个人的心性、耐受力、同理心、责任心，这些是一个人成功必不可少的特质。

# 孩子一定要选好学校吗

如今，择校已经成为爱孩子的代言行为，好像哪个家长不给孩子择校就证明这个家庭实力不行，证明这个家里的父母不够爱孩子。

孩子一定要选好学校吗？只有好学校才能给孩子带来真正的帮助，让孩子拥有好的未来吗？并不完全是这样。所有的事情都要讲一个“度”，如果掌握不好这个度，无论你选择了多好的学校都会给孩子带来不好的影响。

这个度的第一标准就是合适。什么是合适呢？合适就是一个人在这个环境中不会成为另类，他可以融入这个环境。无论一个人在什么样的环境中，如果无法融入就不能给他带来帮助，只能带来伤害。

所以家长在给孩子择校的时候，不要选择和孩子的总体水平差距太大的学校。因为如果与大家有太大的差距，孩子是很难顺利地融入这个集体中的，同时这个集体对他也会有排斥。

特别是学校里的孩子，他们的思维还不成熟，会有调皮的一面，这就会使得他们有可能选择某一个好欺负的人来彰显自己的能力。

在这种状态之下，与他们差距较大的孩子往往会成为被欺负的对象。当群体与个体相比较的时候，个体本身就会成为另类。

即便是没有人欺负，太大的差距也会让孩子觉得自卑，这种自卑会让他很孤单，这些都会对孩子的心理造成伤害。

有很多家长觉得我们不能输在起跑线上，在孩子最开始上学的时候就要选择一个好的学校，会花高昂的赞助费把孩子送到一个家长们认为的好学校去。

有一个小学三年级的孩子，爸爸妈妈从县城到大城市里来打工，把孩子带了过来，花了将近 10 万元的赞助费把孩子送到了一所很不错的学校。

小学三年级孩子们的学习基本上有了一点儿基础，县城的学校里除了教数学、语文、英语之外，不教其他课程。

大城市里的学校就不一样，有音乐、美术、体育，各种文体及科学类的综合课程。到了这个学校之后，孩子在这方面显然是个“小白”，什么都不会。上课分组或者选伙伴的时候，同学们都很排斥她，因为她什么都不会，谁和她一组，谁的分就会被拉下来。

通常都是老师硬性指派一个同学和她一组，但是一节课下来，她得到的都是同学的埋怨。以前她一直觉得自己的成绩还不错，因为在之前的学校她的成绩的确不错，但是现在她突然间成了一个什么都不会的孩子。这是学习上的差距。

生活上的差距也随处可见。其他同学玩着 iPad，口袋里都有 100 元甚至几百元的零花钱，嘴里谈论的都是名牌。但这些东西她不要说拥有，连听都没有听过，所以就更没有办法融入大家的话题当中。

无论是学习上的差距，还是生活上的差距，都让她很受伤也很痛苦，几乎每天回到家里都会哭着说不想再到学校去。

如果孩子有了这样的心理状态，怎么能够有精力、有心情去好好地学习呢？孩子在这个学校熬了不到一年的时间，用家长的话说，从来没有见到孩子开心过。孩子说自己宁愿回到县城里和奶奶住在一起，做一个留守儿童，也不愿再待在这个地方。

我们想一下，是什么样的痛苦感受才会让孩子宁愿和自己的爸爸妈妈分开呢？和爸爸妈妈分开之后，每个孩子都会有对爸爸妈妈强烈的想念。但是在这个孩子身上，很显然这种想念带来的不愉快的感受远不及她在这里上学带来的不愉快的感受。

经过一番商量和思考，爸爸妈妈最后还是把她送回了原来的学校。

如果到了城市之后，家长不给她找差距如此大的学校，她和其他孩子的差距不会有那么大，其他孩子对她的排斥也不会这么强，稍微适应一些日子就可以融入进去，她也会有朋友，学习也会开心很多。适应了这里的学习，也就能够慢慢适应这里的生活。很多年之后，她可能真的就融入了这座城市，和这个城市里的其他人没有什么区别。

由此可见，在选学校的时候拉近距离、缩小差距是非常重要的。

一个读小学一年级的男孩儿不让爸爸妈妈开车去学校接他，理由是他们家的车不好，其他同学的家长都是开奔驰、宝马之类的车去接孩子。

一年级的孩子能够懂车，这得是一个什么样的环境呢？同样，这个工薪阶层的爸爸妈妈为了给儿子一个好的环境，每年花6万元的赞助费让孩子进入了这所小学。

假如这个学校的其他孩子都不懂得什么好车、什么名牌，他们自然也不会以这些为聊天的内容，这个孩子自然也不会对这些东西有所了解。孩子们的这些谈资从哪儿来的呢？是从家长那里耳濡目染来的，因为他们的家长平日里的谈资就是这些。

这个孩子这么小就不让家长去接他，怕丢人，那么等他长大之后呢？当他发现他与别人的差距更大的时候，他会是一个什么样的心理感受呢？他又会有什么样的行为呢？

一个读高中的孩子患了抑郁症，不得不休学在家。可以说，他的抑郁是家长一手造成的。这个孩子的学习成绩还是不错的，中考的时候考上了他们市排名第四的高中。

家长觉得要想考上一个好大学就必须去上排名第一的高中，因此费了很多精力、花了很多钱让孩子上了排名第一的高中。

从此，孩子的痛苦生活就开始了。以往他的学习成绩在班里一直是名列前茅的，但是到了这所高中他成了垫底的。

最开始他很不服气，觉得我努力一下一定会赶上去。但是这个学校里的每个孩子都很爱学习，学习态度都很认真，所以他们的能力和水平都很高。也就是说即便他很努力，成绩也不会有大幅度的提高。所以他想赶超那些知识很扎实、头脑的聪明程度又超过他的孩子是很困难的。

他很努力地学了一个学期，拼了一个学期，考试的时候发现自己的成绩在班级里还是垫底的，他开始有各种糟糕、暴躁的情绪。人的很多感知觉都是相互影响、有连带作用的。

比如，一个孩子的学习成绩出现了问题会让他的心情不好，他对同学、对班级的感觉也会受到影响。并且当一个孩子的情绪不好时，他很难平和地和别人相处，也很难在自己情绪状态不好的前提下拥有很好的朋友。最终，导致这个孩子在班级里既没有好朋友，也没有好的学习成绩。

他说，在这个学校的学习、生活是他此生最黑暗的经历。

其实择校带来的痛苦不只体现在孩子身上，还体现在家长身上。有一位家长费了很多心思让孩子上了一所好的高中，这所高中里的孩子非富即贵。为了孩子在学校不被歧视，家长从来没有在学校露过面，也没有在孩子的任何同学面前出现过。因为他们就是一个普通的家庭，没有权势，没有地位，更没有很多金钱。

用这位妈妈的话说，她觉得自己一点儿气质都没有，就是一个家庭主妇，以一个村姑的形象出现在孩子同学的面前，怕孩子被别人嘲笑。

但是她不放心儿子，也会定期地给儿子送东西，每次都是把儿子需要换洗的衣服、水果之类的东西放在学校外面的小超市里，然后自己躲到一边偷偷地看着儿子下课来拿走这些物品，她能看到的只有儿子从学校门口走出来和走进学校的身影。

做父母的没有不理解这个眼神当中的爱和心酸的。她因为对孩子的爱想要多看孩子一眼，现实的无奈又让她不能出现在孩子面前。

在这个过程中，孩子虽然没有对家长说过什么，但是他的心里也一定有不舒服的地方，只是他足够坚强，把这种不舒服独自承担了。

这些案例是不是说明作为家长就不应该给孩子择校呢？当然不是！环境

对人的影响还是不容忽视的，重点是我们在择校的时候应该看重哪些方面。那么，在给孩子选择学校的时候我们要注意哪些呢？

### 1. 孩子自身的特点

如果孩子性格比较内向，与陌生人打交道对他来说有一定的难度，家长在给孩子选择学校的时候就不能选择一个与家庭和孩子自身条件相差太大的学校。

对于相对内向的孩子来说，如果他在一个班级中的水平能占到中上，他的感觉就是舒服的、快乐的，他的学习成绩相对来说也会更好一些。学生阶段如果一个孩子的学习成绩不算太差，哪怕他比较内向也会有朋友。

如果家长给他选择了一个与他自身差距比较大的学校，到这个学校之后他只能垫底。一个垫底的学生不会被大家重视，加上他性格内向，便很难有朋友，学习、生活就枯燥了很多，再加上自己的成绩不好，他在这个班级里基本上没有什么存在感。那么，无论是学习还是生活，他在这个环境下感受到的不愉快都会更多一些。

### 2. 小幅度拔高

揠苗助长带来的伤害大家都知道，所以，在我们人为地帮助孩子变强大的时候要小幅度地拔高。

也就是说，要让孩子稍微努力一下就能够做到，而不是他拼了命地努力还是没有办法做到。所以，在给孩子选学校的时候，要选择在他的能力范围之内努力一下就可以融入的学校。

比如说，孩子的学习成绩在 80 分，家长不要觉得把他送进都是 100 分的学校他就能考 100 分，帮他选择一个 90 分的学校才是他努力一下就可以达到的。

在选择的过程中，不单纯要看学习方面，学校的其他方面，如生活、学生的总体状态都是家长需要考虑的，差距不能太大，不能让孩子成为这里的另类。

### 3. 孩子自己是否有梦想

有一些孩子，当他们知道还有更好的地方的时候会特别想去，但是有一些孩子会不太想去。

家长在帮孩子做选择的时候要综合考虑一下孩子的感受与选择，他们的选择就是他们的心理动力。

### 4. 家庭状况是否允许

有些家长为了让孩子上一个好的学校，全家人省吃俭用，把钱全部用到孩子身上。孩子是可以体会到家长对他的爱的，但心里会有深深的愧疚感和压力。

有一个孩子这样描述他的压力，我觉得自己是个废物，一无是处，只能拖累父母，他们给我找很好的补习老师，我很努力的学了，可是成绩也没大幅度提高，现在我一想到学习就出汗，有的时候还发抖。孩子心中的愧疚最终会变成压力让孩子没办法快乐学习和生活的。

世界上所有的好都不存在极致，也就是没有哪一种好的状态是最好的，所有的好都建立在合适的基础之上。比如，一个很爱吃苹果的人，你给了他很多高品质的梨，他能有多少快乐的感受呢？

对于一个孩子的成长真正有帮助的，不单单是你给予了他什么，还包括你的给予给他带来了什么样的感受！

什么是人生的快乐呢？有一定的高度会给人带来快乐，但是如果在追求这个高度的路上制造了更多的痛苦，留下了更多痛苦的阴影，就是得不偿失的。

对于每个人而言，只有在属于自己、适合自己的世界中，才会有更多的快乐，所以教育中合适很重要。

# 心理弹性对孩子未来的影响及培养方法

心理弹性，很多人对这个词比较陌生。什么叫作心理弹性呢？心理弹性是一个人承受问题的心理能力。

这种承受能力又分为负向和正向，是指一个人遭遇了不幸的事情和他遇到了开心的事情的承受能力。

心理弹性就好像人内心的一个疆域，这个疆域越大，能够容下的事情越多，而且给自身带来的相关的影响越小。就如痛苦的事情他能承受，快乐的事情他也能淡然处之。

如果一个人的心理弹性小，内心疆域窄，有事情无处安放，就会纠结、痛苦、不踏实。无论是开心的事情还是不开心的事情，只要有处安放，这些事情就不会使我们的情绪产生大的波动，影响我们的现实生活。

有人可能会问，遇到不好的事情需要心理承受能力，好的事情也需要心理承受能力吗？

好的事情同样需要心理承受能力。我们现在常说的“膨胀”等词，其实都是指一个人遇到了一些好的事情之后的心理状态。如果一个人这方面的心理承受能力比较弱，当他取得了一定的成绩之后就会出现一种开心的混乱，不能够冷静，没有办法正常地、专注地去做自己应该做的事情，更不能合理地安排自己的未来。

不好的事情给人带来的影响是什么呢？是遇到困难和挫折之后无助、急躁、愤怒、自暴自弃、不会思考，不去想一些有建设性的解决问题的方法。

我们可以把心理弹性理解为零之前有多少个负数，零之后有多少个正数。负数是一些不好的影响，如对一个人的批评、指责、排斥、贬低，甚至是孤立的影响。

如果一个人的心理弹性很强，他会有负100、负1000甚至更大的面积来承载这些不良情绪。只要内心承载得下，他就既不会感到太痛苦，也不会对生活有大的影响。

心理弹性强的人不在乎别人的批评，不会特别关注别人看待自己的目光，会有更清晰的自我，更坚定的信念。在生活中就会表现为心比较大，脸皮比较厚，无论别人说什么，他也不会特别在乎；无论自己身上发生了什么样的事情，他也不会特别在意；无论和别人互动的过程中对方怎么对他，他也不会特别计较。

不要小看这短短的三句话，做到了这三句话的人会生活得非常快乐，并且这个人看上去非常聪明。

因为当一个人不被一些东西影响的时候，他的思维会更敏捷，他的判断力会更强，他的选择也会更理性。

同样，心理弹性强的人也不会特别骄傲、特别自负。虽然适当的骄傲情绪可以让一个人快乐，可以让一个人更有动力去追求，但是过多的骄傲情绪会让一个人变得自负，而自负是人生最大的绊脚石，它可以让一个人在走路的时候踉跄一下，也可以让一个人摔得很惨。

心理弹性正向的部分我们就可以把它理解成从0到100、到1000甚至到更大的数字，这就是心理弹性。

心理弹性越强的人，这部分的面积也就越大，能够承载的生活中让他兴奋的事情就越多。当内心可以承载得下的时候也就不会激起更大的波澜，对生活状态的影响也就会降到最低。

怎样来培养一个人的心理弹性呢？拥有心理弹性的方式有两种。

一是随着一个人的成长，他经历的事情越来越多，心理弹性就会越来越大。但是这个过程是痛苦的，就类似于千锤百炼的过程。每一次事情发生在他身上的时候，他都会对这个事情有很多感受，并且让自己有很多的思考，不停地安慰自己、抚平自己，最终接受，达到一个内心平稳的状态，这个时候他就拥有了心理弹性。但是也有很多人被现实击垮。

二是在一个人还没有长大的时候，家长在对他教育的过程中培养他的心理弹性。

无论想培养孩子的哪一方面，在孩子小的时候进行这方面的引导或培养都是非常简单、非常容易的，而且孩子痛苦的感受很小甚至几乎没有。人的感觉也是相对的，就好像一个人从来没有品尝过甜的滋味，当他尝到苦这种味道时就不会觉得特别苦。

培养孩子的心理弹性可以利用生活中的方方面面，以及在孩子身上发生的每一个稍微突出一些的事情。

我们想一下，在孩子成长的过程中，每年要发生多少个有点儿突出的事情呢？数不胜数。所以，这些事情足够我们用来培养孩子的心理弹性。

比如，在孩子 1 岁左右、还不懂事的时候，特别想玩儿一些危险的东西，如刀、剪刀或者是电源的插头，这时家长该怎样做呢？

有些家长不舍得孩子哭泣，当孩子想玩儿这些东西的时候，他们一开始不同意、不允许，孩子一哭闹，他们就会以最快的速度给孩子买来仿真的、模仿这些东西的玩具给孩子玩儿。

在片刻的哭闹之后，孩子很快就得到了和这些东西类似的玩具，这是一种满足，孩子并不会因为之前的短暂哭泣而增强他的心理弹性。

在这种情况下，能够增强孩子心理弹性的方法就是：有危险的、不能给他们玩的东西坚决不给他们玩，也不要去找替代品来满足他们。

孩子可以哭闹，可以不接受，但是在哭闹和不接受的情绪过去之后就接受了，这种接受就是培养心理弹性的一种方法。

家长不要觉得不忍心，更不要觉得这么小的事情不至于。如果你觉得他现在还小，这件事情完全可以满足他，那他长大之后呢？如果他看上了豪车、豪宅，看上了一个非常讨厌他的人，作为家长的你如何帮他呢？我遇到这样一个来访者，他觉得自己天生就应该有富豪般的生活。爸爸妈妈没有让他过上这样的生活是他们的错，他们对不起自己。

孩子再长大一点儿，自己懂得玩玩具了。他可能会玩积木，可能会涂鸦，可能会玩彩泥。在他玩儿这些带有创意的玩具的时候需要动手又动脑，会出现他的作品和他头脑中想象的不一样的情况。

他可能会觉得自己怎么摆这个积木都摆不好，怎么画都画不漂亮，怎么捏都捏不像，他会因此感到烦躁，会耍脾气，哭泣，这时家长一定不要过来替他摆好他的积木，替他画好他想画的画，替他捏好他想捏的彩泥。

而是要告诉他，他做得还可以，只要他多练习几次，一定可以做得很好。接受自己做得不好是一种心理弹性的练习，接受自己还要练习很多次是另外一种心理弹性的练习。

真正投入到一遍一遍重新做的过程里的时候，他的心理弹性就已经存在了。

当孩子做了一件错误的事情，家长对他的批评和指正也是需要练习的一种心理弹性。

比如说，他在家里做了一些调皮的事情，刻意把水洒在地上或者刻意把饭撒在桌子上，家长可以对他的行为进行批评。

这是为了练习他容忍别人批评和指责的心理弹性。有些孩子在小的时候没有接受过家长这样的批评。

如果没有这种心理弹性，他们到了幼儿园或小学，就无法承受老师对他们稍加批评的言语。再长大一点儿，他们在和同学们互动的过程中，也无法接受别人对他稍加指正或指责的言语。

孩子到了开始学习文化课的年龄，如果在学习的过程中表现出了懒惰、拖延甚至糊弄的行为，家长也可以就这些问题对他们进行批评和指正。

对孩子正确的批评永远不会给他们造成心理伤害。随着一天天长大，孩子有了自我意识，当他看到别人家孩子的状态的时候，会和自己的成长经历做一个对比。

在这个对比的过程中，他发现自己的家长坚决不允许的事情其他家长可以接受，这种差距对孩子来说会成为一种伤害。

比如，孩子小的时候喜欢先写数学作业再写语文作业，但是家长偏偏不允许；他写完作业之后想看一会儿电视或者玩儿一些玩具，但是家长要求他继续看书。

再比如，他喜欢和哪个小朋友玩儿，但是家长觉得这个小朋友学习成绩不好，担心影响到自己的孩子，坚决不允许他们在一起玩儿。

长大之后有了清晰的自我认知，他就会发现家长对他的要求很不合理。这种不合理的要求才会对孩子形成心理伤害。

如果一个孩子不写作业，家长严厉地批评了他甚至动手打了他，孩子长大之后也不会觉得这是心理伤害。

当然，这有一个前提，就是这种情况不能太频繁。如果你的孩子需要你频繁地使用暴力才能做作业的话，那么说明你的方法用错了。

这些都是对孩子负向的心理弹性的练习。在孩子成长的过程中像这类的练习多到数不胜数，家长要把握好每一个机会。

但是对于孩子而言，我们一定不能只帮他练习负向的心理弹性。因为假如一个孩子的性格特点中只有这样的一面，他是自卑的、悲观的。

那么正向的心理弹性的练习要如何做呢？比如说，孩子在玩积木、在涂鸦、在捏彩泥的过程中，反复了很多次都做不好，他会无助、会烦躁、会气愤，甚至会哭泣。

在家长的引导下他做了一遍又一遍，家长要给他肯定和认可，甚至升级为巨大的表扬。这个时候这一件事就练习了孩子的两种心理弹性。

练习孩子正向的心理弹性，不能只在他们做不好一件事情，又慢慢地做好时来进行，还要体现在其他方面。

比如说，孩子单纯地做好了一件事情。这样的事情在生活中太多了，如他画了一幅画，无论他画得怎么样，根据他的年龄状态，只要他完成了，符合他的年龄状态或者是超出了他的年龄状态，家长都要给予表扬。

他整理了自己的玩具，整理了自己的房间，帮助爸爸做了一件不应该是他来做的事；和小朋友互动的过程中他学会了谦让；对待自己身边的人他学会了关爱……这种情况下对孩子进行表扬和肯定都可以增强他们的心理弹性。

但是这个时候一定要注意，在做所有的心理弹性培养的过程中要注重幅度。这个幅度也就是对孩子指正批评或表扬的深浅程度。

假如孩子做了不好的事情，无论这个事情是一般的、后果不太严重的，还是后果非常严重的，家长的批评都是蜻蜓点水般，是没有办法很好地练习出孩子的心理弹性的。

也就是说，这种批评要根据事情的严重程度而有不同的强弱。比如，孩子把水洒在地上，家长稍微批评一下就可以了，但如果他去玩电或火这样危险的东西，家长的批评就一定要严厉些。

对于正向的心理弹性的练习也是一样。对孩子的夸奖、肯定和赞美要建立在他们行为事实的基础上，不能太浮夸，更不能强弱都一致。太浮夸会让孩子比较自负，会让孩子的心理弹性停留在一种状态之下，将来他取得了巨大的成绩后还是会有种无处安放的情绪，也还是会给他的生活带来一些大的影响。

## 孩子交了坏孩子做朋友怎么办

大家都深知“近朱者赤，近墨者黑”的道理，所以很多家长在孩子交朋友的时候会格外关注。

这个关注就引发了 4 个问题。

第一个问题，对对方的伤害。基本上所有的家长发现自己的孩子在和一个“坏孩子”玩儿的时候都会反对，有些家长还会去找这个孩子的家长甚至这个孩子聊些什么。

这种行为会给这个孩子造成强大的心理伤害和打击，我在工作中就遇到过很多这样的来访者。

有一些是刚刚发生的，他觉得自己很痛苦；也有一些是事情已经过去了一段时间，但是自己既无法想通，也没有办法接受这个否定，因此孩子产生了一些抑郁；还有一些会被这段经历影响了一生的孩子。

有这样一个女孩儿，她在初中的时候有一个很好的朋友，她们俩的学习成绩差不多。高中时她们又到了同一个学校，但是这个女孩儿的学习成绩比她的好朋友落后了很多。

她好朋友的家长就开始命令她的好朋友不许跟这个女孩儿玩儿，但是友谊也不是那么脆弱的，她的好朋友仍偷偷地跟她玩儿。

有一天被好朋友的妈妈发现了，她便找到这个女孩儿，言辞非常犀利地对她进行了批评，甚至是侮辱，警告她以后再也不要和自己的女儿玩儿。

失去一个好朋友已经是一个打击了，再被对方的家长犀利地指责甚至侮辱，让这个女孩儿觉得自己从此再也没有脸见人，把自己关在家里一个多月都没有去上学。

她甚至觉得对方家长给她的定义是对的，自己学习成绩不够好，人长得又胖又丑，有什么脸见人呢？

之后在老师和其他同学的不断邀请下，她又回到了学校，但是她觉得自己再也笑不出来了，再也没有了快乐的感觉，她甚至觉得每一个人看她的眼神都是嘲笑的，这件事情让这个女孩儿有了中度抑郁。

还有一个类似经历的女孩儿，她都已经20多岁了，但是当年所经历的事情她怎么都无法忘记。

从当时的遭遇发展到现在，她已经出现了幻觉，觉得所有人都想要害她。这是很严重的被害妄想症，不得不住进了精神病院。

还有很多有这种经历的人，虽然事情过去了很多年，但始终对这件事情无法释怀，他们在工作和生活中也总是缺少力量和信心。早年的这种经历及对自己负向的评价，就像一个烙印一样刻在他们心头。

相信每一个家长都是善良的，也都不是刻意去伤害别人，所以在衡量对方是不是一个坏孩子的时候要更全面地综合衡量，保护自己的孩子也要建立在事实和不伤害他人的基础上。

第二个问题，对自己的孩子的影响。孩子会和家长眼中的“坏孩子”玩儿，一定是被这个“坏孩子”身上的某些东西所吸引。如果家长不去关注、不去观察孩子为什么需要“坏孩子”身上的这些东西，而是单纯地阻挡，对自己孩子的心灵也是一个打击。

我们先看“坏孩子”有可能给自己的孩子带来的影响有哪些。

在家长眼中，很多学习成绩不好、比较调皮的孩子就是“坏孩子”。小学阶段的“坏孩子”基本上不会给自己的孩子带来影响。因为小学阶段的孩子，思维和意识都还没有发育成熟，他的调皮多动、新点子、新主意，其实是灵活和聪明的表现。

很多家长都对孩子说，你多和那些学习成绩好的孩子一起玩儿，可是很多时候却发现自己的孩子喜欢和那些成绩比自己差的孩子玩儿，这是为什么呢？

这是因为和比自己成绩差的孩子玩儿有充分的优越感，他可以从对方身上获得对方对他的仰慕，如果自己去和一个成绩比自己好的孩子玩儿，他可能就会被笼罩在逊色的阴影之下。

不拿自己的孩子和其他的孩子做比较，孩子没有这方面的心理压力，就不需要寻求这方面的优越感，他在交朋友的时候才能不被这个因素左右。

你的孩子和调皮的孩子一起玩儿并不会变得更坏，反而会学到更多的新点子。如果你对他人格的教育是起作用的，孩子有自己的人格特点就不会那么容易被影响。

对于教育，我们真的不是要教出一个机器人，而是要教出一个有智慧、有能力发展自己、主宰自己未来的孩子。

社会上有这样一种现象，那就是孩子小的时候有些调皮，并不代表到了青春期一定是坏孩子，成人之后他们的人生就一定惨淡。相反，很多人是能做出一些成绩的。

但是到了初高中，有一些特别叛逆的、与家长甚至与社会普遍认为正确的事情对着干的孩子，真的会对你的孩子带来影响。

孩子到了初高中，都有了自我，他们在选择朋友的时候，懂得根据自己的需要进行选择。

所以在这种情况下，如果你发现自己的孩子和那些自由散漫甚至放荡不羁的孩子做朋友的时候，就要想一下他在这个关系中需要的是什么，用什么样的方式可以帮他把这部分需要补足。

大多数有网瘾、厌学、喜欢和校外的一些年轻的孩子拉帮结伙的孩子，他们的内心都有一个非常大的缺失和恐惧，包括不安全感，这种缺失来自家长或者他生长的环境。从来没有获得肯定、不被认同，对一个人来说也是一个巨大的恐惧。

在他和这些自由散漫的孩子为伴的过程中会有很强的集体感，因为在这个集体中没有人排斥他，让他有很强的存在感，这个存在感会给他一股强大的力量。

在这个集体中，大家做的事情都是相对来说比较容易做到的，当他也做到了这样的事情的时候，会得到大家的肯定、赞美甚至表扬，自己的存在感、自信心会在这样的集体中极大地飙升。

不要小看这个人生道路上的小岔口，它给人带来的损失是巨大的。

很多孩子在这个状态下放弃学习，过早地踏入社会，而真正进入社会之后，他们通常都是吃亏的，甚至会被人利用去做一些违法的事情。但是当发现自己被人利用去做违法的事情的时候，他们是没有勇气和胆量对家长说的。

所以，假如你发现自己的孩子和这样的孩子成为朋友，要先看孩子内心缺失的是什么。除了补足他内心的缺失外，还要修正他的某种认知，要让他看到未来的希望，并相信依靠他自己的能力同样可以获得他想要的东西。

一个在家庭中充分得到爱的孩子，在叛逆期也不会走得太远，所以关爱也是一个孩子成才成人不可缺少的条件。

唯一不要做的就是强行阻断他和这些孩子的交往，这种强行阻断本身就是对孩子的一个伤害，更何况很多时候这种强行阻断并不起作用，甚至有些家长在强行阻断的过程中孩子离家出走了。

他会选择和这些孩子做朋友，说明他的内心已经有了某种缺失和伤害。这种强行阻断是在他原来的基础上又加深了这种感觉，因为这种强行的命令同样是对孩子的一个极大的否定。

发现孩子内心的缺失，弥补他们内心的缺失，引导修正他们的思维认知，孩子慢慢地自然就会离他的这些朋友越来越远了。

第三个问题，你眼中认定的坏孩子是真的坏孩子吗？

很多时候，我们在看别的孩子时不够全面、不够客观，再加上人们有贴标签的习惯，导致我们看到一个孩子的某个行为就认定他是个“坏孩子”。

大多数时候，这个认定都是不对的。比如，一个不太爱写作业的孩子，不代表他成绩不好，不代表他心地不善良，不代表他不积极进取。

有一次，我在一个路口看到一个10岁左右的小男孩儿一边摔着自己的书包一边哭着对他妈妈大喊大叫。站在一旁的妈妈并没有显得很激动，而是稍微有些不好意思。围观的人第一感觉就是这个孩子太没有教养了，这个妈妈太软弱了，竟然让孩子在公共场合对她大喊大叫，甚至出言不逊。

围观的很多人都很气愤，当人群中有人指责这个孩子的时候，妈妈开始解释孩子的情绪为什么会这么激动。

妈妈轻描淡写地说因为奶奶回农村去了，他不开心。孩子不接受妈妈的这个说法，他一边哭着一边大喊“是你把奶奶赶回去的”。

孩子的这种不尊重妈妈、没有礼貌的行为能证明他就是个“坏孩子”吗？如果我不是站在那里看了一会儿，可能也会认定这个孩子很缺乏教养，很没有礼貌，那个妈妈的教育很失败。但是知道了事情的原委之后，我不觉得这个孩子缺乏教养、没有礼貌。他如此崩溃是因为这件事情是他能力所不能及的，他没有办法说服妈妈，更没有办法命令妈妈，才用这样一种方式发泄自己的情绪。

第四个问题，不让他们一起玩儿是真正解决问题的方式吗？不让自己的孩子和“坏孩子”玩儿，自己的孩子身上就不会出现问题吗？

很多家长觉得我的孩子只要不和“坏孩子”玩儿就没问题；和学习成绩好的孩子玩儿，他的成绩也会有所提升；和头脑聪明、有梦想、知书达礼的孩子玩儿，我的孩子也会朝着那个方向靠拢。

这种想法是错的，孩子身上出现的每一个问题都是有原因的，有很多都是在某种状态下他自己想到的或者是认为的。

比如，一个一直都老老实实、按部就班做作业的孩子，当作业太多了或者某一天有一件更有趣的事情吸引他的时候，他也会萌生不写作业的想法，并且有可能把这个想法实现。

在一个孩子成长的过程中，会出现多少个他们不喜欢的事情和非常吸引他们的事情呢？在这些事情出现的时候，孩子都会有自己的想法和有可能打破以往表现的行为方式。

我们可以看到，生活中有些孩子开始惹家长生气、开始叛逆并不是跟别人学的，而是他的某些经历和感受让他想要采取这样的方式来缓解自己内心的压力和遇到的一些困难。

比如说，孩子开始不写作业了，要么是作业本身难度增大，写起来比较吃力；要么是作业量太大，在有限的时间内很难完成。

这些在孩子面前算是一个比较大的困难。每个人其实都是在比较大的困难出现或产生的时候去寻找其他的方法，比如捷径，比如可以缓解这种困难的方式。

如果家长不希望孩子学坏，就要教会他更多应对问题的方法，并且适当地帮他解决一些现实的困难。

要让孩子知道你是他人生当中最值得信赖的那个人，而不是一有事情就只会批评、指责，甚至打骂。这样孩子才会敢于把自己遇到的事情说给你听，你才能对他有更好的引导，而对孩子进行正确的引导才是孩子良性发展的重要因素。

# 不可忽视虚荣心给孩子带来的危害

说虚荣心可以给孩子带来危害，也许有些家长并不是特别认同。但只要稍微一列举，我们就可以看到虚荣心给孩子带来的伤害比比皆是。

过度虚荣是一种病，它可以让一个人把路走偏、走绝，甚至会毁了这个人。

过度虚荣出现在孩子身上同样值得家长重视，因为过度虚荣给孩子带来的损失是不可估量的。

某个同学的风头盖过了自己，于是拉帮结伙地找这个同学算账，让这个同学出丑。看上去只是小小的校园霸凌事件，但是随着国家对这方面的重视，这个小小的校园霸凌事件也让孩子付出了惨痛的代价。

即便是孩子这个时候没有付出代价，他的这种性格也会使他在走向社会后依然不能容忍别人盖过他的风头。即便他不敢做出什么过分的行为，他那颗难安的心也会让他很痛苦。

为了一个名牌手机卖掉自己的一个肾的男孩，是什么样的心理促使了他的这个行为呢？过度虚荣是一个不可忽视的因素。可能很多家长觉得这只是个罕见的、极端的例子，这样的事情是不会发生在自己孩子身上的。

有这种想法的家长真的错了，有多少家长了解自己的孩子？知道他人格的本质是什么？知道他们内心真正想的是什么？知道当你看不见他的时候他的行为是什么？

可以说，很多家长都不知道，不然就不会有那么多身陷校园贷的孩子，也不会有那么多用不光彩的手段，甚至是违法的方式来满足自己愿望的孩子。

虚荣心带来的危害更多地体现在高中以上的孩子身上，对于高中以下的孩子而言，虚荣心给他们带来的危害只是心理上的困惑和不愉快的情绪。

某件东西别人有自己没有，某个状态别人存在自己不存在，高中的孩子充其量只是羡慕嫉妒的感觉，但是对于已经上了大学的孩子而言，它却成了实实在在的伤害，因为他已经有将内心的想法转化为现实的行动。

虚荣心从哪儿来呢？有两个方面：一个是来自渴望被关注；另一个是来自真正的匮乏，就是严重的缺失。人的竞争本能和存在感使每个人都希望得到大家的关注、肯定、支持、拥护。

有些人可能并不认同，会说我身边的谁谁谁，他就是一个不和大家争这些的人。

其实一个年轻人在成长的过程中都是关注这些的。他一天天地长大，学到的知识越来越多，内心的世界越来越丰富，思想境界越来越高，他才有可能达到一个真的看淡这些的境界。

如果我们身边的一个年轻人看上去对这些东西都不关注，那么就只有两种可能性：已经得到满足和无法得到满足。

满足很容易理解，一个人拥有了某些东西之后就不再渴望，他对这些自然就不会过度关注。不满足是无论他怎样渴望都无法得到满足，久而久之，便放弃了追求，形成了一种强大的压抑。

我们可以看到这样一种社会现象，往往很多大家眼里的老实人，会做出惊天惨案。这其实就是一种压抑产生的扭曲。

过度压抑的虚荣心是让人非常痛苦的。由于某些条件的限制，当事人可能连生活中比较基本的需求都难以得到满足。

比如说，家庭特别贫困的孩子，穿的一直都是别人赠予的衣服，那么，他可能对一件新衣服的渴求会非常强烈。这种渴求也来自虚荣心，但是看上去却合情合理。

这种匮乏不单纯来自物质上，也来自心理上。比如，一个缺少关怀的孩子，会特别渴望得到身边人的关怀，就会在同龄人中营造出一种自己是个被关怀的孩子的样子，会做很多事情来证明自己是个被人关爱的孩子。在这个过程中不乏有一些错误的行为，如说谎。

怎样避免虚荣心给孩子带来的危害，让孩子不要受这种感觉的影响呢？

渴望被关注引起的虚荣心比较容易应对。在孩子成长的过程中，家长和孩子身边的人只要对他有足够的关爱、关注，并且在给予的过程中让他形成正确的世界观、人生观、价值观，让他明白关注自己才是生活的真谛，而不是活在别人的眼里，成为一个为了别人的目光而动的木偶。

培养孩子的自信，让孩子拥有自己独到的见解和思维，也是让孩子不会过度重视别人的观点和看法的重要因素。

这方面的给予如果家长做得好，孩子就很可能成为一个引领别人的人，而不是追随别人的人，并且这种引领不是刻意的，而是在无形当中自然而然形成的。

因为孩子拥有健全的和饱满的人格，所以他对这种引领也并不是特别看重。也就是说，当他可以引领别人的时候他会开心，但是当他不能够引领别人的时候他也不会因此而痛苦。

更重要的一点是，当一个人对某一方面的东西不是特别关注的时候，他散发出来的最自然的气息才是最吸引人的。

对于因需要的匮乏衍生出来的虚荣心，家长要尽量多给予孩子心灵上的关注和关怀，这才是对孩子最大的爱。

爱可以抚平一个人内心的崎岖，爱也可以引领一个人去做正确的事情，这是一个人朝着正确的方向发展的道路。

在爱的包裹中让他明白每个状态中的人都有自己状态的美好，会让他减少想要急迫改变自己状态的想法，并且会让他懂得可以通过自己的努力来改变现在的状态。

比如，一个比较贫困的、经常穿着别人赠予的旧衣服的孩子，家长可以帮他勾画未来的蓝图，告诉他一个人可以通过自己的努力得到一些现实可行的满足，可以用一些事实和一些名人的经历告诉他，暂时的缺失并不代表永久的缺失，进取和努力才是正确的道路。

在向孩子传递和表达这些的时候，家长绝对不能是教育，而是分享。教育是用说教的方式要求孩子做到，这样的要求本身就是一种压抑和痛苦，给他的感受是你用压抑的方式让他接受这些，这给他带来的就是痛苦。

分享是你把自己的感受、心得描述给他听。这种分享不带有任何强制性，就是一个单方面的介绍，甚至是感慨或者心得。这种不要求对方接受的方式反而是最容易被接受的。

要让孩子明白，如果你的工作很普通，每个月只有几千块钱的工资，那么即便你拿着名牌包、穿着名牌服装，大多数人也会认为你用的是山寨货，或者认为这些东西是你使用不正当的手段换来的。

假如一个男孩儿的工作比较普通，每个月拿着几千块钱的工资，却用着奢侈品、开着名车，大家会认为他的东西是通过不良渠道得来的。

假如你言谈得当，举止文雅，即便你穿着很普通的衣服，人们也会觉得你是一个很有气质的人，而你散发出来的气质就是最大的吸引力。人们甚至会想自己是不是落伍了，这是什么牌子，自己居然不懂，不是什么大牌也一定是一个小众的品牌。

做到这些并不难，只要自己踏踏实实地工作就可以获得，而心里的这些感受和踏踏实实地工作都会给人带来最真实的快乐。

特别是今天的社会绝对不会亏待勤奋的人。如果一个人是勤奋的，即便他不能飞黄腾达、有所成就，也一定可以丰衣足食。

所以人真正活出来的是自己的色彩，是由你个人骨子里的色彩来描绘你外在的附属品，而不是用外在的附属品的金色把你粉刷出来。

家长们不要再怀疑这些是否有用，因为无数个真实的教育案例都可以告诉你这些是有用的。只有用错了的教育，没有教育了还错的孩子。所以，对待孩子，无论是哪方面，只要我们看到，只要我们感觉到，并在这方面进行引导、影响，都是会起作用的。

## 对孩子进行爱心的教育是不可缺少的一课

我们可以时不时地看到这样的新闻：很小的孩子做出了很残忍的事情。在“百度”上搜索关键词就可以看到无数条这样活生生的案例。

他是一个成绩优异的孩子，是什么样的压力让他做出如此极端残忍的行为呢？孩子的内心世界一定有千千万万个声音和想法，只是他把这些声音和想法全部压抑了，一心来做一件事情，那就是按照家长的安排好好学习。所以，作为家长的我们不能只是关注孩子的学习，更要关注孩子心里所有的想法和感受。

古代教育的起始是：人之初，性本善。泛爱众，而亲仁。古代对子女品质的教育是十分重视的，而现在的家长大多只看重分数。

除了考试成绩之外，家长们似乎什么都看不到，也忘记了要对孩子进行仁爱教育、挫折教育、品质教育等。如果一个人的骨子里少了品质，不能接受挫折，没有仁爱之心，这个人的学习成绩无论多好，也不可能取得巨大的成功，甚至在很多时候他都没有办法顺利、完整地走完他的人生之路。

当然，孩子的无法接受来自家长认知的扭曲和家长给孩子的压力。我们想一下，是不是很多家长在孩子取得了成绩之后都会对孩子说继续努力，继续加油，争取拿到第一？

如果家长能够看开这个问题，让孩子真正明白，对于未来的人生而言，第一和第二是没有什么区别的，而且第二很有可能比第一发展得更好，这个悲剧很可能就不会发生。

所以，家长就是孩子的一面镜子，有什么样的孩子就说明他的家庭中有什么样的家长。

家长们再也不要忽视自己的言行了，应该低头好好看一看自己，不要再出现你一心想把孩子教育成德、智、体、美、劳全面发展的人，自己却哪一样都没有做到的情况。

教育是德育和学育缺一不可。忽略了对孩子德育的教育，实际上是给自己找麻烦，给孩子的未来找麻烦。

一个没有道德品质的孩子是自私的，他在与别人打交道的过程中只会想自己的感受是什么，只会想自己想要的是什么。

一个只顾自己的人，他会有朋友吗？他会有爱人吗？他在工作中会和同事相处得很好吗？在这些都受到影响的时候，他的生活会是快乐的吗？

一个没有道德标准的人是狠毒的，在他的思维中，自己想要达到的目标就是唯一的准则，当有谁阻碍了他实现目标的时候，他会想尽一切办法消除这个影响。

这种消除可大可小，几乎所有犯罪的人，他们的道德标准都是模糊的，只会为了达到自己的目标而走上了一条不归路。

在孩子很小的时候，我们就要在孩子的是非观念中树立一个明显的界限，告诉他什么是可行的，什么是不可行的。

当孩子的内心有了一个清晰的标杆的时候，在自己的道德准绳中，他就会让自己远离那些自己不认可的行为。

假如一个孩子的道德标杆是模糊的，没有清晰的界限，就会出现“近朱者赤，近墨者黑”的情况。比如，他接触到了什么，他看到了什么，或者他想到了什么，他最终的决定就会朝着这些东西靠拢，他就很有可能做出伤害别人、有损自己的行为。

在对孩子进行教育的过程中，真的要做到“勿以善小而不为，勿以恶小而为之”。每一个小小的行为，都是燎原的星火，如果一个人的内心底色没有善良，邪恶就会慢慢扩大。

每个人的发展都是在原来的基础上不断地扩大。只有在一个人有道德底色的时候，哪怕这个道德底色很浅显，他也会受到影响。

在现实中发生问题和冲突的时候，他至少会纠结、会思考、会衡量。但如果一个人连最基本的道德底色都没有，就没有任何可以影响他的东西，他更不会产生纠结。

当有问题存在，让他很难受的时候，他就会以自己的感受为准，做出一些他认为可以让他心理平衡或消气的行为。

在生活中，我们也会遇到这样一些人，当他欲求不满的时候，当他心灵受到伤害的时候，当他被别人背叛的时候，他无法接受这个状态，会很痛苦、很愤怒，总是想通过一些方式来让自己获得一些心理平衡。身边的亲人会不停地劝他，不停地开导他。有时候劝阻和开导会起作用，但有时候却并没有起作用，最终导致了恶性案件的发生。现实生活中，有多少因为情感问题而伤害对方，甚至伤害对方家人的案例？

不要认为有这种行为或这种性格的是别人家的孩子，不会给自己的孩子带来影响，其实很多犯罪都是偶然加必然的结果，这都取决于当时的情景和当事人的感受，当时的情景是偶然，当事人的感受是必然。

如果家长对孩子教育到位，这类事件会发生吗？会出现吗？一定是可以避免的。有些人可能会觉得自己的孩子还是懂得大是大非的，这么大的错误他是不会犯的。

这样的话是我遇到的一个来访者说的。她的孩子 11 岁，在家里经常会和父母、爷爷奶奶发生肢体冲突，原因是这个孩子不太爱学习，每次让孩子写作业、学习的时候，孩子就会很不高兴，就有可能发生这样的冲突。

这个家长求助的意愿只是帮助她的孩子爱上学习就行，她不觉得孩子的性格上有哪些东西需要调整。

她觉得等孩子再大一些，懂事了就好了，而且她坚信自己的孩子是懂得大是大非的，所以不会做出格的事情。

什么是出格的事情呢？11 岁的孩子和爸爸妈妈、爷爷奶奶发生肢体冲突，只是因为他们要求自己做自己不喜欢做的事情，难道这不是出格的行为吗？

有这样一则新闻，某大学校园的垃圾桶旁边有一只猫被射杀，这只猫的身上被插了好多支箭。

这是一个极其残忍的行为，查明真相后，做此事的大学生被学校开除了，他大好的人生就此葬送。所以是非、品质和仁爱的教育非常重要。

是非可以让一个人明确自己的方向，品质可以让一个人在这个方向上越走越远，仁爱可以给一个人的生活带来很多快乐和幸福。

爱心可以让一个孩子变得有责任心，责任心不只是他为这个社会做什么，他为别人做什么，更重要的是他会为父母做什么，要求自己做什么。

抛开大爱不谈，一个有爱心的人无论是小时候还是长大后，他的生活都是温暖的、幸福的、快乐的，因为他传递给身边的人这种感觉，身边的人也自然会用同样的感觉回馈他。

爱心可以让孩子珍爱生命，远离犯罪；爱心可以让孩子热爱生活。有很多孩子遇到一点儿小挫折就会说很痛苦，活着很没意思，很可能是缺乏爱心。

没有爱心的时候关注点是内指向的，他只能观察到自己想要的是什么，当欲望得不到满足时就会痛苦。

有爱心的孩子呢？爱心可以让他学会衡量外环境，也就是别人的感觉和自己的感觉。有爱心的孩子也愿意为了照顾别人的感觉而让自己放下某些东西。

放下是一种平衡，也是一种接受。当一个孩子做到对欲求不满既能平衡又能接受的时候，我们还担心这个孩子在成长过程中会有很多痛苦吗？

爱心可以让一个孩子更加善良，以善良为底色，我们还用担心孩子未来会做出伤害他人的事情或者更极端的事情，进而毁了自己吗？

# 孩子的叛逆是谁的错

很多家长会说我的孩子不听话了，他现在进入叛逆期了，开始叛逆了。

每次听到家长这样的描述后，我都很难压抑住自己想要批评家长的情绪。

为什么孩子一定要是听话的？为什么他不能有自己独立的思想和人格？他既然是一个独立的人，就应该有自己的主张和想法。为什么他一定要听家长的话呢？

家长们的这个错误思维什么时候才能自我发现并且扭转呢？我们先想一下，家长给孩子下达的指令一定是对的吗？而且这个世界上的对和错是绝对的吗？不，对和错是相对的。比如，一个青春期的孩子，他的火力很旺，衣服穿得多了他会觉得很热。那么，一个人到中年的妈妈呢？可能她身上最大的特点是怕冷。如果她不停地叮嘱和要求甚至强迫孩子多穿一些衣服，那谁的观点是对的，谁的观点是错的？

我们只能说当事人自己的观点是对的，因为在这种情况下，只有自己更了解自己的感受。

亲子关系在很大程度上是被这种想当然的想法给破坏掉的。有多少家长和子女每天会因为这样一些无所谓的小事争来争去，再演化到对彼此的指责甚至谩骂，更有甚者会因为这些问题升级到武力解决？

那么，我们再想一个问题，即便家长的观点是对的，孩子有没有权利说出自己不一样的想法呢？答案是肯定的，他有这样的权利。比如说，你喜欢吃米饭，他可不可以想吃面条呢？

一个妈妈情绪激动、手舞足蹈地对我说她现在每天伤心极了，觉得这个世界是没有希望的。她辛辛苦苦带大的儿子，从小非常听话的儿子，现在处处跟她对着干，她不知道自己做错了什么，让儿子表现得很恨她。自己现在什么要求都没有，花多少钱都愿意，只要儿子能像以前一样听话。

几乎所有的家长都会有这样的口头禅——我的孩子不听话或者我的孩子特别听话。

听话似乎成了家长衡量孩子的一个标杆，几乎所有的家长都有这样一个认知误区，认为听话的孩子才是好孩子。

真的是这样吗？我可以负责任地说，这种观点是错的。我们首先来看“听话”这个词要怎么样理解。很显然，听话是听从你的观点。

从辩证的角度来看，我们不得不问这样一个问题：你的观点全部都是对的吗？更重要的是，如果一个孩子很听你的话，那么，他如何“青出于蓝而胜于蓝”呢？

一个很听你的话的人，他注定各方面的能力都要比你弱。因为听你的话，他就不敢有自己的思维和主张，所以他永远无法拥有自己的能力。

那些每天要求孩子听话的家长，实际上等于在扼杀孩子的能力。

如果希望自己的孩子在青春期不叛逆，我们首先要了解什么是叛逆，什么是青春期。

“叛逆”大家都能理解，即背叛、逆反。也就是孩子背叛了你，他跟你对着干。那么孩子为什么会背叛？为什么会逆反？

这个过程中有多少因素是家长自身的？有多少因素是孩子自身的？

家长自身的因素：一是对孩子成长理解的错误；二是权威心理作祟，不懂得尊重他人的人格成长；三是不懂得教育的真谛。

在孩子成长的过程中，最初他是一个什么都不懂的小宝宝，所有的事情都依靠家长来解决。这个时候，在孩子的心里父母是强大的，是让人崇拜的。而且孩子在很小的时候，处在他律的阶段，最喜欢的是得到家长的肯定和表扬，所以非常听话。

但是随着孩子一天天长大，他对很多事物的认知和理解有了自己的观点。比如，一个妈妈可能更喜欢自己养的盆栽开出的花朵，但是孩子可能更喜欢这个盆栽的叶子。

这就是他们自我意识的成长，我们能说他的这个自我意识是错的吗？

但是从行为的表现上看，当孩子有了自我意识之后，他们对家长说的话就不再那么信服，甚至会有相反的结论，并且有可能把这个结论带到某些行为当中。家长看到之后就会觉得自己的孩子逆反了，但是你所谓的逆反的孩子只是长大了、聪明了，有了自己的主张和见解罢了。

家长对孩子的命令来自家长的习惯和权威心理，习惯了孩子听从自己的话，所以接受不了孩子不听话，觉得你是我的孩子，我是你的家长，你就应该听我的话，这是尽孝。其实，听话要看听的是什么样的话，有些话孩子需要听，但是有些话不见得一定要听。

教育的真谛是什么？是我们教会一个孩子懂礼貌、讲道德、明是非，并在这些基础上教会他更多生活的技巧、学习的技巧、为人处世的技巧，这是教育最终要达到的目的。

孩子自身的因素有哪些呢？随着孩子的长大，他认为自己有了很多主张和见解，但其实他们的心智并不成熟，也就是说，他自己的想法有很多时候也会被自己推翻，所以他自身会有很多纠结和痛苦的情绪。

会处理的家长可以在叛逆期和孩子成为很好的朋友，不会处理的家长则会在这个时期和孩子处在对立面上。

一旦与孩子形成对立的状态，对孩子的教育和未来只有坏处，没有好处。

所以，对于处在叛逆期的孩子来说，家长首先要了解这个阶段孩子的心理特点，然后根据他们的特点采取相应的方式。

比如，在这个阶段，家长可以和孩子一同探讨很多事情，尊重他的意见和想法。在他不成熟的意见和不太合理的想法显现的时候，帮他分析，进行引导而不是命令。

这种方法不仅能拉近和孩子的距离，还能帮孩子提高生活技巧。所以，孩子的叛逆，其最主要的原因来自家长。

家长没有选对应对孩子成长问题的方式，也没有了解到孩子内心真实的感受和想法。当孩子有不合理的想法时，家长不要急于否定，要先带着允许和尊重的心理来跟孩子讨论他为什么会有这样的想法。因为允许和尊重首先可以卸掉孩子的心理防御，也就是缓解他的逆反情绪。这个时候他才愿意就事论事地来和家长讨论。

其实每一个青春期的孩子，都更希望有一个知心哥哥或者知心姐姐的陪伴，能够在他们迷茫的时候帮助他们看清楚很多东西，所以走进青春期孩子的内心并不困难，重要的是家长要选对方法，以防止或纠正孩子的逆反。

# 青春期，成长的烦恼如何化解

说青春期是成长的烦恼一点儿都不为过，无论是对于家长还是对于孩子来说，青春期这个阶段都会有很多烦恼。

家长眼里看到的不再是儿时那个听话懂事的孩子，而是一个有些让人看不懂的，有时忧郁、有时孤独、有时愤怒、有时暴躁、有时自大甚至狂妄的孩子，丝毫没有了儿时对父母的依恋，孩子变得不再愿意与家长交流，总是把他们的内心隐藏得很深。还有一些孩子会和家长对着干，很多家长会说我简直都不敢相信这是我的孩子。

为什么会这样呢？为什么到了青春期，孩子就会表现得如此让人看不懂呢？

这个状态的出现可以概括为三个原因：第一个是生理激素的原因；第二个是心理意识和思维的原因；第三个是家长的原因。

我们先来说第一个原因。随着孩子的成长发育，他从一个孩子长成一个大人的过渡阶段即青春期，这是一个从衔接到完成的过程，也就是从开始到逐渐完善、饱满的过程。

激素的分泌带来的最直观的感受就是，我们可以看到孩子第二性征的发育和成熟。

此时，女孩子开始有经期，男孩子开始有遗精，这对孩子们来说是一大困惑。有一些孩子会因为这些状态而讨厌自己，这对他（她）们的情绪有非常大的影响。

现在的大多数孩子在生活中很少运动，孩子们休闲的方式就是宅在家里看电视、玩电脑、玩手机游戏。这种低活动量本身就会让孩子感觉身体疲乏，会觉得身体哪儿哪儿都不那么舒服。

相信很多人都会有这样的体会，适当地运动或者劳动之后，人体的舒适度是最佳的。长期低活动量带来的身体不适感也会影响人们的心情，让人没有神清气爽的感觉。

所以，家长应该在孩子的青春期没有到来之前就对孩子做一些引导，引导他们爱上一些户外运动。哪怕是最简单的跑步、散步，都会让他们的身体舒服一些。

在运动的过程中，人的大脑会分泌更多的多巴胺，而多巴胺是一种快乐元素，会让人们的心境平和、平稳、愉悦。

有些家长觉得，到了这个时间段再来让孩子做这样的事情已经晚了，因为孩子从小没有养成运动的习惯，当他长大一些再让他动起来是很难的。

现在孩子们参与的活动越来越少，在学校与同学之间共同的活动很少，在家里家长们要求他们参与的事情也很少，很多时候会让孩子有一种无聊感、无力感、无价值感。

实际上，无论什么样的活动对孩子的身心健康都是有帮助的。活动可以让孩子与人接触、与人互动、有集体感、懂得协作；参与家里的事情可以让孩子感觉到自己已经长大了，而他们参与的成果则可以让他有满满的成就感、存在感，孩子的心情自然是愉悦的，并且充满力量。这是生理因素给孩子带来的影响。

心理因素有哪些呢？

心理因素涵盖了意识和思维。从意识层面看，孩子小时候处在他律阶段，也就是他认为自己好不好完全取决于身边人对他的评价，他自己是没有主意的。

所以，孩子小的时候特别希望别人夸赞自己，会因为得到别人的赞美去做很多事情，表现得比较愿意接受别人的意见和观点。在家长眼里，这个孩子是比较听话的。

随着他一点儿一点儿地长大，自我意识逐渐变强，他越来越能够清晰地知道自己想要这样或者是那样。

同时随着思维的成熟，他们对很多事情也有了自己的观点、见解，甚至会因为与别人的观点有很大的差别而愤怒。

这个时候，家长在和他们沟通时，如果把自己的观点强行灌输给他们，并且要求他们按照自己的观点行事，特别是有些家长还沿袭着以往的指挥、命令的教育方式，就使他们很容易与家长发生冲突。他们之所以逆反，就是因为在他们的心里和思维中，他们是被压迫、被束缚的。

如果青春期的孩子不逆反，表现出来的只是性格上有点儿怪异，是因为这个阶段他们的认知和思维是不断变化的，经常会自己推翻自己的观点和行为。看上去有些变化无常，但这却是一个真实的成长过程。

任何一种成长都是建立在发现问题、修正问题的过程中的。

值得注意的是，这个阶段中一旦有摩擦发生，孩子就会变得倔强、愤怒，甚至不可理喻，行为上反映出来的就是比较强的叛逆。这种叛逆是五花八门的，而且从学习到生活都会有所反映。

比如，天气明明很冷，家长告诉孩子多穿一点儿，哪怕之前他自己心里也有这种想法，但是在家长告诉他多穿后，他一定会少穿一点儿。如果家长不说可能会好一些，因为只要家长说了的事情他就一定要朝着相反的方向去做。

所以在青春期，为了避免由亲子关系引发的叛逆，家长在跟孩子接触和沟通的过程中要顺应孩子的心理发展规律。

我们要让自己站在孩子的心理层面去感受他们的感受，站在孩子的角度看到他们看到的问题，接纳他们此刻的状态，并在这个接纳的基础上对孩子进行引导。

还有一些孩子会由于自己对这个世界的认识和理解，对家长的行为与思想特别反感，会觉得家长做的很多事情都非常可笑，觉得家长的思想境界不够高深。

这时候家长一定要非常谦虚，要多跟孩子沟通或探讨，因为孩子的某些想法和感觉不一定就是错误的。

这个世界之所以能发展，就是因为我们的下一代很多地方是强过我们的。随着他们的成长，他们的不断学习和发展，他们强过我们的地方会越来越多。

有些家长不会想到这个道理，也根本不明白这个道理。他们只觉得自己吃的盐比孩子吃的米都多，从而采取跟孩子针锋相对、极力辩论的方法来证明自己的正确性。

其实完全没有必要，随着孩子的成长，他的观点和见解又会发生新的变化。他会对自己在这个阶段的一些错误的观点和见解进行更正。只要他此刻的错误观点不会给他带来巨大的损失，是可以允许它暂时存在的。

当他再发生一些变化，回头来看这个阶段的自己的时候，他也会觉得可笑，而且会觉得家长这个阶段对他的包容真的是很大的爱的表现。

家长在这个阶段不跟孩子较真儿也可以增加亲子关系的亲密度，让后续对孩子的一些影响能够更好地进行。

因为孩子的自我意识在这个时间段已经慢慢地显现出来了，所以家长在与他们沟通的时候也要从指挥他们、命令他们转变为跟他们一同来探讨与商量。

任何一件事情家长都可以跟他一起商量，选择一个彼此都能够接受的或者彼此都认为最好的方案，这个时候孩子会感受到他是得到充分的尊重的。这并不是讨好孩子，而是让孩子有一个好的心理感受，而且能够于无形中引导和教会孩子很多为人处世的方式方法。这种温和的方式可以让孩子在不知不觉中看到甚至是接受家长给他的建议。

分析的过程也极大地拓宽了孩子的思维框架，类似于有了一些社会实践的功能，是真正帮助孩子成长的行为。

这种教育方式不但不会把孩子惯坏，还会让孩子变得更加聪明，更加有信心、有能力、有能量去应对很多生活中发生的事情。特别是在他们长大之后，这些都是他们宝贵的经验。

最直接的反馈就是他们跟家长之间的关系变得非常融洽。有什么事情都愿意跟家长探讨，因为在探讨的过程中，他们没有压力，只有收获。

在这种状态下孩子还会逆反吗？还需要逆反吗？完全没有必要，他和家长已经成了很好的朋友或者合作伙伴，他得到了充分的尊重，有了充分的自我空间。这就是很多孩子在青春期不逆反的一个原因。

思维层面体现在孩子对自我的要求逐渐增强。自我的要求涵盖了两个方面，一个是自我形象方面，另一个是自我能力方面。

他们希望自己从形象上能够非常吸引别人的眼球，赢得大家的目光。所以，我们会发现这个阶段的孩子对自己的要求有些苛刻，类似于拿着放大镜找自己有哪些地方不完美。孩子们会变得特别注重自己的形象，特别爱照镜子，甚至喜欢一些奇装异服之类的能够吸引眼球的装扮。

在能力方面也希望面面俱到地把事情做得非常完美，得到更多人的喜爱和认可。孩子们往往希望自己在某一方面是出色的，有些孩子会想学习一些技艺，如某种乐器等。

家长在这个时候要多了解孩子的心声，不要去阻断他们内心的这些梦想，要帮助他们构建他们的梦想，建立自己独特的吸引人的一面。不要犯大多数家长犯的错误，告诉孩子别想没用的，把心思放在学习上。但是内心最强烈的需求没有得到满足时，他怎么能让自己静下心来做一件事呢？平稳、快乐的情绪才更有利于他们文化课的学习。

还有一些孩子在现实生活中找不到能够支撑自己，彰显自己有个人魅力、个人能力的地方，便会把这种出众和从别人身上得到肯定的想法寄托在网络游戏中。

因为在网络游戏中他每通过一个关卡就会获得一定的奖励、一定的认可。在这里面他还会有自己的团队，团队中的人员对他不会有歧视，只有支持和协作，这是一种接纳。

所以那些沉迷于游戏的孩子除了游戏内容对他的吸引之外，现实中的某种缺失也是重要因素之一，这会促使他到游戏中去寻找并补足这种缺失，用这种虚拟的满足来麻痹自己、欺骗自己。越是沉迷于游戏的孩子，他们心里的这种缺失也就越严重。

害怕学习中及现实中的各种困难也是游戏成瘾的因素之一。在游戏中，失败后他有重新来过的机会，也不需要负相应的责任。

对自己有高的要求，渴望成功、渴望出色也是孩子沉迷于游戏的一个重要原因。游戏中的成功要比现实中容易很多。

针对孩子的这一心理特性，在这个阶段之前，家长应该帮助孩子发现他们自己的优点。比如说，有很多认为自己长得不是特别漂亮或者是比较肥胖的孩子，在这个阶段就会很痛苦。

假如孩子觉得他长得不够好，家长可以一方面帮助他变得更完美些，修正他的这个观点；另一方面帮他寻找到其他方面的优点来增加他的自信，帮助他有更多的快乐感受。

对于戒除孩子的网瘾或降低他们的网瘾，绝对不是单纯地从行为上进行制止或者是命令就可以做到的，只有找到他们内心的原动力才能找到最好的解决问题的方法。

在自我能力上，孩子们对自己与别人交往的能力也会比较看重。如果在一个群体中关注他的人比较少，他的心理相对来说就会受到一些打击，情绪也会有一些低落。

这个时候家长要跟孩子尽可能多的沟通，而且是建立在平等尊重的基础上的沟通。家长尽量做到站在孩子的角度看到他们心里的所感、所受、所想，根据他们的心理需要和感受在人际关系上给予他一定的影响、帮助。

为什么要站在孩子的角度上根据他的心理来给他一些影响呢？举个最简单的例子，青春期的孩子很多时候是不客观的，特别是在道理方面，他们是不按着成人眼中的道理来行事的。

他们选择和谁玩儿，不和谁玩儿，衡量和评价一个人是好是坏，完全由自己的主观判断。哪怕对方是一个非常好的孩子，如果他不想和对方做朋友，就算家长告诉他那个孩子很不错，你要跟他做朋友等，也根本不会起任何作用！

这个时候他的自我会极度显现，对家长的话比较反感，心里会建立起一道防御机制，家长的话不仅不起作用，还会影响亲子关系。

如果你告诉他我们在选择交朋友的时候，无论对方品质有多好，或者是对方的性格有多么随和，都要考虑一下自己是不是能够接受他，接受他除了这些优点之外的其他方面，这就会比较客观一些，给他的感觉就是你支持和赞同了他的观点。同时他也接受了对方虽然有很多优点，但是是不是和他做朋友完全取决于自己。

这种客观的表达对谁都没有批评，一方面使孩子对对方有了一个客观真实的判断和评价，另一方面又支持了孩子自身的小倔强。无论是对于将来他们走向社会，还是在现阶段的为人处世中，这种观点都可以帮助孩子在人际交往中更加得心应手，他也能学会如何判断、衡量、看待一个人。

另外，孩子意识层面的独到见解在青春期有很大的提升，这种见解体现在很多方面，如他们对待一件事情的观点或看法，对这个世界的感知力会发生变化，他们自己的世界观、人生观、价值观也会逐渐发生变化。他们时而会表现出很成熟的思维，时而会有非常幼稚的一面展现出来。

这是因为孩子成长到这个阶段，是童年和成熟的衔接过程，也是一个历练的过程，所以就很难有同一性的、恒定的状态展现出来。

有时候他们会表现得比较高傲，觉得家长的思维比较可笑，对家长甚至是对老师都会有一种不屑的感觉。但有时候他们的内心又非常弱小，这种弱小一般都体现在生活中有事情发生的时候，也就是说他们处在一个纸上谈兵的状态。

纸上谈兵的时候，他们会觉得自己的力量无限大，从而夸夸而谈。一旦真的有事情发生，他们会突然间发现自己无力应对。这就是他们急躁，甚至对自己感到愤怒的来源。

有些家长看到孩子急躁就很担心，其实这要分情况，不见得一定是遇到具体的事情，他们才会急躁。比如，他们看到了什么或者突然间想到了什么、感受到了什么也会引起他们的急躁。

如果没有任何事情发生孩子就急躁了，家长不用紧张，也不用理会，让他自己消化，慢慢就会过去的。

但是如果是因为有事情发生使孩子变得急躁，家长就要跟他们探讨一下他们遇到的问题，给一个建议性的指导。这种建议性的指导对他们的帮助是非常大的，不仅可以消除孩子急躁的情绪，还能让他们增加本领。假如让他们焦虑的事情长时间没有得到解决，他们的情绪就会长时间受到影响。

一个人的情绪如果长时间受到影响就会出现问题，而且青春期的孩子其实是很脆弱的，他们并没有力量去承受一些事情。

对未来的迷茫和没底是孩子焦虑和烦躁的另一个原因。这个年龄段的孩子对人和事有自己的追求与见解，对未来的美好和人生的规划同样有自己的追求和见解。他们给自己刻画的未来都是非常理想和美好的，甚至有一些不切实际。

他们时而会让自己朝着这个方向努力拼搏，但是自身的一些小懒惰又会阻挡自己的持续性，从而难以坚持下去。

这个时候他们就会发现，当自己坚持不下去的时候整个人就像泄了气的皮球，没有任何动力，对很多事情都提不起精神来。但是他对未来的生活还是有要求和追求的，这就会出现一个理想和现实之间的冲突。

这个冲突会转化成一种内心的感受，让他们变得焦虑、急躁甚至暴躁。这种情况下家长需要做的是，从现实的角度帮助他们尽可能地坚持自己的理想和目标。

很多孩子在这个时候做事情都是三分钟热度，为什么会这样呢？一方面是由于他们在最开始的时候用力过猛，后续力量不足。家长要帮他们做的就是把握强度，也就是在他们奔着自己的理想冲刺的时候如果废寝忘食、劲头很足，家长要适当地帮他们放缓步伐，让他们有更多的后续力量来坚持更长时间。

另一方面是人本能中的懒惰。应对这种懒惰的方式一定不是命令而是带动，也就是家长一定不要用命令的口吻说，你的懒惰是不可以的，你应该变得如何如何勤奋。家长要采用一种带动的方式帮助他们变得勤奋。人的身体机能是越动越灵活的，也就是说，如果一个人越不喜欢运动，越喜欢宅在家里，长此以往就形成了一个定式，这个人就会变得越来越懒惰。

同样的道理，一个人动得越多就会越喜欢动起来，所以一个家庭的整体氛围非常重要。如果家庭中每一个人都有爱运动的行为，孩子在青春期的时候也不会特别懒惰，就可以在很大程度上避免三分钟热度这种情况。

做事情的时候他更能够坚持，也就更能够看到希望，心里的纠结也就不会很多，情绪上自然是平和的。

真正帮助孩子解决这个问题是在青春期这个阶段跟他们一起来计划自己未来的很多东西，包括爱好和形象；跟他们一起铲平在这条道路上所遇到的问题。因为任何一个人、任何一件事，都需要自己认真思考和努力才能够把它们完成。

所以孩子遇到困惑也是非常正常的，家长要让孩子了解有困惑并不是他能力所不及，而是所有人都会遇到这种情况，遇到之后也并不是所有人都能很好地解决，大家要做的是学会解决问题的技巧和应对问题的能力。这样他们的心态就会放正，既不会担心自己会遇到问题，也不会抱怨为什么自己会遇到问题。

这就是孩子思维、意识和认知上的一个总体的整合，也正是这个整合渐渐让一个孩子的思维从不成熟到成熟。完成了这个过程之后，他们也就真正地长大了。

其实孩子的青春期并不可怕，青春期遇到的所有问题也不可怕，重点是家长是不是有这样的心理准备，是不是愿意去观察孩子的内心，去学习一些教育方法。只要家长足够用心，每个孩子都可以成为一个充满力量的阳光少年。

# 早恋！父母应该如何应对

早恋！大部分家长听到这个话题都会觉得焦虑、紧张、不安，一想到这样的事情发生在自己的孩子身上就如临大敌。

之所以有这样的担心或焦虑，是因为大家知道情感是非常占据人的思维空间的，也就是当一个人开始有了恋爱这种感觉的时候，他的心思基本上已经不会用在其他地方了。

特别是孩子，更容易被初恋的感觉占据更多的思维空间、占据更多的行为。当有恋爱这种感觉出现的时候总是会想要去跟对方说话、见面，甚至是发生亲密的行为。所以家长们听到“早恋”这个词就被吓得不知如何是好。

首先，我们要分析早恋会在什么情况下发生，会在哪个年龄段发生。有些家长觉得自己的女儿、儿子开始关注异性了，开始对他们产生好感了，开始对异性有了喜欢的感觉，见到他们之后会脸红、会心跳异常，糟了！孩子是不是早恋了？

不能因为孩子的这些感觉或举动就认为他早恋了。这些感觉是人的感觉系统中感知觉正常发展的必然过程。如果一个人到了青春期对异性没有这类感觉，家长才真的需要着急。因为这说明他的感知觉出现了异常，要么是感知觉发展滞后，要么会有同性倾向，要么就是过度压抑。这三种状态都会给人成年后的生活带来巨大的恶劣影响。

发展滞后不是最可怕的，随着人的成长，感知觉会逐步发展起来，只是会表现得有些迟缓，跟不上同龄人的节奏。现在社会上有很多大龄未婚男女，这部分人群中有一些是由于自己的挑剔耽误了，还有一些则是没有学会爱，根本不知道如何表达爱、如何诠释爱、如何留住爱，所以才让自己一直单身。

一个人成年之后的思维、行为模式都已经定型了，这个时候让他去改变或调整是有难度的。虽然他们很愿意去做这样的改变，但在改变的路上也是磕磕碰碰、跌跌撞撞的。从教育的方面来看，这也算是教育的一个缺陷。

同性的倾向方面，同性恋是如何发展起来的呢？有两种原因可以导致同性恋的显现：第一种是人体分泌物的问题；第二种就是由压抑带来的自身的胆怯，不敢与异性接触、交往，从而把这种感觉放到同性的身上。

过度压抑自己的感觉，压抑的部分总是要找一种方式释放出来，而且越压抑这种感觉越强烈。其中很多人在熟悉的人面前都表现得谦谦君子，但在陌生人面前就肆意妄为了，如“咸猪手”。

恋物癖也是由于压抑形成的，恋物癖的人中有相当一部分会使用自家女性的贴身物品来满足或发泄，如妈妈、姐妹的物品，因为她们的贴身物品更容易获得。还有相当一部分会有恋母情结，甚至把妈妈当成意淫的对象，这种情况是需要家长注意的。

不可否认的事实是，真实存在的早恋真的会给孩子的学习、生活和成长带来严重的负向影响。但严格地制止孩子的早恋也会带来很多不好的影响，究竟怎样来对待这个问题才是正确的呢？

我们需要认真地分析什么叫作早恋。从字面上看，大家都会理解，即过早地进入恋爱的状态就是早恋。那么，问题的重点来了，当孩子在青春期对异性小伙伴有了这种喜欢和好感之后，是恋爱的状态吗？答案是否定的，这个不是恋爱的状态，这是人成长过程中必经的一个过程，是人学着与人相处，学着爱的过程。

在这个过程中，家长对孩子的引导起着至关重要的作用。引导得好，孩子会成为一个积极向上、阳光开朗的孩子；引导得不好，则会把孩子推到早恋甚至真正恋爱的状态中。

孩子对异性产生好感或者被异性吸引是人类成长过程中的必然状态，也就是顺应自然的一个过程。在这个过程中，家长应该让孩子学会如何应对自己的感觉，而不是告诉他们不能有这种感觉。孩子在这个阶段中的感觉是混乱的，他一方面清楚地察觉到自己的感受，另一方面则清晰地认识到这种感觉是不对的，这种想法是不应该有的。他们自身就会在这样的冲突中不停地纠结。

如果家长在这个时候跟孩子分析他的感受，帮助孩子理清楚、认清楚，他们自然会有一个正确的应对方式和轻松的生活状态。那么，家长究竟应该如何去做呢？

首先，要帮他卸掉自身的负罪感，让他明白这样的感觉来自人类自然成长的过程。但是一定要注意，不要在分析的过程中帮他们放大这种感觉，要让他们认为这种感觉是非常正确的并且是美好的，要让他明白这种感觉就跟小孩子学走路一样，一不小心就会摔跤，而且会痛。只有让自己在这个阶段学得足够聪明才能够走得更远更好，拥有更多。

帮助孩子树立这样一个观念的同时，家长也要有这样一个观念，没有必要听到或者察觉到孩子对某个异性产生了好感，就如临大敌。如果家长有这样的感觉，本能反应出来的就是对孩子的管束或压制，这就增加了这种感觉的神秘感，禁果效应也就会发挥到极致，孩子的探究欲望就会变得特别强，探究欲望引起的好奇心会在孩子的头脑、思维中占据非常大的比重，这个比重丝毫不亚于真正的恋爱。

所以，如果家长对孩子说你不能早恋，你的这种行为是不对的，是不道德的，你要好好学习之类的话，不会起到任何作用。

再加上青春期孩子的逆反心理比较强，一方面他们觉得自己已经长大了，不需要被别人管束，甚至觉得自己的思维能力和见解要比父母甚至老师更有高度。特别是在他们的想法被否定的时候，心里的这种感受会被放得更大。所以命令并不起作用，家长的这种反应和行为只会把孩子更快地推到早恋的状态中。

我们发现孩子有这样的反应的时候，要如何与他沟通呢？很多家长都觉得这是一个敏感的话题，总是找不到一个合适的点来与孩子聊这方面的问题。

实际上，孩子进入初中之后，即便你避而不谈，这些问题也依然存在，而且会导致孩子在发生这些问题的时候不知道应该如何开口与你沟通。这样整件事情就都压在了他的心里，会成为一个极大的心理负担。

家长可以采取主动沟通的方式，比如在跟孩子闲聊的时候，问孩子学校的生活怎么样，和同学们相处得怎么样，然后自然地问一句我女儿长得这么漂亮，或者是我儿子长得这么帅，有没有同学给你递小纸条。这样一个轻描淡写的过程就会让孩子觉得这个事情好像不是一个非常重要的、非常大的严肃事件，他的内心就不会有太大的压力，轻松的感觉会让他愿意和你探讨这方面的问题。

如果孩子的回答倾向于没有，那么家长就可以告诉他，以后也许会有，但是这个时候的好感并不是爱，而是一种喜欢，喜欢是不讨厌、不排斥，它是友谊中很平常的一种感觉，人和人之间之所以有友谊，就是因为不排斥对方，觉得对方相对来说还可以，然后大家才会成为朋友。

成熟的情感随着年龄的成长，自己会看得越来越全面，比如说，现在觉得一个人好和不好，只是看他的长相。两年之后呢？可能是看他的长相加上他的智慧。三年之后呢？可能是要看他的长相加上他的智慧还要加上他的人品。五年之后可能就是在涵盖了长相、智慧、人品的同时，还要看他对自己是一个什么样的态度。再成长一段时间之后呢？在这些感觉的前提下还会去看这个人与自己有多少共同爱好，沟通起来是不是顺畅，彼此是不是有默契。

这些都会成为我们衡量要不要和一个人做朋友的标准。更重要的是，随着自己接触到的人越来越多，会发现越来越多更完美的人。如果之前因为自己的低要求和某个人定义了这种情感关系，那么，当再遇到一个自己觉得很完美的人的时候就会发现之前的这个接触会给自己造成损失。

就像去买衣服，当我们走进一家商场，看到第一个店铺里有一件觉得还不错的衣服，不要急于把它买下来，因为后面还有很多，说不定会遇到那个自己最喜欢的。

孩子在这个阶段是懵懂的，他对自己的感觉也是将信将疑的。当他了解到这种规律的时候，会拿自己的感觉来对比，这个时候即便他的心里对某个异性同学产生了一些好感，也会推敲这种感觉究竟是什么。

有一种家长在教育的过程中，坚决不允许自己的孩子和异性有接触、多说话，这会造成孩子将来恋爱困难，甚至在人际沟通中接触异性的时候会紧张，会让孩子极不自信，即便是成了家，在经营婚姻中出问题的概率也更大。

有些家长会觉得如果我不严防死守，他可能真的就谈恋爱了。首先要看家长自己给恋爱的界定是什么，是只要和异性同学有频繁的联系还是他们自己用爱情来定位。无论是这两种状态当中的哪一种，只要家长的干预妥当，都会给孩子的成长和未来的成就加分，而不是减分。

很多年前，我遇到过这样一位妈妈，她发现自己读初中的女儿每天回到家之后总是爱发呆，她察觉到了有什么不对，然后就开始翻看女儿的手机，在 QQ 上发现有一个同学总是给她发很多消息，问她很多问题、作业，也包括生活，甚至一些电视剧。他总是找理由来跟女儿聊天，女儿的反馈也比较热情。

这个妈妈慌了，她找到我，在我和她有了一个详细的沟通之后，她回到家里跟女儿聊了聊。还没等她细问，女儿就主动说出了这个同学找她聊天的事，而且说自己也挺喜欢和他聊天的，可是自己又知道这种感觉不对，瞬间有种自责展现出来。

当她告诉女儿一些成长过程中的必然感觉和如何来应对与异性同学之间的这种好感之后，女儿瞬间觉得轻松了很多。但是她也表示自己其实挺喜欢跟他聊天的，妈妈告诉她聊天可以，也很正常，朋友之间本来就可以有沟通，重点是把握聊天的度。此后，女儿和这个男孩儿之间聊了什么都会向妈妈描述。

随着时间的推移，女儿和男孩儿之间的聊天越来越少。有一天，女儿回来问妈妈，自己不想和他聊天了，觉得有点儿讨厌他了，现在喜欢和另一个人聊天，自己是不是很坏呢？妈妈帮她解答了这个困惑，并不是因为她很坏，而是当她充分了解了一个人之后，就能够发现一个人的不足。

也就是说，这个人在她这儿没有了神秘的色彩，看清楚一个人之后，就能够更加客观地评价这个人，所以就开始有点儿讨厌他了。按照这个规律，妈妈告诉她，她现在喜欢和另一个同学聊天，但是一段时间之后，她也会发现这个同学身上的缺点和不足。

就这样，女儿在初中三年和高中三年一直都在和妈妈探讨自己和哪些同学在聊天。孩子没有压力，学习成绩也没受影响，更重要的是孩子识人的本领有了很大的提高。

另外一个家长同样是面对孩子早恋的问题，但采取了不同的方式，这也是一个女孩儿的家长。有一天她发现孩子的书包里有个小礼物，她想当然地认为这是男孩子送的，而且她把事情想得很偏，觉得女儿道德败坏，不顾学习，在学校里跟人谈起了恋爱。当人有这种思维的时候，是很难压抑住自己心中的怒火的，所以她连心平气和地询问都没有，就直接摔碎了从女儿书包里翻出的小礼物，并且对女儿大声怒骂，用她自己的话说，自己像疯了一样，什么难听的话都说了出来。

最开始的时候，女儿被她的样子惊呆了，然后表现出一副无所谓的样子。从这天以后，女儿基本上不与她沟通，并且能不在家就不在家，学习成绩也明显下滑，而且开始不做作业，经常旷课跑出去玩儿。

老师一次又一次地找她，每一次她都对女儿大吼大叫、大声辱骂。但是女儿的状态不仅没有好转，反而离她越来越远，叛逆得越来越严重，最终还是在班主任老师的建议下，她才想到寻求心理咨询的帮助。

但是她跟女儿之间的这种鸿沟和类似敌对的状态已经形成，虽然经过一个有些漫长的时间，她们的亲子关系有所改善，孩子的人生目标也发生了一些改变，但是经过快一年的时间的耽误，孩子的学习成绩已经落下了一大截，短时间内是没有办法补回来的。所以这个妈妈极端的应对方式，还是给自己的女儿造成了伤害。

在孩子成长的过程中，会有很多不懂、不会、不知道、迷茫，这都是正常的。作为家长，我们要做的就是引导他们，帮助他们树立正确的观念，而不是在发现他们可能有错误的时候批判、指责、怒骂。当孩子感觉到被理解的时候，他是轻松的、愉快的，从而会产生一些积极的情绪。所以，如果我们希望孩子发展得更好，就要多帮助他来营造这种愉快的感受，形成更多积极的动力。

# 如何正确帮助孩子应对考试焦虑

考试焦虑是初高中阶段的孩子经常会遇到的问题，而且越是学习成绩比较好的孩子，考试焦虑的程度会越大。

怎样化解考试焦虑也是很多家长关心的问题。在大考当中，无论是考生家长还是考生本人，都很难让自己用轻松的心态去面对，比如中考、高考、考研。那么，怎样正确帮助孩子应对考试焦虑呢?

要化解或者降低考试的焦虑，首先我们要分析孩子的考试焦虑来自哪些方面。

第一个原因大家都知道——紧张。紧张对考试有着直接的影响，一紧张就可能发挥不好，发挥不好就会影响考试成绩，所以无论是考生本身还是家长都会针对考生的紧张情绪做些措施。这是考试焦虑的第一个来源——因为担心紧张而产生的紧张。

很多考生都会告诉自己：我不能紧张，我不能紧张。家长也会不停地重复：你不能紧张，你不能紧张。其实单纯的重复会让考生更加紧张。当我们不停地重复一件事或者一句话的时候，是不会让我们的大脑把它忘记的，而是加深了对它的印象，把它牢牢地记住。而且这种重复形成了一定的暗示，我们的大脑习惯于接受暗示，并且按照暗示的内容来行事。

我们要从理论上分析焦虑情绪本身，就得先了解一下动机水平与工作效率之间的关系。

耶基斯－多德森定律表明，动机不足或者过分强烈都会影响学习效率。这里面的动机不足其实就是不感兴趣，过分强烈是指对一件事情感兴趣的强度太大。

也就是说，适当的焦虑情绪是对学习有帮助的。如果一个孩子丝毫不担心自己的成绩，他就没有好好学习的动力，成绩自然不会好。但是如果一个孩子过度关注自己的成绩，就会非常有压力，并且有很强的焦虑情绪，也会影响学习成绩。因为当压力或焦虑情绪非常强、非常明显的时候就会干扰记忆和思维，会影响正常的心理活动。

在我们的大脑中，不同的位置掌握着不同的情绪。学习状态或焦虑情绪，都跟前额叶皮层有着非常直接的关系。这个部位是负责专注计划、思考和判断的部位，当其过于活跃时就会导致焦虑情绪的产生。焦虑情绪产生之后又会影响专注性、计划性，包括思维及加工过程，进而就会影响信息加工，导致考试的时候发挥不好。

了解了焦虑情绪对成绩的影响之后，我们再来看生活中家长应该怎样做才能使其对孩子的影响最小。

为什么要强调家长应该怎样做呢？因为孩子有焦虑的情绪，大部分的原因来自家长灌输给他的认知。

家长不要对孩子说考试的时候要保持一个怎样的情绪状态，不能有什么样的情绪状态，越是这样说，越是表明了这个考试的重要性，越是表明了孩子发挥得好的重要性，也就是强化了这件事情的重要性。

所以说，这样的话是不起作用的，越说孩子的心里会越混乱，越混乱他就会越不知所措，越找不到方向。淡化是缓解这种焦虑的方法之一。

孩子的焦虑还来自他们会担心自己学过的知识突然间想不起来。首先要帮孩子清除他的这种认知。我们从意识和潜意识的角度来解读一下为什么在催眠的状态下可以帮助人想起很多已经忘了的事情。

这种想起说明了什么？说明了我们经历的事情虽然在记忆中找不到了，

但仍存在于我们大脑当中的某个地方，只是我们一时间无法把它们提取出来罢了。那是不是被我们忘了的这部分知识就永远想不起来或者不能够被我们使用呢？肯定不是这样的。催眠之所以能让人们想起已经忘了的事情，是由于催眠是对潜意识起作用的。那就说明我们忘了的这些事情都留在了潜意识中。

通过意识和潜意识的相互作用可以发现，潜意识中所有的内容都是通过意识层面渗透到的。世界潜能大师博恩崔西曾经说过这样一句话："潜意识反过来影响意识的时候，它的能量会比意识对潜意识的影响大 3 万倍。"

虽然没有办法精确确定 3 万这个数值，但是多年的心理学研究可以证明人们潜意识中的某些症结确实是影响一个人生活状态的根源。这也就说明了潜意识对意识的影响是绝对存在的。

也就是说，我们意识中曾经学过的东西进入了潜意识中，这些内容是可以被我们调取的。这也就是为什么有些孩子会觉得我这次考试发挥得很好，发挥得很好真的是凭空幻想出来的吗？绝对不是。这些知识和内容一定是自己曾经学过的，只是在记忆里面找不到了，它们渗透到了潜意识中。

当一个人处在放松或者精神比较专注的状态时，对记忆的调取和对曾经学习过的东西的再次调取相对来说就会更容易。要注意的是，精神的放松状态和专注状态是可以并存的，一个人是可以既放松又专注的。

比如听音乐，听一首自己喜欢的歌曲的时候，我们的状态是放松的，同时也是专注的，可能听几遍就把这首歌学会了。

记忆的再次调取在我们的生活中随处可见。有很多时候我们不认为自己的大脑中清晰地记着哪些事情，但是当问题发生的时候我们却能够很好地解决，这就是一个瞬间的调取。

临近高考的时候，孩子的学习成绩已经定型了，这个时候不是让他多研究会几道题，而是让他能够多想起来几道题。即便是学习，也要让他在一种宽松的氛围下去吸收知识，而不是用急迫的、带着压力的方法去学习。

当孩子懂得了意识和潜意识之间的关系后，他就不会过于担心自己想不起来很多东西，人在中度应急的状态下是可以很好地使用我们的思维的。

但是在高度应急的状态下人们通常是发蒙的，也就是说在发生重大事情的时候，人们会突然间不知道如何是好。所以我们不要让孩子觉得考试是一个特别重大的事情，而是要把它看成一个客观的中等强度的事情。高考虽然对每个人来说都非常重要，但是它绝对不是决定一个人人生的唯一道路，这次考试也不是唯一的机会。

孩子的学习成绩或者学习状态是已经定型了的，这个时候我们就要帮他减轻压力，让他更好地发挥。事实也是这样。假如说，孩子在这次考试中没有考好，那接下来他有哪些路可以同样走向很好的人生呢？如果说，考上了一个自己原本不是特别喜欢的大学，完全可以在这个学业结束之后选择考研。这样的话，高考就不是唯一的一扇门。

如果家长抱着这样的想法，孩子也就不会觉得高考真的会决定自己的一生，也不会觉得错过了这次机会真的就没有任何可能性。这样就大大降低了高考对他产生的压力，他的考试焦虑也会大幅度降低。

考试焦虑的第二个原因来自家长的过度重视，家长的焦虑情绪影响了孩子，让他也产生了焦虑情绪。

孩子产生这种焦虑情绪的原因有两个。第一个是情绪本身会传染，如和一群比较开心的人在一起，自己的心情相对来说也会好一点儿；和一个非常不开心的人在一起，自己的情绪状态相对来说也会低落或者阴郁一些。

大家对这点都深有体会，这也是为什么我们愿意跟那些积极、乐观、幽默、有正能量的人待在一起的原因。

第二个来自不能承受之重。也就是孩子可以清晰地看到为了自己的学习，为了自己这次考试，家长付出了什么，家长的重视程度有多强，一旦考砸或者发挥不好就会对不起家长。这种想法会让孩子担负着巨大的压力。

所以，家长平日里的表达方式或行为表现显得非常重要。即便家长真的为了照顾孩子而放弃工作陪孩子一起学习，也要时不时地跟孩子唠叨幸亏陪孩子学习，我才可以给自己放个大假之类的话。这样就会让孩子觉得爸爸或者妈妈在这个过程中获得了一些益处，而不是单纯地无条件地付出。

如果让孩子认为家长放弃了自己的工作，放弃了跟朋友之间的互动，过上了青灯古佛般枯燥的生活，就为了陪自己来学习，孩子的心里是会内疚的。

在内疚的情绪下，他们希望自己能够做得更好。这个时候就会担心自己做不好，会拼命地找出自己的缺点想要加以改正，并且在无形中放大了它们。这个过程会形成一种巨大的压力。

预言性自我告诉我们，给自己什么样的定义或者认定，事情就会朝着这个方向发展。这其实就是一个暗示的过程，我们给了自己什么样的暗示，就会朝着这个暗示的方向发展。当孩子对自己心存担忧的时候，他会有相当一部分的注意力被吸引走。

越是想自己怎么样才能够做得更好，越是真的没有办法让自己专注地把学习这件事情做好。可能有些家长会觉得如果我不这么说，如果我不给他点儿压力，他一放松就会不在状态。

家长要明白，压力是要分时间段给的，这个时间段已经不能再给了。解决孩子对学习不上心的问题可以采取这样的办法：既然家长来陪伴孩子学习，放弃了自己的工作，那么，在孩子学习的过程中就可以翻一翻他的某些课本，挑那些能看得懂的，向他提出一些问题，偶尔来跟他讨论。

这是能够让一个人进步的非常有效的方法，因为这个时候你相当于他的伙伴，无论你是跟在他的后面走还是站在他的前面牵着他走，他都会有动力。但是方法一定要得当，不要给他你翻他的书本是为了监视他的学习进度的感觉。

有很多家长在高考之前会在考点附近给孩子租住的地方。这个时候家长一定不要说咱们租个近的地方，你考完试回来可以睡觉，这样下午你头脑清醒，能考得更好之类的话。

特别是那些平时比较节俭的家长，在高考这个关键时间点就不要让这种行为给孩子形成压力。这会让他觉得父母为他付出得太多了，他必须要考出一个好成绩，如果花了住宿费还不能考好，这个钱就白花了。

在这样一个强大的压力之下，中午回来他也很难进入休息状态，因为他的大脑一直处于一个极度担心的状态。

虽然是为了孩子考试能够考得更好来租一个近的地方住，但这个时候家长一定要说来回跑太麻烦了，别说孩子了，我都会觉得很累，咱们就在这附近住吧。

这样在无形中就把压力分担了，也就是说，选在这个地方住并不仅仅是因为孩子，还因为家长自身的因素。孩子们比较习惯的一种方式就是自己处于陪衬或跟随的状态。

虽然生活中有很多地方他们希望自己能够主宰，但是当有责任的事情发生的时候，他们更适应以陪衬和跟随的方式来降低自己的责任压力。

可能有些家长会说："老师，青春期的孩子不是特别喜欢标新立异、得到更多人的关注吗？为什么他们又喜欢陪衬和跟随了呢？"在没有压力的状态下，他们喜欢被关注、喜欢标新立异也是有时间点的，并不是时刻都喜欢这样。

因为他们自身就是有冲突的，在一些彰显自己的地方，他们喜欢被关注，但是在一些有压力的地方他们又喜欢跟随。因为这个阶段的孩子其自我同一性还在成长和完善的过程中。

还有一些孩子，他们更喜欢隐藏，就是喜欢被大家忽视，在需要承担责任的时候这种退缩会更明显一些。

第三个大的原因来自考生本身。焦虑产生的最大的原因就是考试对人生来说至关重要，特别是有理想、有追求的孩子，他会觉得考得好，自己能上一个好的大学，有一个好的未来，同时父母可以在亲戚朋友面前扬眉吐气；考得不好，自己只能去读一个不好的大学，父母可能也没有办法在亲戚朋友面前抬起头来。

这种焦虑一是来自孩子本身的认知，二是来自家长的影响。

考不上好大学就没有好的未来，这种想法是不正确的。首先我们要知道，高考会焦虑的孩子都是学习成绩中上等的，甚至是学习成绩越好的孩子焦虑度越高。而那些平时学习成绩很不好的孩子基本上一点儿也不会焦虑，如果他们焦虑的话，学习成绩就不会不好了。所以，焦虑的这部分孩子他们即使是发挥不好也一定会上大学，只要有大学上他们就可以主宰自己的未来。

读完了大学可以继续读研、读博，所以到了高三下学期的时候，家长基本上就可以给孩子灌输这样一种理念了。没有了对未来的压力，他们对考试的焦虑会大幅度减少。

关于家长可以因为孩子的考试成绩在亲朋好友面前吐气扬眉的这种压力要如何缓解呢？我们要明白一个道理，我们希望别人怎样对待我们，我们就要怎样对待自己。

这是什么意思呢？我们可以清晰地看到，有一些家长并不觉得孩子的学习有多重要，他可能会觉得孩子学习经商，或者是做其他的事情更重要。

在这种情况下，孩子可能没有参加高考就开始出去做其他的事情了，他们的亲朋好友也并不会因此而贬低这个家庭，贬低这个孩子。

但如果一个家庭中，家长对孩子学习成绩的期望很大，平日里在无形中就会流露出对孩子的这种期望，他的这种感觉也会传递给大家。这个时候别人评价或者衡量这个孩子的标准就是学习成绩。

所以，哪怕家长很在乎孩子的学习成绩，你传递给亲戚朋友的观点也是：只要孩子努力了，只要他的生活状态好，只要他的人生有目标，只要他不做一个啃老族，只要他懂得积极进取，我们就是很开心、很满意的。

这个时候别人衡量这个孩子的标准就会用家长的这些标准，别人给孩子带来的压力也就不存在了。

第四个原因来自孩子周围的环境。这部分因素主要是孩子跟同学之间的比较、自己的梦想和一些我们猜不到的原因。

就以往的工作经验来看，孩子周围的环境因素带来的焦虑也是很多的，而且这个因素可以说是包罗万象，有一些是让我们做家长、做老师的觉得很惊讶的。

其中占的比重最大的是早恋带来的焦虑。有些孩子到高中的时候用喜欢或爱来定义某个男生和某个女生之间的关系。有一种情况是很有可能两个人的学习成绩是相差比较大的，一个孩子的成绩可能好一些，另一个孩子的成绩可能稍微差一些。由于他们非常想考到同一所学校去，但现实好像离这个目标又非常远，这个时候孩子心里会有一个极强的焦虑。特别是学习成绩好的这个孩子，如果自己正常发挥可能会考得很好，就代表会和自己喜欢的人分开。

更重要的是，他们会给这个分开加上一个道德的定义，好像这个成绩好的孩子应该为了高尚的爱情来牺牲，应该让自己的考卷答得不好，然后能够跟这个成绩差的孩子在一起，这才是道德的行为。

自己考好了，分开了，到了一个更好的地方，会有一个背信弃义的头衔，这个是他最大的压力来源，也是焦虑的来源。

如果孩子出现这种情况，家长可以大大方方地告诉孩子这个世界是在不停进步的，诠释爱情的方法不只是停下来陪伴他，还有一个更重要的方法是拉她一起朝前跑。

不见得这个孩子在此刻的学习成绩不好，他未来的发展就不好。也就是说，不见得这个孩子此刻的学习成绩不好，他的智商和情商就都是有缺陷的。

我们可以看到，有很多学习成绩非常好的孩子在某些方面的能力是有缺陷的，如处理人际关系的能力、处理问题的能力。这也是为什么有很多高考状元在大学毕业之后发展一般的重要原因。

家长可以告诉孩子自己考到了一个很好的学校，未来两个人可以朝着同一个目标去考研，哪怕考研也没能在一起，自己只要有能力，还怕将来不能对他有一些带动吗？并且可以通过自己未来的发展带给他更多、更好、更幸福的生活。要知道贫贱夫妻百事哀，要想让情感更稳固，现实的某些条件是不可缺少的。这是一个帮孩子树立长久目标的工作，对孩子未来的方向是有着切实帮助的。

有些家长在临近高考的时候会不停地跟孩子强调，不要再想着你们的早恋了，这个是不对的，你要把心思放到学习上，考出好成绩。

听到这些话的孩子就想做两件事，第一是想办法让你把嘴闭上，第二是逃得远一点儿。

首先我们要客观地、实事求是地看待高中孩子早恋这件事。高中的孩子大部分都会有喜欢异性的倾向，其实这种现象在初中的孩子们中就已经很普遍了。

只是有些孩子不表达出来，还有一些所谓的早恋是被家长们推波助澜而产生的。孩子们用爱、用喜欢来给一个人定位，来给彼此的关系定位，是成长的一个标记，家长有能力阻断孩子的成长吗？

家长知道了这个事情之后也完全没有必要恐慌或者小题大做，只需要清楚地告诉他们，这个阶段是一个学习爱的过程。上了大学或者大学毕业之后会遇到更多让自己觉得喜欢或者更合适的人。如果过早地给自己定论，对于未来可是一个很大的损失。

其实有很多人是不会谈恋爱的，如大龄未婚男女的工作一般都很出色，但是情感却是残缺的。就是因为他们没有练习过，略过了学习爱的过程。

早恋不可怕。家长要用正确的方式让孩子懂得早恋，这样孩子才能够很好地把握早恋，才不会让早恋成为伤害。

要真正站在孩子的角度帮他解决困惑，他的那颗心才能静下来，家长不恰当的说法和行为只能让孩子的心更加四分五裂，忐忑不安。

孩子自身带来的焦虑占比重第二的就是自己跟其他同学之间的比较，特别是那些学习成绩比较好的孩子。有很多孩子在三年高中的学习生涯中暗地里都在比赛、较劲，非常希望能通过高考让自己扬眉吐气，特别是那些名列前茅的学生，他们非常希望自己能够有一次拿到第一或者是超过自己班级里的第一。

这种焦虑是一种非常急迫的焦虑，它会对孩子的考试发挥产生很大的负面影响。

这个时候我们要跟孩子聊什么呢？要跟孩子聊人生、聊格局。以后有足够的格局的人是不会盯着别人的行为来做自己的，也就是说，无论别人做得是好是坏，自己是不在意的，而是会很专注地来看自己究竟应该怎样做，自己的人生目标在哪里。

更何况纵观人生的发展，考试成绩非常好的、数一数二的孩子在完成学业之后的人生发展不见得会特别突出，也就是不见得会发展得更出色。

这是因为人们学习的时候更多的是用理性脑，但是在发展的过程中更多的是让感性脑参与进来。所以，如果一个孩子的理性脑发展得比较好，很会学习，但不见得他的感性脑也发展得很好，很会处理人际关系和一些应急事件。

当孩子了解到这样的一个事实之后，他的心里也会豁然开朗，来自这方面的压力和焦虑都会有所降低。

## 怎样在伤害发生时帮助孩子抚平心灵的伤口

为什么不能在事情还可以控制的时候对他的心理伤害进行修复？如果在行凶者遭受校园霸凌之后，家长或者他身边的人能够足够重视，对他的心灵进行修复，帮助他的人格更加完善，就不会有这种骇人听闻的事件发生。

校园暴力、校园霸凌带来的危害是巨大的，它可以改变一个孩子的性格，也可以改变一个孩子的人生。一个曾经遭遇过校园霸凌的孩子在未来的生活中是自卑的，有很强的羞耻感，甚至是充满恐惧的。

那段不堪回首的往事就像噩梦一样时刻缠绕着他、伴随着他，让他想摆脱也摆脱不了，想跳也跳不出来。他的人格底色就发生了改变，再也找不到真正的快乐、真正的自信心和发自心底的笑声。

对自己充满愤怒和否定，这种感受会渗透到他生活的方方面面。即便离开了学校，带着对自己的否定走向社会，他也是带着胆怯在生活、在工作。这种状态怎么可能生活好、工作好呢？

现在，校园霸凌已经得到了大家的重视。我们在呼吁社会和学校加以重视的同时，最重要的责任人是谁？对于这个行为最能够起到作用的人是谁呢？是家长。

无论是欺负人的，还是被欺负的，其实都是家长的责任。有些家长听到这种说法可能会表示不服或者委屈，会说孩子被别人欺负了，怎么会是我们家长的责任呢？

首先我们要想，为什么自己的孩子会遭受校园霸凌。原因无外乎两个，第一个就是孩子抢了别人的风头，被抢了风头的人心里不服气；第二个就是孩子的性格太软弱，太没有自我，太没有主意。有些人不能做老大但又希望引起别人的注意，想让别人看到他有实力。他要通过什么方式来证明这些呢？肯定就是欺负人，这个时候他要选谁呢？挑软柿子捏。所以那些特别懦弱，特别老实，没有自我，没有主意的孩子就容易被盯上。

这两种孩子本身都没有错，但是他们被欺负了就是家长的错。有很多孩子，他们被欺负的时候家长是不知道的。为什么家长会不知道呢？因为孩子没有对家长说。他为什么不对家长说呢？因为他跟家长之间的沟通有障碍，因为他跟家长之间的亲密关系有问题，因为家长给他的爱是不够安全的。

如果一个孩子和家长之间的沟通没有问题，他是非常愿意把自己遇到的和发生的所有事情都说给家长听的。如果一个孩子和家长之间的亲密关系没有问题，他是会相信他有一个足够坚强的后盾来支持和保护他的。

家长给他的爱是足够安全的，不是那种命令式的、要求式的，而是以他的感受为主、以给他爱为主的，孩子的感觉就是足够安全的。

在家长这里有足够的安全感，他才愿意把自己遇到的问题和困惑全部说给家长听。

我们时不时地可以看到这样的新闻，一个女孩子在外面有了男朋友，怀孕了家里人都不知道。打胎的过程中出现某些问题，有一些女孩子把孩子生在了厕所里或者把生出来的孩子扔掉等。

这些行为都是什么原因导致的呢？是孩子在家长这里没有获得足够的安全感。成长的过程中孩子是会犯错，但是我们要传递给孩子的感受是我们会接受他犯错，并会帮助他找到更好的解决方式，而不是让孩子觉得家长无法接受，更无法忍受他的错误；这个错误在家长面前会让自己受到更大的伤害。

假如同样是受伤害，受外人的伤害之后可能再接触的机会很少，也就是可以逃避。但如果是和家长发生了矛盾冲突，受到了家长的伤害，那么以后自己要如何面对家长呢？这就是很多孩子宁愿把事情自己扛，也不愿意和家长说的原因。

有很多家长都在犯着同一个错误，就是觉得给孩子吃好穿好，孩子要做的就是好好学习，将来考上一个好大学，让自己脸上有光。孩子毕业后可以赚到更多的钱，不会成为自己的负担。

那么，家长有没有想过这个过程中孩子快乐吗？一个人除了要有生存的技能还要有健康的心理，健康的心理是一切可能性的前提。

如果一个人连健康的心理都没有了，那他将来无论成为什么人都可能会出大问题，也就是你所塑造的这个看上去光辉的塔会塌。

有太多这样的个案证明，当家长把一个孩子逼成学习机器、考试机器之后，孩子是不快乐的，他们的一生也会因此存在问题。

就像我的一个来访者的亲戚，一个在别人眼里非常优秀的女孩儿自杀了。她是名牌大学毕业，有着非常高的收入，她的爸爸妈妈整日向别人吹嘘自己的教育如何成功，自己的孩子如何出色，但实际上正是他们亲手毁了自己的孩子。

孩子在遗书中写道，她从来就不知道自己为什么活着，她从来就没有感受过活着的乐趣，她活着就是为了满足别人。她觉得自己活得太累了，她觉得自己就是一个满足爸爸妈妈要求和欲望的机器，她不想再做这个机器了，做这个机器的这些年里她除了会学习，什么都不会，不会与人交往，没有朋友，没有要好的同事，没有真挚的爱情。她觉得自己什么都应对不来，自己的生活只有一个字——累，所以结束了她不到30岁的生命。

众多的例子告诉我们什么？关爱孩子要从孩子的心理感受出发。现在的家长有多少是真的爱孩子的？真的觉得你跟孩子之间的关系是平等的？真的觉得他们是有选择权和发言权的？

每个家长都会说，如果他学习不好将来怎么办？让孩子学习好很简单，只要用的方法正确就可以。最可怜也最可恨的家长就是自己什么都不知道还不去学习，用自己那点儿可悲的、膨胀了的自我命令着自己的孩子。

如果一个家长对孩子够细致、够关爱，无论孩子遇到什么都有办法来帮助他走向更好的状态，孩子的心灵和人生都是会朝着更好的方向发展的。

校园霸凌也是一样。那么，校园霸凌事件应该如何处理？首先我们要告诉孩子，他有自己一定的人格和人权，人格和人权是不可侵犯的。

当然，在这之前要教会孩子是非观念和胸怀大度，这样孩子才能够进行正确的判断，不会因为自己单纯的不能容忍就将事情定义为别人对他的欺负。

知道了自己应该拥有的权利之后，他可以在别人欺负他、让他有很难受的感觉的时候进行反击。

即便他自己没有能力反击，他也会把这种感受说给家长听。当一个孩子告诉家长自己有被欺负的感觉或者不开心的感受的时候，家长一方面要从现实中帮他摆平被欺负的状态，另一方面要从心理上帮他清除这些感受。让他依然相信自己是有力量的，依然能感受到自己的生活圈子是美好的。这样孩子的心理状态才会不受影响。

给大家讲两个真实的案例。一个是发生在某知名城市知名小学的案例。这是很多年前的案例了，可能有些家长知道。

小学一年级中有一个孩子老是欺负另一个孩子，被欺负的孩子非常内向，比较胆小、懦弱。孩子身上经常有伤痕，家长再三询问，后来从孩子的口中得知有一个同学老是欺负他。

家长就去找老师，也找了那个同学的家长来沟通。但那个家长比较强势，也不是特别通情达理。

这种情况依然没能得以解决，这种欺负的行为又持续了一段时间之后，有一天在放学的时候，就在人来人往的学校大门口，突然不知道从哪里飞出来一个弹珠子弹，打在了这个欺负人的孩子的太阳穴上，这个孩子最后不治身亡了。那个时候还没有天网的监控，完全不知道这个弹珠是从哪里飞出来的。没有足够的证据可以证明这件事情就是被欺负的孩子的家长做的，而且以被袭击的这个孩子的家长做事的风格，难免在其他方面也会得罪什么人，所以后来这个案子就不了了之了。

报复的案件其实很多，当欺凌让人无法喘息的时候，他就会变得无畏。

看到这里，可能很多人觉得这个故事结束了，但这个故事才刚刚开始。在所有人的心里，几乎都认为是被欺负的孩子的家人做的，同学们或者老师无形当中向这个孩子传达的也是这样的感觉。

这个孩子就有了一种困惑，那就是他这个同学的死是自己造成的。这是一个什么样的心理负担呢？

为了避免悲剧的发生，我们应该教会孩子什么呢？规则、友善、宽容。比如说，这个欺负同学的孩子未必就很邪恶，只是觉得这个孩子老实、好欺负。

也许因为被欺负的这个孩子比较内向，他与这个孩子沟通的时候不能得到回应，会想这个孩子为什么不理我，所以他愤怒。

家长在知道了这件事情之后，如果能够跟孩子好好沟通，帮助这个孩子解开他心里的困惑，并且教给他一定的道理，后面一系列的悲剧就不会发生了。

另一个是我遇到的真实案例。一个妈妈急匆匆地给我打电话，说她收到了上八年级的女儿发来的短信，短信上说他们班的一个同学是税务局局长的女儿，扬言要在放学之后找一些人来，在学校门口打她！

原因是什么呢？因为她女儿是班长。这个税务局局长的女儿经常欺负班里一个农民工的女儿。身为班长的她很看不惯这种行为，就跟这个女孩儿说了些什么，并且已经连续很多天放学后都是她和其他几个班的朋友把那个农民工的女儿送到家，然后自己再回家。

这个税务局局长的女儿觉得班长的行为严重地影响了她的威信，让她颜面扫地，所以她决定连班长一起收拾。

她女儿知道这个消息后还是挺慌的，因为对方毕竟是高官家的孩子，而他们家就是一个普通的家庭。妈妈了解到这个消息后也比较慌，一时间不知道怎样处理更合适。

我帮她分析了孩子们之间出现这样的问题，是因为大多数孩子都会以为被欺负的孩子不会对家里说，或者是家里不会真的插手来管这件事情，他们才会如此大胆。还有就是从客观的角度上来看，现在没有任何解决不了的问题。

我让这个妈妈给女儿发了一条短信，内容是：没有关系，不用怕她，妈妈给你找职业保镖，两个就足够用，四个足够排场。你觉得是两个合适还是四个合适呢？

这个女孩儿看到短信之后非常开心，对妈妈说两个就可以了。我让这个妈妈告诉她说四个吧，因为四个够排场，咱们家也不差这个钱。

这么做的目的是给对方威慑，因为那个女孩儿去欺负一个农民工的孩子，这是什么行为呢？仗势欺人，仗势欺人的人都是欺软怕硬的。

但是女孩儿还有一点儿担心，问事情会不会闹大呢？我让孩子的妈妈给孩子发消息，告诉她说闹大有什么关系呢？妈妈在这个城市早就待够了，咱们可以随便换一个城市开始新的生活。

孩子还担心高考怎么办。我让妈妈告诉她，我们可以换省内的任何一个城市，而且我们从省城换到一个其他的城市，生活条件会比现在有所提高。我女儿这么优秀，到任何一个地方都会有学校愿意收下你。但是那个税务局局长就惨了，事情闹得那么大，他的工作还想要吗？他的职位还想保留吗？

这些消息一发过去，她女儿的同桌就看到了。作为上过学的人，我们都应该有记忆犹新的片段，那就是对同桌、前后桌、左右桌来说，有一些东西你想瞒都瞒不住的，何况是在你不太想瞒的情况下呢？

这个孩子的情商非常高，非常聪明，她当即就把这条消息给她前后左右的同学看了，还没下课这个消息就传到了税务局局长女儿的耳朵里。

下课的时候，她就来找班长说："我们和好吧，以后我也懒得理那个同学了。"

这种方法在保护了这个孩子的同时，也把那个农民工的女儿保护了。

但是我依然告诉这个妈妈，随便找几个亲戚去接孩子放学，连续做上几天，要让对方的孩子觉得你妈妈不是随口说说的，而是真的有这个能力，有这个实力，并且惯着孩子来做这样的事情，也防止那个孩子说一套做一套，表面上和好实际上还有自己的想法。

可能大多数家长听到孩子在学校与别人发生摩擦时，他们会首先批评自己孩子几句，觉得可能是你太敏感了，你的事情太多了，你没有处理好同学之间的关系，是不是你太强势了？这种方法是错的。

家长了解到这样的信息之后，第一时间要做的是弄清楚事情的原委，再想出一个真正能够保护自己的孩子、帮助自己的孩子解除这种心理压力的方法。

这两件事情做完之后再来告诉自己的孩子，在为人处世的过程中应该注意什么，这样孩子既不会恐惧，也不会无助，更不会因为被欺负而留下心理阴影。

如果孩子真的很不幸，遭到了许多同学的欺负，遭遇了校园霸凌，家长要怎么做呢？

在校园霸凌中，无论是语言的暴力还是行为的暴力都是最打击人性、最消磨人的意志的，会让一个人觉得自己是不好的，会否定自己、看不起自己，甚至会恨自己。还会让一些孩子从此变得特别胆小，找不到自我。最直接的影响就是自信没有了，被伤害的那种痛苦在心里非常强烈。

这个时候家长要教会孩子的就是，在这个世界上，人们的品质是分优劣的，不小心被坏人陷害了不代表自己就是没有能力的。

要通过自己对孩子的赞美和肯定帮孩子找回自信，要在生活中让他们做一些力所能及的事情，通过这些事情来帮助他确定自信。

帮孩子找一些他想要做的事情，支持他的梦想和理想，哪怕他的梦想和理想在现阶段是不切实际的，在他心灵受伤害的这个当下，家长都要表示支持，并且要尽可能地帮他做成一件他想做的事情，证明他是可以的。这样的证明对孩子来说是一种收获，这种收获的喜悦会让孩子对生活充满希望，弥补他心灵的伤痕，慢慢地就会淡忘自己遭受的伤害。也使孩子感受到家长和身边的人对他全方位的关爱，这样才能够帮他减轻心灵的负担。

一个人，特别是一个孩子，如果觉得自己是被关爱的，那么他就是有幸福感的，一个有幸福感的孩子有勇气面对任何挫折，也有勇气去重新塑造自己的未来。

这种勇气和力量，既可以让他面对人际关系中出现的问题，也可以让他面对学习上出现的问题。哪怕没有考上自己理想的大学，他在接受的同时也能够有勇气去做出新的选择。

所以，关注孩子的心灵感受才是帮助孩子健康成长并且培养他们未来生活能力的重中之重。

# 品质和涵养还有用吗
## ——一个孩子的质疑

放眼望去，在这个社会中似乎有两大对立的观点：要做一个有涵养的人和不要做一个有涵养的人。

有一小部分人坚持着要有自己的品质、涵养，并且以自己的行动证明着自己。而剩下的那一大部分人则比较善于微笑，比较善于掩饰，而且很多时候在看上去的利益面前也比较直接甚至比较强势。

为什么说是看上去的利益呢？因为有些时候我们眼前所看到的利益不见得是利益，更何况利益有大小、强弱之分，有的时候我们固守的利益给我们带来的好处远远小于我们所付出的精力和内心的挣扎。

比如说，在排队的时候，在单位涉及利益的时候，孩子考试涉及排名的时候，在某些场合涉及自己时间问题的时候。

在人们的思维中似乎有一个很怪的想法，那就是这件事情我一定要最快做完，证明我赢了，然后我才可以高枕无忧地去做其他的事情，所以无论遇到什么事情，人们都会争先恐后地让自己先完成。

思维好像是被这种想法给锈住了。

有一次，在火车站排队取票，队伍很长，人很多。这时跑过来一个女孩子，她很着急，因为她马上就要赶不上火车了。

她很诚恳地跟每个人商量，问可不可以插队先取票。她问到每一个人的时候，大家先是迟疑，然后在她苦口婆心的恳求之后才会同意，只有少数几个人主动同意。

我在想，这个时候大家的思维本能反映出来的是什么？他们担心的又是什么？他们认为这件事情看上去他们的亏吃在了哪里？

这个女孩儿在和一对50多岁的夫妇商量的时候遭到了拒绝。这位50多岁的阿姨坚称自己也很着急，所以不同意女孩儿排在她的前面。

后来女孩儿急哭了，排在前面第二位的男士从队伍中退了出来，让女孩儿顶替了他的位置，然后站到了这对夫妇的后面。女孩儿万分感谢，还要留下这位男士的电话号码，这位男士表示不用这么客气。

这对夫妇的行为看上去很不友善，但是可以看出在场的人并没有刻意去想什么，包括和这个女孩儿换位置的那位男士。

我猜想会有很多人和我一样认为他们也是赶时间的，但是他们取票后的对话细想还是让人很费解的。这位大爷问这位大娘："我们去哪儿？"这位大娘回复他："找个地方吃点儿饭休息一会儿，反正还有好几个小时呢。"

他们还有好几个小时的空闲时间，却非常在意赶时间的人插队。他们急迫又担心地反对给人的感觉是这位插队的小女孩儿影响了他们的利益。

这个小女孩儿真的影响了他们的利益吗？实际上并没有，也就是耽误了排队等候取票的那一点儿时间。如果他们仔细思考，可能也会发现这一点。可为什么本能的第一感觉就是反对呢？

我和几个人聊了一下，当他们听到有人想要插队的时候，第一反映是什么？

虽然大家具体的描述不同，但是总结下来，无外乎三大类：第一个是排队是正常的，凭什么她可以插队；第二个是让她插队似乎就侵犯了我的利益，并且代表我不够强悍，我怂了；第三个是迟到或者赶不上是她自己的事情，跟我有什么关系，迟到是她自己导致的。

我们不能说不同意插队的人就是没有涵养的，也不能说不同意插队的人就是刻意刁难，刻意给别人制造麻烦。

涵养是什么呢？我觉得涵养是慢很多拍的思考。因为当大家接收到一个信息的时候，大脑瞬间反映出来的是第一反射弧思维内容，这一部分内容并没有经过分析衡量。

但是如果给大家时间，让大家详细地思考一下这个事情，思考自己应该怎么做的时候，每一个人经过详细的分析都能做出与第一反射弧不太一样的行为。就好像排在前面的那个男士，他也没有第一时间叫这个小女孩儿去他的位子。

这就是大多数人很难做出一个小的善举的原因之一。还有一个原因就是大多数人会认为我让步了就代表我比较傻，而为自己争取更多的利益看上去是聪明的做法。

因为当我们做出一件让自己的利益看上去有损失的事情的时候，身边最亲近的人总会对我们的行为有所指正。

一个即将升入高中的孩子，家长以厌学给他的行为命名。孩子却表示他不排斥学习，但是他讨厌学校，讨厌同学甚至讨厌老师们虚伪的嘴脸，讨厌大家睁着眼睛说瞎话，讨厌人们为了一点儿蝇头小利就各种套路，甚至不择手段。

比如说，平时的考试排名，有些同学用作弊等方式让自己的排名靠前点儿，他觉得这是一个很可笑的行为，如果遇到考试不能作弊的时候该怎么办呢？

很多同学表面上每天都在玩儿，说自己什么都不会，但是回到家里偷偷地学习。他想不明白大家共同进步有什么不好吗？以前他总是很真诚、很耐心地给同学讲解他们不会的题，因为自己也算是个小学霸。但是很多次他都发现有同学在骗他，比如在某些复习资料上；比如在某些自己不太明白，但是其他同学却明白的题上，同学们似乎觉得打倒了他才可以胜利。

不只学习上是这个样子，生活上也是，就连到食堂吃饭都是一种竞争，如哪一天某一个菜剩得少了，平时不吃这个菜的同学也会抢着去吃。

但他不是这个样子，当他发现某一个菜剩得少了，会把这个菜让给爱吃的同学，自己去吃其他的菜。

可是每次当他跟妈妈聊天聊到这些牢骚的时候，妈妈都会觉得他傻。这让他非常困惑，他把他的这些困惑说给了同班的一个好朋友听，结果他的好朋友也有跟他一样的困惑。

当身边的人告诉他们这两种行为是吃亏的时候，他们自己似乎也这么觉得，那颗原本就费解的心便再也无法平静。

所以，涵养有什么用呢？只能让自己吃亏，只能让别人得逞，只能让别人觉得自己很傻。

我给他分析了涵养是什么，对一个人最大的帮助是什么，它带给一个人的所得是什么。这个世界上最有难度的高度就是一个人的内心境界。

高度和境界也是一个人的所得。他有这样的困惑，只是陷入了未能免俗的状态中。我给他讲了一个未能免俗的成语故事，他开朗了很多。

这个孩子的困惑来自家长不恰当的引导。家长原本想让孩子变得更聪明，让他得到更多，但是却在孩子的心中形成了一个非常大的困惑。

在这个世界上，涵养没有用吗？不是的，涵养会带给人巨大的帮助！

人与人之间真正的关系就是建立在涵养的基础上的，一个人真正的成功与涵养是密不可分的。更重要的是，我们教会孩子向善，总比教会孩子向恶对他的帮助更大。

因为一个人在向善的时候他不要求自己得到更多，他追求的是自己心灵感受的美好。但假如一个人要求自己必须得到更多，那么，他生活的主要目标就是追求得到，在他无法得到的时候他的内心便无法平静甚至无法承受。

那么，家长教给孩子索取更多或者得到更多，这样一种心理是不是变相地对孩子造成伤害呢？

我们可以看到，很多受人尊敬、事业有成的人都有一定的涵养。

在南方的一个小城市的电子批发市场有这么一个人，他来自某个偏远的农村，最初到这个市场里是给别人打工，并且学习一些电子知识。

虽然我们不能说农村人都带着一种朴实，但是这个人身上确实带着一种朴实。因为他学到的是技术，在这个市场里无论谁有问题向他请教时，他都会很认真、很真诚地去帮助别人解答，并且尽可能地教会那个人。起初别人都嘲笑他，觉得他太傻了，不懂得隐藏自己的本领，甚至不懂得用自己的技术赚钱，就连他的老板也有这种感觉。但由于他真的很吃苦耐劳又能干，老板也不舍得把他辞退，甚至觉得他傻就傻吧，跟我也没有什么关系，也没有给我带来大的损失。他帮助过的人不止一个，也不止一个人告诉他要留一些心眼儿，不要这么实在、这么傻。但是他内心坚定，他帮助了别人并没有给自己带来损失，因为那些产品出了问题的店主并不会因为这些产品失去客户。客户并不会因为这个店主的产品出了问题而换一家店去购买自己需要的产品，因为这是一个批发市场，店主的损失只不过是不合格的产品积压得多一些而已。

不给别人帮忙这种自私的行为也并不能直接给他或他的老板带来好处。他觉得人们的这个想法有点儿可笑，有点儿问题。

这个学历不高的人在这个市场上做了七八年的小工，毫无怨言地帮助着这个市场内每一个找到他的人。从最初的某些刻意为戏弄他而找他帮忙的人，到后面这些人变得真正对他尊重，这个过程中他从来没有拒绝过任何人。

其实大多数人的内心都是善良的，哪怕开始他想要戏弄一下这个人，但是当他发现这个人不止一次真正帮他的时候，他的恻隐之心也是会被唤醒的。

他总是无偿地帮助每一个人，大家也都觉得似乎欠了他很多，就开始给他出谋划策，开始帮他找工作渠道，开始给他一些电子产品。

就这样，在众人的帮助下，他拥有了自己的一家小店面。大家也会把自己不想做的小客户，甚至是有一点儿小麻烦的产品都给他。

他在不到 20 岁的时候从农村出来进入这个市场，到他 35 岁的时候，他已经拥有了这个市场的半壁江山。更重要的是，他成了这个市场里最受尊重的人。他不是最有钱的，但是无论他有求于谁，大家都诚心诚意帮助他。这就是成功。

这样的例子如果细数起来还有很多，所以不要小看涵养，涵养对一个人的帮助是永恒的，是无限大的。

我们在教育孩子的过程中也一定要教会他有涵养，这给他带来的利益远远超过那些看上去的损失本身。

身为家长的我们应该有宽广的胸怀、善良的本质，举手之劳的劳累给自己带来的损失不算什么。尖酸刻薄、锱铢必较给我们带来的眼下的这一点儿收获不见得是收获，也有可能是未来巨大的损失。

# 性变态，并非必然，如何教育，家长必看

作为教育的书籍，有这样一个话题不得不谈——性。因为社会上的每一个现象都与孩子相关，每一个孩子也有可能成为我们议论的社会问题的当事人。

因为每个孩子长大之后都是一个成年人，也就是说，现在社会上很多成年人身上出现的问题，我们原本可以在他还是个孩子的时候帮他避免。

我们经常会看到很多关于“咸猪手”、性骚扰的新闻，虽然这个行为的实施者会受到法律的约束或制裁，但他的行为影响了很多人，甚至给被侵害的当事人留下了很深的心理阴影。

在唾弃的同时，我们还应该想到另一个问题，那就是实施者自己其实也是痛苦的，只是他的理性没能管理好自己。他们在用一个错误的行为解决一个人本能的问题。

既然这个行为的实施者和被侵害者都痛苦，我们从源头把它化解是不是对所有人的帮助呢？

我们在谴责这些变态行为的同时，是否想过一个问题，这些人的行为是如何形成的呢，怎样可以避免呢？特别是作为家长的我们，一定不能因为我们错误的教育方式和疏忽让孩子出现这样的问题。

这种行为形成的原因是什么呢？这些有着变态行为的男人，他们也曾经是一个个天真可爱的男孩儿，是什么让他们成了这个样子？

到目前为止，还没有科学能够证明这一行为的发生与生物遗传有关，但与心理或精神疾病的遗传有关。这一行为的发生是由心理、环境和社会因素共同导致的，但并不是不能避免的。

### 1. 心理因素

性心理障碍患者都存在一定程度上的人格缺陷，所以家长在教养孩子的过程中应注意人格的完善、是非观念的培养。

我们会发现，在有严重心理问题的人中，大多数都有这样的人格特征：强迫性人格，做事固执、刻板、执拗、循规蹈矩、意识保守，不会随机应变、优柔寡断、谨小慎微，又有完美主义。

这些性格特点都是对人格的一种压抑，这种压抑来自他们在做事情和与别人交往的过程中遇到的很多挫折，也就是自己的愿望不能得到满足。

每个人的人格都有三个部分，以上这些性格特点完全压抑了一个人本我的部分，从而导致人格的不平衡，最终出现扭曲。很多案例都证明当人们抓住一些性变态的人的时候，他身边的亲人和朋友都不敢相信这件事情是真实的，因为这件事情与平日里的他基本没有办法联系在一起。

他的这种行为的形成是幼年和早年性心理发展中的挫折或者冲突在成年后的一种显现。

这里要引起家长注意的就是教养方式，家长们要学习和了解一些相关的心理知识，在孩子成长的过程中不能过于苛刻或严格地要求，要给孩子一定的自我、自由发展的空间。

一个孩子的心理感受是快乐的，他自然是阳光的，他自然相信自己是能够做到很多事情的。有了能动性，有了自信，自然不存在过度压抑。

## 2. 环境因素

在一个孩子的幼年时期，如果身边的长辈经常玩弄孩子的生殖器（这里特指男孩儿的生殖器，以男性居多），或者是经常跟孩子开一些这方面的玩笑，会很容易埋下孩子成为性变态的种子。

这粒种子会不会使孩子真正成为性变态，取决于孩子青春期度过的情况。

一个 10 岁左右的男孩儿，如果无意当中看到成熟女性的身体，这样的一个片段和记忆会存留在他的潜意识中，随着他进入青春期和成年期，如果在情感和性上遇到一些挫折，就大大提高了他发展为性变态的可能。

所以男孩儿应尽量在 5 岁之后让他自己睡，7 岁之后要有自己独立的房间，如果做不到有自己独立的房间，也最好不要和妈妈一起睡。

特别是有男孩儿的家庭，男孩儿的心里有这样的片段和这样的压抑，妈妈或者是姐姐妹妹的内衣就很有可能成为男孩儿恋物的选择对象。我就曾经遇到过不止一个这样的案例，妈妈求助说发现儿子用她的内衣自慰，网站上也有为数不少的恋母情结的留言。

在孩子成长的过程中，特别是在青春期性萌动的这个时间段内，有男孩儿的家庭一定要注意妈妈在家中的衣着是整齐的。

除了注意衣着，家庭氛围也非常重要。爸爸不要脏话连篇，在家里和妈妈之间的言谈举止都要注意，而妈妈也要有严厉的不可侵犯的感觉表现给孩子。

这种伦理的悲剧案例还是非常多的，家长不要觉得那是别人家的事情。这不是必然发生在别人家孩子身上的，都是偶然间发生的，家长只有重视才能避开这样的偶然。

## 3. 社会因素

一些不合理的社会强制或压抑也是造成性变态的一个重要因素。

在信息高度发达、网络如此便捷的今天，有相当一部分性变态的人是被引诱而来的。

比如说，看到了相关的视频、图片，这样的引诱与压抑在同一个时间点上进行了碰撞，就会把一个人带向这样的方向，让他成为一个性变态患者。

性变态患者的成因没有必然，没有人天生就想成为这样一个人，也没有人永远都不会成为这样一个人。

每一个天真可爱的孩子会成长为一个什么样的少年、什么样的青年、什么样的成年人，完全取决于家庭的教养方式和生活环境。避免一些不必要的刺激，就会减少对孩子不利的影响。多给予孩子一些自由空间和关爱，就会让孩子的人格更加完善。